Klaus Berger

Ist Gott Person?

Ein Weg zum Verstehen des christlichen Gottesbildes

Gütersloher Verlagshaus

Bibliografische Information Der Deutschen Bibliothek
Die Deutsche Bibliothek verzeichnet diese Publikation in der Deutschen Nationalbibliografie; detaillierte bibliografische Daten sind im Internet über http://dnb.ddb.de abrufbar.

ISBN 3-579-06402-9

Umschlag: Init GmbH, Bielefeld
Satz: Katja Rediske, Landesbergen
Druck und Bindung: GGP Media, Pößneck
Printed in Germany

www.gtvh.de

Inhalt

Vorwort

Von Pfarrer Paul-Ulrich Lenz (Friedberg) ging die Anregung zu diesem Buch aus. In den ausgedehnten Zeiten des vereinten Kampfes für eine erneuerte Spiritualität und gegen neubuddhistische Richtungen im Christentum hatte sich in der Tat die Brisanz dieses Themas herausgeschält. Denn hier, im Personbegriff und – damit ganz eng zusammenhängend – in der Trinitätslehre, werden die Weichen für die Diskussion zwischen den Religionen und um eine Erneuerung des Christentums gestellt. Die Wochen des gemeinsamen Unterwegs-Seins sind unvergessen.

Das Buch entstand in der Mitte des Wintersemesters 2003/04 an der Theologischen Fakultät der Universität Heidelberg. Von dem dramatischen Rückgang der Studierendenzahlen und der gefährlichen Reduzierung aller theologischen Fakultäten in Deutschland wird man ihm nichts anmerken. Denn nur das eine ist wichtig: Sich mit entschiedener Gelassenheit um die wesentlichen Grundlagen des christlichen Glaubens zu kümmern.

In diesem Buch wird auch Exegese von Einzeltexten betrieben – nach den Regeln der Kunst, aber hoffentlich so, dass man der Auslegung das heiße Herz anmerkt. Das ist denkbar unmodern und unflott. Der Hunger nach schnellen Antworten ist ebenso ausgeprägt wie die Geschwindigkeit des Vergessens. – Nüchterne Exegese stört da eher. Aber es hat mich sehr gereizt, gerade an Texten, die extrem spröde und unfruchtbar zu sein scheinen, die wichtigste Frage des Christentums zu erörtern: Ob Gott ist und ob er dreifaltig ist. – Wenn das an solchen Texten gelingt, müsste Exegese nicht als Staubfresserei verkümmern.

Gewidmet ist das Buch dem Herrn Prior Pater Christian und dem Konvent meiner zisterziensischen Mitbrüder in Bochum-Stiepel. Dieses Kloster ist eine feste Burg des Gebets, für mich ein Ort, an dem die Rede vom Heiligen und vom Geheimnis glaubwürdig umgesetzt wird. Die thematisch »personalen« Aspekte dieses Buches mögen die beiden Stichworte angemessen ergänzen. In den Wochen der Niederschrift des Manuskripts war ich der vita contemplativa der Brüder samt ihrer seelsorgerlichen Ausrichtung im Herzen ganz besonders nahe.

Heidelberg, am Fest der Heiligen Drei Könige 2004 *Klaus Berger*

Einführung

Die Diskussion in der medizinischen Ethik

Aktuell ist das Thema »Person« von einer unerwarteten Seite her: Sowohl die Diskussion um Gen-Ethik als auch die um das Klonen rufen die christlichen Theologen dazu auf, den christlichen Personbegriff darzustellen und zu begründen. Wenn wir 98,5% unseres Genoms mit den Schimpansen gemeinsam haben, ist es da wirklich schlimm, wenn mehrere geklonte Menschen in 100% des Genoms übereinstimmen? Gibt es etwas ganz Einmaliges bei jedem und lohnt es, darauf zu insistieren? Oder ist die Idee der von Gott gestifteten unverwechselbaren Identität ein überflüssiger Traum von vorgestern?

Was Person ist, das wird also im Augenblick nicht in der Theologie diskutiert, sondern zuerst in der medizinischen Ethik, und dort besonders bei der Frage nach der Personalität der Ungeborenen. Ab wann der Mensch im Laufe seiner Entstehung als menschliche Person anzusehen ist, darüber gehen die Meinungen auseinander. So urteilt etwa Martin Rhonheimer, römischer Ethik-Professor in seinem 2004 erschienenen Buch *Abtreibung und Lebensschutz*: »Der Fötus entwickelt sich nicht zum Menschen, sondern er entwickelt sich als Mensch. Und: Er entwickelt sich nicht zur Person, sondern als Person.« Man müsse die Frage *Wer ist ein menschliches Individuum?* als Frage nach Individualität und Person unterscheiden von der anderen Frage *Was ist ein menschliches Individuum?* als Frage nach biologischen Merkmalen. Dann erhält man die Auskunft: »Es ist durchaus möglich, dass die bloße Zugehörigkeit zur menschlichen Spezies durchaus sehr viel mehr bedeutet und beinhaltet als nur etwas rein ›Biologisches‹«. Was dieses »sehr viel mehr« ist, bleibt indes zumindest teilweise offen. – Hier ist also eine theologische Klärung des Personbegriffs nötig.

Der Mensch als Person – Gott als Person

Es ist ganz klar, dass die Frage nach der Personalität Gottes die nach der Personhaftigkeit des Menschen nicht unberührt lassen wird. Beides hängt vielmehr auch von der Genese her eng zusammen. Ich gehe davon aus, dass es einen sehr alten historischen Zusammenhang gibt zwischen der Frage, ob ein Mensch Person sei und ob es den einen Gott in drei

Personen (Trinität) gebe. Wenn Gott Person ist – was bedeutet es, dass das Christentum von dem einen Gott in drei Personen spricht?

Ob Gott Person ist: Deismus und Esoterik

Der zweite Bereich, in dem über Person diskutiert wird, wird bestimmt durch zwei scheinbar weit auseinanderliegende Felder: den aufgeklärten Deismus und die Esoterikszene. Beide lehnen eine Personhaftigkeit Gottes ab, und es zeigt sich oftmals, dass es aus der Vergangenheit der letzten 250 Jahre eine Fülle von unterirdischen Querverbindungen zwischen aufgeklärtem Rationalismus und der Esoterik-Szene gibt, die dem Rationalismus so etwas wie die zugehörige Magie liefert. Darf man bei der angeblich mystischen Auskunft bleiben, Gott sei als Person überhaupt nicht fassbar? »Ist das wirklich wichtig, zu wissen, ob Gott, der geheimnisvolle Gott, eine Person ist oder nicht? Er ist jedenfalls nicht so eine Person wie wir. Aber kann man mehr wissen?« – so entgegnete mir einer meiner Studierenden auf meine Auskunft hin, ich müsse in den Weihnachtsferien ein Buch zur Frage *Ist Gott Person?* zuende schreiben.

Das hermeneutische Problem

Es ist bekannt, dass unser abendländisch-westlicher Personbegriff seine Prägung wesentlich dem Christentum verdankt. Die Einzelheiten sucht man dann zumeist in den extrem komplizierten Aussagen der Dogmengeschichte, besonders bei denen der großen Konzilien. Die Weichen aber wurden im Neuen Testament gestellt.

Die Bibel weiß mehr – und zugleich vielleicht auch weniger. Denn sie kennt noch nicht die Problematik des Personbegriffs und seiner komplizierten Geschichte. So wird das hermeneutische Problem sichtbar: Kann man wirklich die Bibel nach einem Personbegriff befragen, der ihr selbst noch im Wesentlichen fremd ist? – Und gleichzeitig ist gewiss: Der Personbegriff heutiger Prägung entsteht wesentlich unter der intensiven Einwirkung der biblischen Texte.

Die theologische Bedeutung

Wer nicht an einen persönlichen Gott glaubt, kann nicht denken, dass es ein »Wort Gottes« gibt oder dass Menschen zu Gott sprechen können. Ist also Offenbarung Gottes ein Mythos, eine märchenhafte Fiktion, so wie manche auch die Menschwerdung Gottes oder Christi Himmelfahrt für einen Mythos halten? Wenn aber Gott nicht wirklich Inhalte offenbaren kann, nicht wirklich dem Wort zugänglich ist – wie ist dann Offenbarung überhaupt zu verstehen? Müsste man die Kritik und Grenze aller menschlichen Rede als Offenbarung bezeichnen und damit zufrieden sein? Dann würde sich Gottes Wort und Offenbarung reduzieren auf eine stetige und grundsätzliche Kritik an aller menschlichen Rede. Offenbarung würde sich beschränken auf das, was, bildlich gesprochen, die Maulbeerfeigen-Ritzer tun. Basilius der Große beschreibt in seinem Kommentar zu Jesaja 9,10 deren Wirken: »Die Sykomore ist ein Baum, der sehr viele Früchte trägt. Aber sie schmecken nach nichts, außer man ritzt sie sorgfältig und lässt ihren Saft abfließen, wodurch sie wohlschmeckend werden. Deshalb, glauben wir, ist sie (die Sykomore) ein Symbol für die Gesamtheit der Heiden: sie bildet eine Fülle, ist aber gleichsam fade. Das kommt vom Leben in den heidnischen Gewohnheiten. Wenn man es fertig bringt, sie durch den Logos zu ritzen, wandelt sie sich, wird schmackhaft und brauchbar« (PG 30,516D/517A).

Wenn Offenbarung nur das kritische Ritzen menschlicher Rede wäre, nur der Hinweis wie *Achtung Menschenworte!*, dann wäre sie nicht mehr als eben solches Ritzen, aber immerhin darin vielleicht fruchtbar.

Im Folgenden werden die skizzierten Fragen aus der Sicht neutestamentlicher Exegese behandelt. Denn wenn sie es nicht fertig bringt, hier Antworten zu finden und Klarheit zu schaffen: Wem sollte es sonst gelingen?

Christliche Gotteserfahrung als Ziel

Auf dem Wege der Gotteserfahrung

Eine erste und sehr vorläufige Wegbereitung liefern die folgenden Anfragen Karl Rahners. Sie dienen dazu, die Alltagserfahrungen auf mögliche Spuren der Gotteswahrnehmung zu prüfen und abzufragen.

»Haben wir schon einmal geschwiegen, obwohl wir uns verteidigen wollten, obwohl wir ungerecht behandelt wurden? Haben wir schon einmal verziehen, obwohl wir keinen Lohn dafür erhielten und man das schweigende Verzeihen als selbstverständlich annahm? Haben wir schon einmal gehorcht, nicht weil wir mußten und sonst Unannehmlichkeiten gehabt hätten, sondern bloß wegen jenes Geheimnisvollen, Schweigenden, Unfaßbaren, das wir Gott und seinen Willen nennen? Haben wir schon einmal geopfert, ohne Dank, Anerkennung, selbst ohne das Gefühl einer inneren Befriedigung? Waren wir schon einmal restlos einsam? Haben wir uns schon einmal zu etwas entschieden, rein aus dem innersten Spruch unseres Gewissens heraus, dort, wo man es niemand mehr sagen, niemand mehr klarmachen kann, wo man ganz einsam ist und weiß, dass man eine Entscheidung fällt, die niemand einem abnimmt, die man für immer und ewig zu verantworten hat? Haben wir schon einmal versucht, Gott zu lieben, dort, wo keine Welle einer gefühlvollen Begeisterung einen mehr trägt, wo man sich und seinen Lebensdrang nicht mehr mit Gott verwechseln kann, dort, wo man meint zu sterben an solcher Liebe, wo sie erscheint wie der Tod und die absolute Verneinung, dort, wo man scheinbar ins Leere und gänzlich Unerhörte zu rufen scheint, dort, wo es wie ein entsetzlicher Sprung ins Bodenlose aussieht, dort, wo alles ungreifbar und scheinbar sinnlos zu werden scheint?

Haben wir einmal eine Pflicht getan, wo man sie scheinbar nur tun kann mit dem verbrennenden Gefühl, sich wirklich selbst zu verleugnen und auszustreichen, wo man sie scheinbar nur tun kann, indem man eine entsetzliche Dummheit tut, die einem niemand dankt? Waren wir einmal gut zu einem Menschen, von dem kein Echo der Dankbarkeit und des Verständnisses zurückkommt, und wir auch nicht durch das Gefühl belohnt werden, ›selbstlos‹, anständig usw. gewesen zu sein?

Suchen wir selbst in solcher Erfahrung unseres Lebens, suchen wir die eigenen Erfahrungen, in denen gerade uns so etwas passiert ist ... Die Erfahrung der Ewigkeit, die Erfahrung, dass der Geist mehr ist als ein Stück dieser zeitlichen Welt, die Erfahrung, dass der Sinn des Menschen nicht im Sinn und Glück dieser Welt aufgeht, die Erfahrung des Wagnisses und des abspringenden Vertrauens, das eigentlich keine ausweisbare, dem Erfolg der Welt entnommene Begründung mehr hat.

Dann haben wir ... die Erfahrung des Übernatürlichen gemacht. Sehr anonym und unausdrücklich vielleicht. Wahrscheinlich sogar so, dass wir uns dabei nicht umwenden können, nicht umwenden dürfen, um das Übernatürliche selber direkt anzublicken. Aber wir wissen, wenn wir in dieser Erfahrung ... uns loslassen, wenn das Greifbare und Angebbare, das Genießbare versinkt, wenn alles nach tödlichem Schweigen tönt, wenn alles den Geschmack des Todes und des Untergangs erhält und wenn alles in einer unnennbaren, gleichsam weißen, farblosen und ungreifbaren Seligkeit verschwindet, ... dann ist in uns faktisch der Heilige Geist am Werk. Dann ist die Stunde seiner Gnade. Dann ist die scheinbar unheimliche Bodenlosigkeit unserer Existenz, die wir erfahren, die Bodenlosigkeit Gottes, der sich uns mitteilt, das Anheben des Kommens seiner Unendlichkeit, die keine Straßen mehr hat, die wie ein Nichts gekostet wird, weil sie die Unendlichkeit ist. Wenn wir losgelassen haben und uns nicht mehr selbst gehören, wenn wir uns selbst verleugnet haben und nicht mehr über uns verfügen, wenn alles und wir selbst wie in eine unendliche Ferne von uns weggerückt ist, dann fangen wir an, in der Welt Gottes selbst, des Gottes der Gnade und des ewigen Lebens, zu leben«.

Dieser Text geht aus von unpersönlichen Erfahrungen. Rahner nennt sie »Geist« oder »das Übernatürliche«. Erst gegen Ende des Textes deutet Rahner dieses als die Erfahrung Gottes. Aber auch dann spricht er eher von der »Welt Gottes« oder von der Gnade. Für den Neutestamentler ist der Text wegen dieser unpersönlich bleibenden Züge Gottes fremd, und auch weil jedenfalls hier ein Bezug auf Jesus fehlt, der – anders als beim Jesuiten Rahner – beim Gründer des Jesuitenordens Ignatius von Loyola intensiv gegeben ist.

Damit aber ist das hier zu behandelnde Problem gekennzeichnet: Wieweit ist der Gottesglaube notwendig »persönlich«?

Es sei nicht verschwiegen, dass in dem Rahner-Text viele wichtige Elemente gerade der Bergpredigt aufgenommen sind und vor allem nicht nur rein moralisch, sondern mystisch gedeutet werden. In dieser Hinsicht ist der Text neuartig und sehr zu begrüßen. Eine Mystik des Unfassbaren hat bei Karl Rahner aber offenkundig zu großes Gewicht. So, wie ich den Text lese, ist er eine gute Einführung in mehr, in Größeres. Dieses Mehr kann das Neue Testament geben.

Existiert Gott überhaupt?

Gott ist selbstverständlich

Nach wie vor ist Gott die größte Selbstverständlichkeit. Im Unterschied zu früheren Zeiten gilt dieses heute allerdings nur in einem sehr diffusen Sinne. Denn unklar ist den meisten, ob es sich um den Gott der Bibel, um Gott allgemein oder um Götter und unsichtbare Mächte handelt, wenn von Gott die Rede ist. Unwissenheit paart sich mit einer so genannten Toleranz, für die alle Katzen grau sind.

Insofern gilt auch der Satz: »Wir sind alle Deisten geworden«. Als Deismus bezeichnet man eine Auffassung, die eine farb- und konturlose Gottheit »hinter den Wolken« annimmt. Zur Erklärung der Erschaffung aller Dinge »braucht« man dieses »höhere Wesen«. Doch handelt es sich dabei eher um eine Gottheit ohne Namen, Personalität und Farbe, um eine Gottheit, die dem Menschen und seiner Geschichte nicht wirklich persönlich nahe kommt.

Selbstverständlich ist ein derartiges Wesen schon immer gewesen, wenn und insofern Menschen sich als grundsätzlich und in jeder Hinsicht abhängig erfuhren. Dabei bleibt es in der Regel offen, ob es hier um eine Abhängigkeit vom Schicksal, vom Glück, vom Zufall oder von (einem) Gott geht. Denn man erfährt im Laufe seines Lebens, dass man viele Dinge »nicht in der Hand« hat. Auf diese Grunderfahrung reagieren Menschen vielfältig, mit finanzieller Absicherung und Versicherungen, mit guten Wünschen (wie zu Neujahr und zum Geburtstag) oder anderen Ritualen und Zeichen. In diesem weiteren Sinne ist alles Handeln irgendwie religiös, das sich auf zeichenhaft-magische Weise gegenüber den ungewissen Grunderfahrungen heilvoll versichert. Denn von numinosen Mächten wissen die Menschen sich abhängig, und sie suchen das Geschick zu steuern, indem sie mit diesen Mächten Kontakt aufnehmen.

Die verpönte Festlegung

Jede Festlegung freilich, die über eine Anerkennung diffuser »Schicksalsmächte« hinausgeht, wird heutzutage als »autoritär« empfunden. Und vor allem die Furcht um ihre selbstbestimmte Freiheit leitet die Menschen in ihrem Verhalten gegenüber den Kirchen.

Schon die alttestamentlichen Propheten haben eine ähnliche Situation vorgefunden. Die Leute interessierten sich für alle möglichen Arten von Esoterik, Göttern und Transzendenzbezug. Mit Leidenschaft haben die Propheten demgegenüber für den einen eindeutigen Gottesbezug gekämpft. Sie stritten für den Gott Abrahams, Isaaks und Jakobs, der zugleich der Schöpfer aller Dinge ist. Dieser Gott hat nicht nur alles gemacht, er hat auch Gebote gegeben, die den Weg zum Leben auch in die Hand des Menschen legen. In einem vorsichtigen und subtilen Sinne geht es daher hier um die Mitverantwortung des Menschen. Daher ist es wichtig, dass die Gebote des Lebens vom Schöpfer kommen und nicht irgendwelche magischen Rezepte sind.

Das skizzierte allgemeine Gefühl von Abhängigkeit können die Propheten nicht »Glauben« nennen. Glauben heißt nur, wenn man sein ganzes Leben vertrauensvoll in die Hand des einen Gottes legt.

Gott wird nicht bewiesen

»Der Tor sagt, es gibt keinen Gott«, hören wir in der Bibel öfter. Dennoch – oder gerade deshalb? – wird in ihr nicht der Versuch unternommen, Gott zu beweisen. Denn weil Gott immer »im Rücken« der Menschen bleibt, kann er nie direkt Objekt werden, gibt es keinen Zugriff.

In der Weisheitsliteratur argumentiert man freilich anders und geht methodisch aus vom Rückschlussverfahren. Dieses besitzt die Rolle und den Wert eines Indizienbeweises. Es findet sich im (apokryphen) Buch der Weisheit:

13,1-8: »Nichtig waren ja von Natur aus alle Menschen, denen Unkenntnis Gottes eigen war und die aus den sichtbaren Gütern nicht den Seienden zu erkennen vermochten, noch bei der Betrachtung der Werke den weisen Schöpfer erkannten ... hätten sie doch erkennen sollen, wieviel besser deren Herr ist (sc. der Elemente und Gestirne); denn der Urheber der Schönheit hat sie erschaffen ... denn aus der Größe und Schönheit der Geschöpfe wird vergleichsweise ihr Urheber erschaut ... Immerhin sind auch sie nicht entschuldbar«.

Auch Paulus argumentiert ähnlich in Röm 1,18-21, und zwar sichtlich im Anschluss an Ps-Aristoteles. Der Text entstammt dem Werk »Über die Welt« aus dem 3. Jh. v. Chr. Er ist griechisch-philosophischen Ursprungs und dem Aristoteles untergeschoben. Der Text ähnelt bis in den Wortlaut hinein Röm 1,20:

(18) ... Wo Menschen gottlos und deshalb ungerecht sind, kann Gott sie nicht als Gerechte annehmen, sondern lässt sie seinen Zorn vom Himmel her spüren. In und mit all ihrer Ungerechtheit wollten die Menschen Gottes Wirklichkeit nicht wahrhaben. (19) Denn eigentlich hätten sie Gott erkennen können, weil er den Menschen etwas von sich gezeigt hat: (20) Gott, der Unsichtbare, hat die Welt geschaffen, und wenn man vernünftig nachdenkt, kann man von der Schöpfung, die man sieht, auf den Schöpfer, den man nicht sieht, schließen und erkennen, dass er ewig, mächtig und göttlich ist. Die Menschen können sich also nicht herausreden: (21) Sie kannten Gott, haben jedoch nicht die Konsequenz daraus gezogen, dass sie ihm die Ehre gaben oder ihm dankten ...

Dieser Schluss ist nur mit Einschränkungen strikt logisch überzeugend, sonst wären ihm mehr Menschen gefolgt. Er ist wegen dieser Einschränkungen eher »fromm« als stringent.

Der Satz »Gott ist eine Hypothese« meint daher die Art, in der Gott durch ein Rückschlussverfahren erreicht wird. Mehr ist auf dem Weg der Ratio nicht zu erreichen. Zugleich macht der Satz erschreckend deutlich, wie weit ein solches Gottesbild vom biblischen entfernt ist. Denn zu einer Hypothese kann man nicht beten.

Für den Rest der Bibel gilt ohnehin: Gott – wie auch Engel und Dämonen – muss nicht mühsam bewiesen und erschlossen werden. Seine Existenz ist schlicht vorausgesetzt. Das bedeutet auch: Es wird niemandem zugemutet, er müsse die Frage entscheiden, ob es Gott gibt oder lieber nicht geben soll. Genau das wäre die totale Überforderung des Menschen. Für die Bibel kommt es auf etwas anderes an, nämlich unter den vielen Göttern und Mächten gerade den Gott Abrahams zu wählen, sich auf diesen Gott einzulassen und nicht auf andere, deren Existenz keiner bezweifelt. Modern formuliert lautet daher die Anfrage, ob man einen Geschmack dafür bekommen kann, welche unter den vielen diffusen, irgendwie »religiösen« Erfahrungen, die wir machen, weiter tragen und weiterbringen, welche angesichts des Todes standhalten und welche nicht. – Nun sind unsere Erfahrungen in der Regel recht düster. Für mich ist maßgeblich das Bild der Osternacht im Speyerer Dom: Die Dunkelheit der Gewölbe ist überwältigend, die Menschen sind kaum zu erkennen. Nur Schatten, und nur ganz unscheinbar ist irgendwo vorne die Osterkerze als einziges Licht entzündet. Man nimmt es kaum wahr, aber es ist angezündet. Die Schatten scheinen noch immer überwältigend zu sein, doch das täuscht. Denn das Licht brennt schon, und die Menschen in dem dunklen Raum sollen daran ihre Kerzen entzünden.

Streng extrovertierte Erfahrung

An der Stelle des Rückschlusses der Weisheitsliteratur steht heute eine weniger logische als viel mehr gänzlich rituell und vollständig von außen her vermittelte religiöse Erfahrung. Die »Musik« der Discos ist ebenso streng rhythmisch wie laut und damit zur Gänze vereinnahmend. Sie ist ihrem Ursprung nach ebenso religiös wie sie auch in säkularisierter Form ganz und gar diejenigen bestimmt, die sich diesem kultischen Ritual anvertrauen.

Die Erfahrung des Faszinierenden kommt in diesem Fall radikal von außen und sie ist radikal vereinzelnd – noch nicht einmal ein Selbstgespräch ist möglich, geschweige denn ein Gespräch mit anderen. Verlangt ist nur eines: Kollektive Unterwerfung. Darin wie in der ganzheitlichen Beanspruchung, ja eigentlich: Überforderung, des Menschen zeigen sich deutlich religiöse Züge. Immerhin handelt es sich um eine Gegenbewegung: Was besonders im reformatorischen Christentum ganz aus dem Inneren des Herzens kam, wird hier ganz von außen und nur von daher erwartet. Endlich einmal ganz Marionette sein und frei von der lächerlichen Selbstbestimmung! Die Phänomene von Inspiration bzw. Besessenheit liegen sicher in der Nähe, auch wenn es hier harmloser aussieht und auch wohl ist.

Ich wage es daher, Rhythmus, Wiederholung, Beschallung und Bewegung, Ritual und Gestik dieser Musik und des dazugehörigen Tanzes als quasi-religiös zu bezeichnen. Ich erkenne darin deutlich Elemente, die mir sonst so oder ähnlich nur aus dem kultischen Bereich bekannt sind. Ich meine zu erkennen, dass hier eine Gegenbewegung zu übertriebenem Personalismus und weitreichender »Verkopfung«

geboten wird. Aus dem Anliegen dieses Buches heraus kann ich dieser Bewegung prinzipiell nicht zustimmen. Aber sie markiert typische Defizite des Personalismus.

Kritik der »Erfahrbarkeit Gottes«

Man pflegt in der jüngeren Diskussion den Satz von der Notwendigkeit der Gotteserfahrung zu kritisieren. Gott werde hier relativiert, zum Inhalt beliebiger oder zufälliger Erfahrung gemacht oder eben nicht »wahr« genug wahrgenommen. Stattdessen betont man, das Bekenntnis zu Gott sei einfach wahr und der jüngeren Generation als Wahrheit und Wert weiterzugeben, nicht aber an subjektive Erfahrungen gebunden. An dieser Kritik ist soviel wahr, dass in der Tat nicht meine stets begrenzte Erfahrung an die Größe und Tragweite des Gottesglaubens heranreichen kann. Und wahr ist auch, dass nicht meine Erfahrung das Kriterium bieten kann, sondern nur die der biblischen Zeugen.

Aber andererseits wird in der Bibel die Erfahrung der ersten Zeugen berichtet und eben genau das, was sie bezeugen. Darin sind sie maßgeblich. Den ersten Zeugen wurden nicht Dogmen ausgehändigt, sondern sie hatten zum Beispiel Begegnungen mit dem auferstandenen Christus. Und wenn Wahrheiten mitgeteilt wurden, etwa vom Engel am leeren Grab, dann ist doch eben der Rahmen (Name des Zeugen, Engel als Vermittler) unerlässlich. So kann also nicht im Ernst von der Bindung des Glaubens an die Geschichte abgesehen werden.

Die Erfahrung des Leids als Gotteserfahrung

Umgekehrt sind es vielmehr gerade Erfahrungen, die den Glauben an Gott schwierig machen, insbesondere mit dem Stichwort Theodizee verknüpfte. Das Problem bei diesen Erfahrungen ist nicht, ob es Gott gibt und ob er so etwas wie eine Person ist, sondern die Frage, ob es ihn überhaupt gibt, zumal als Person.

Zumindest in der Form der kritischen Anfrage »Wie kann Gott das zulassen?« setzt dieses Problem indirekt die Personhaftigkeit Gottes voraus. Auch der Ruf des Gekreuzigten nach Mk 15 ist so zu verstehen: »Mein Gott, mein Gott, wozu hast du mich verlassen?« – Einem blinden Schicksal kann man nichts vorwerfen, man kann noch nicht einmal zornig darauf sein.

Ganz unabhängig davon, wie man die Theodizeefrage inhaltlich beantwortet – die Form, in der sie gestellt wird, setzt zumindest implizit eine verantwortliche Person voraus. Denn ginge es nur um eine Sache oder einen Sachverhalt, dann müsste sich die Frage ja leicht klären lassen. Dass das nicht möglich ist, weist auf so etwas wie eine Person, denn nur von Personen kennt man Dinge wie »Hintersinn« oder »persönliche Geheimnisse« oder undurchschaubare Ratschlüsse.

Jesus als Argument für die Existenz Gottes

Die Denkform ist jüdisch: Beweis für die Existenz Gottes ist die Lebensform der Gerechten, die Hoffnung auf Lohn, die sich in ihrem Verhalten äußert, die Leiden, die sie ertragen, um des künftigen Reiches willen. Indem sie auf das hin leben, was noch aussteht, verbürgen sie dessen Existenz. Und insofern als der Gott Israels wesentlich der kommende Gott ist, zeugen die Gerechten gerade für den, der sein wird. So wie der Morgenstern für den kommenden Tag bürgt.

Wenn das schon für jüdische Gerechte gilt, muss es umso mehr für Jesus gelten. Wer sich so in Gottes Hand begibt, etwa im Verzicht auf Beruf, Nahrungssorge und Kleidung, der demonstriert überdeutlich, auf wen er hofft. Insofern ist Jesu Botschaft eine ganz intensive Verkündigung des Ersten Gebots.

Jesus ist kein neuer Gott und predigt keinen neuen Gott, aber seine Gleichnisse sind neue Geschichten über den lebendigen Gott.

Erfahrbarkeit Gottes heute?

Es gibt Theologen, die stärker betonen wollen, Gott sei ein unerfahrbares Geheimnis (negative Theologie). Das wäre eher die Absage an »Erfahrungen« und die Forderung, das schweigende Geheimnis Gottes einfach auszuhalten. Besteht Glauben wesentlich in dieser Geduld?

Andererseits ist die religiöse Suche heute intensiver als etwa direkt nach dem 2. Weltkrieg. Menschen brauchen und suchen Erfahrungen. Das Phänomen des Satanismus in der Rock-Musik zeigt, dass religiöse Erfahrung auch ins Gegenteil von Christentum umschlagen kann. Auf jeden Fall gehört das Sprengen bürgerlicher Fesseln immer wieder zum Phänomen religiöser Aufbrüche oder deren Nachahmung.

Die Beliebtheit der so genannten Rückführungs-Psychologie (eine Gesprächstherapie, die Erinnerungen an frühere Leben ermitteln möchte) zeigt: Menschen suchen subjektive Erfahrungen. Die Frage ist, ob diese Suche nach psychischen Events wirklich auf die Suche nach Gott führt. Wird Gott überflüssig durch die neue Innerlichkeit?

Was Gott betrifft, so sind für die Menschen heute bloße Existenzfragen müßig, wenn man doch »nichts von Gott merkt«. »Man hat schon längere Zeit kein Lebenszeichen mehr vernommen«, eine solche Aussage trifft den Zeitgeist. Die Lebenszeichen, auf die man verweisen könnte, sind vieldeutig – wie schon die meisten Wunder im Neuen Testament. In der Regel fällt dabei der Gottesdienst als Wahrnehmungsraum aus. Man kann fragen, ob das am »Ritus« liegt, an der Überflutung des Gottesdienstes mit didaktischen oder pädagogischen Einfällen – oder ob wir nicht einfach das Falsche erwarten.

Die meisten Menschen sind ratlos und wissen nicht mit sich selbst umzugehen. Sie können ihre religiösen Erfahrungen nicht entschlüsseln, deuten und einordnen. Benötigt wäre dafür ein Heer von Seelsorgern, wie es keine Kirche auch nur annähernd stellen kann. Denn auch um auf dem Wege des heiligen Augustinus weiterzukommen (»In aller Schönheit habe ich immer schon Gott geliebt«, Confessiones), bedarf es eines Wunders oder eines guten Seelenführers.

Die Auferstehung Jesu als Lebenszeichen Gottes ist für viele schon zu lange her. So sucht man nach neuen Events: Viele finden sie in den Äußerungen von Charismen oder im Potenzial charismatischer Gottesdienste. Andere fragen verstärkt nach Wundern, Tausende reisen zu den Orten, an denen die Mutter Gottes erschienen sein soll.

Weniger dramatische Ereignisse wirken oft stärker: eine Bibelübersetzung, die das Herz der Menschen trifft, die Sensibilität, die Dichter für das Unsichtbare wecken können. Für mich ist das Zeugnis von Christen immer wichtiger geworden, die viel für ihren Glauben gelitten haben: Geistliche, die Jahrzehnte in Gefängnissen des Ostblocks verbracht haben, Märtyrer wie Dietrich Bonhoeffer und Oscar Romero.

Vielmehr als man ahnt, könnte auf Menschen auch die filigrane Konsequenz eines großen dogmatischen Entwurfs wirken, verständlich dargestellt. Dazu gehört der Mut des Verkündigers. Zu diesem dogmatischen Entwurf muss dann auch eine umsichtige Darstellung des Verhältnisses zwischen Christentum und anderen Religionen gehören.

Kann man über Gott überhaupt reden?

Die je größere Unähnlichkeit

Seit der Scholastik gilt für alle Aussagen über Gott: Die Unähnlichkeit einer Aussage über Gott mit Gott ist stets größer als die Ähnlichkeit. Die Konsequenz dieses Satzes ist: Wir sind auf Bilder angewiesen. Im günstigsten Fall benennen diese einen Vergleichspunkt, das so genannte tertium comparationis, das Vergleichsglied. Zum Beispiel lautet eine Aussage: »Gott ist Vater«. Das ist ein Bild. Doch trifft diese Aussage wirklich zu? Gott ist eher nicht wie ein Vater, als dass man ihn Vater nennen könnte. Das meiste an Gott ist nicht mit einem Vater vergleichbar. Denn Gott zeugt nicht sexuell, es gibt keine sichtbare Ähnlichkeit, keine messbare Vererbung, kein biologisches oder materielles Erbgut. Es ist höchstens ein Punkt, der vergleichbar ist, eben das Vergleichsglied: Gott sorgt wie ein Vater für die Menschen. Aber auch wenn man das sagt, dann ist auch dieses wieder eher unähnlich als ähnlich. Denn Gott stellt uns ja nicht wirklich das Frühstück auf den Tisch, füllt nicht leibhaftig unseren Kühlschrank, sorgt nicht real für unseren Konto-Ausgleich. Gott fügt und sorgt auf »ganz andere Weise«. Um bei dem Bild vom sorgenden Vater zu bleiben: Es ist klar, dass die Frage nach der Berechtigung dieser Metapher in engem Zusammenhang steht mit der Frage nach dem Einwirken Gottes in der Welt, also nach dem Verhältnis zwischen Gott und Welt. Denn wenn Gott in der Welt nichts bewirken kann, wenn sie hermetisch verriegelt ist ihm gegenüber und wenn man das sicher weiß oder zu wissen behauptet, dann sind solche Bilder sinnlos geworden.

Nach Nikolaus Cusanus (†1464) gibt es keine Vergleichsmöglichkeit zwischen Endlichem und Unendlichem, sondern lediglich Ahnungen (coniecturae), die den Glauben der Menschen ausmachen. Im Bild vom Schatz (Über die Schau Gottes, Kap. 6) hebt er hervor, dass die Unendlichkeit und Unfassbarkeit Gottes kein Grund zur Beunruhigung sei, sondern im Gegenteil dazu helfen könne, wahrhaft ruhig zu werden. Jeder nur endliche Schatz wäre ein Grund zur Unruhe. So aber kann man Ruhe finden wie über einem unendlichen Schatz, der vermeintliche Nachteil, die Unfassbarkeit, ist in Wahrheit ein Vorzug, nämlich die Unermesslichkeit. So erscheint es als Nachteil, dass kein Bild wirklich ausreicht. Jede Ahnung ist von neuen Dunkelheiten begleitet. Doch ein Erkennbarer und Durchschaubarer wäre kein Gott.

Gerade dass der Mensch hier definitiv an seine Grenze kommt, ist ein Signal dafür, dass es sich wirklich um Gott handelt.

Zwei konkurrierende Grundansätze

Hier ist von zwei konkurrierenden Prinzipien zu reden: Nach dem einen ist die Unähnlichkeit immer größer als die Ähnlichkeit. Davon haben wir eben gesprochen. Nach dem anderen aber überwiegt letztlich und letzten Endes (im wortwörtlichen Sinn) die Hoffnung vor der Finsternis.

Das erste Prinzip betrifft unser Fassungsvermögen, das zweite unsere Geschichte. Das erste betrifft Erkenntnis und Theologie, es ist daher theologisch im engeren Sinne zu nennen. Das zweite bezieht sich auf unsere Rettung und Hoffnung. Es ist soteriologisch (Rettung) und eschatologisch (Ziel aller Dinge) zu nennen.

Zur Erläuterung des zweiten Prinzips: Das Wenige, das man ahnen darf, betrifft immer wieder den einen Punkt: dass dieses Geheimnis *für uns* ist und *nicht gegen uns.*

So kann man sagen: Gott ist das Dunkel, die wahre Unzugänglichkeit. Wenn nur klar ist, dass letzten Endes hier mehr Licht sein wird als Dunkel. Man kann sagen: Gott ist das Schweigen und das absolute Schweigen ist Gott. Wenn nur Raum für das absolute Wunder bleiben darf, dass Gott das tiefste Schweigen mit seinem Wort bricht und aufhebt. So stellen wir beide Anwege noch einmal gegenüber:

Methode I: Die Unähnlichkeit unserer Vorstellungen ist größer als die Ähnlichkeit.
Uns bleiben nur Ahnungen.
Das betrifft die Wahrheit unserer Erkenntnis (Theologie).

Methode II: Unser Weg ist bestimmt durch Dunkel und Licht, durch Angst und Freude, durch Leiden und Herrlichkeit.
Unsere Hoffnung besteht darin, dass diese Gegensätze nicht unaufgelöst bleiben, sondern dass sich am Ende ein Übergewicht des einen über das andere ergibt.
Das betrifft die Zuversicht unserer Hoffnung (Rettung, Geschichte).

Wie verhalten sich beide Methoden zueinander? Methode I beschreibt eher zeitlos die Chancen unserer Erkenntnis vor der unsichtbaren Wirklichkeit Gottes. Die Chancen zu begreifen sind gering. In gewisser Hinsicht geht es hier um eine statische Verhältnisbestimmung. Methode II bezieht sich gar nicht vorrangig auf unser Erkennen, sondern auf das, was aus uns wird. Während bei Methode I Ahnungen bleiben, bezieht sich Methode II auf die Richtung dieser Ahnungen.

Das Verhältnis dieser beiden Methoden zueinander habe ich noch nirgendwo so beschrieben gesehen. Ihr Ursprung ist verschieden. Methode I ist eine Zuspitzung cusanischen Denkens, Methode II entspringt der Arbeit des Neutestamentlers: Das Evangelium ist eine Botschaft, die den Ausgang der Zeit bestimmt. Der Satz von K. Rahner: »Das Licht hat stets mehr Recht als alle Finsternis« gehört genau in diesen Zusammenhang.

Für das Thema unseres Buches ist das Zueinander beider Methoden wichtig. Methode I relativiert unser Erkennen und hilft, Gottes Größe zu bewahren. Methode II gibt nicht Erkenntnisgewissheit, aber Siegeszuversicht. Gott ist unfassbar als Gott, aber wenn wir von ihm als Person reden, meinen wir eher das Zweite.

Beide Wege haben nichts zu tun mit dem traditionellen Gegensatz von Gesetz und Evangelium. Sie meinen auch nicht den Kontrast von »natürlich« und »übernatürlich« oder Natur und Gnade. Vielmehr betrifft Methode I den Wert theologischer Aussagen überhaupt und ganz allgemein, auch im Bereich von Evangelium und Gnade. Und Methode II betrifft die Einschätzung der Rede des Herzens und seiner dramatischen Geschichte.

Der Bezug beider Methoden zur Mystik

Beide Methoden haben auf ihre Weise etwas mit Mystik zu tun. Denn Mystik betrifft immer Verborgenheit und Geheimnis. Und ebenso spricht Mystik von dem »Licht am Ende des Tunnels«.

Die je größere Verborgenheit zeigt sich nicht nur in der »dunklen Nacht«, sondern auch in den zahlreichen Vergleichen des geistlichen Lebens mit der Existenz in der Wüste, in Einsamkeit und Schweigen. Es ist dieses die Mystik, die der Nacht und dem Tod »ins Auge sehen kann«. Ähnliches ist in dem oben zitierten Abschnitt von K. Rahner gemeint. Wir finden Entsprechendes oft in der Frömmigkeit ostkirchlicher Mönche.

Und andererseits ist das Licht in allem Dunkel das besondere Thema z. B. der liturgischen Nachtfeiern in der Oster- und Weihnachtsnacht und auch in zisterziensischer Spiritualität. Merkmal der letzteren sind insbesondere die Auslegung des Hohenliedes und die Frömmigkeit um Weihnachten und Kindheitsgeschichten Jesu einerseits und die Passion Jesu andererseits, alles drei typische Beispiele personaler Frömmigkeit.

So kann gelten: Die beiden Anwege zur Frage der Rede über Gott, Methode I und Methode II, ergänzen einander notwendig, und zwar auch in der Seelsorge. Das Risiko der Rede über Gott betont Methode I, die Notwendigkeit, von der Zuwendung Gottes zu reden, betont Methode II.

Der biblische Gott ist Person

Nachahmung Gottes als Schlüssel

Im Folgenden möchte ich zeigen, dass die Aussagen des Alten Testaments zu dem Thema, das wir »Personalität Gottes« nennen, gut verstanden werden können, wenn man davon ausgeht, dass es in den Bereichen »Kult« und »Prophetie«, abgemildert auch im Bereich »Weisheit« um ein abbildliches Verhältnis zwischen Gott und Mensch geht. Keineswegs ist das Denken in den Kategorien Urbild und Abbild nur »griechisch« und »statisch«, wie man früher lernen musste. Vielmehr ist eine besondere Ausprägung des Verhältnisses Urbild und Abbild maßgeblich für die wichtigen Bereiche Kult, Prophetie und Weisheit.

Zum Bilderverbot nach dem Ersten Gebot steht dieses Merkmal in direkter Beziehung. Denn statische Bilder lehnt Israel nach dem 1. Gebot ab, umso mehr aber erfährt man, wer Gott ist, durch ein Theodrama, also eine dramatische Inszenierung Gottes. Dieses In-Szene-Setzen Gottes nehmen Menschen vor. Und dieses begründet die Aussagen über Gottes Personalität. Weder schweigt man über Gott noch bildet man ihn figürlich ab. Zwischen beiden wählt die vorherrschende Tradition den mittleren Weg: Wie Gott ist, das erfährt Israel aus der darstellenden Aktion von Menschen. Nur so erschien es Israel legitim, über Gott zu reden. Die Religion Israels bildet demnach neben anderen Religionen des östlichen Mittelmeerraumes einen Ansatzpunkt für die sakralen Ursprünge theatralischer Darstellung. Kult, Prophetie und Weisheit Israels sind heiliges Theater. Für die griechische Tragödie ist dieses – mit Beachtung notwendiger Unterscheidungen – seit langem bekannt. In Israel ist die heilige Darstellung nicht gegenüber dem Kult verselbständigt, sondern spielt sich als Kult und als Prophetie ab.

Wenn das zutrifft, dann ist hier ein schier unlösbarer Zusammenhang gegeben zwischen den Anschauungen über Gott und der Art ihrer Vermittlung und Inszenierung. – Dass es sich nicht um leichtfertige Ästhetisierungen handelt, sei nur am Rande als Selbstverständlichkeit vermerkt. Nein, es geht um heiliges Geschehen als heiliges Drama. – Die spätere calvinistische Einschätzung, Theater sei Sünde, geht Hand in Hand mit einem grundsätzlichen Abbruch des Bildverständnisses im Calvinismus.

Kultische Nachahmung Gottes

In Ex 25,40 sagt Gott zu Mose: »Sieh zu, dass du ihn (den Tempel) genau nach dem Urbild verfertigst, das dir auf dem Berge gezeigt worden ist«. Der Text spiegelt nur die im ganzen Orient verbreitete Ansicht, dass der Tempel auf Erden nach dem Urbild im Himmel gestaltet ist. Die Stelle ist auch zur Zeit des Neuen Testaments so wichtig, dass weder der Hebräerbrief (8,5) noch die jüdische Mystik (Aufstieg zum Thronwagen Gottes im himmlischen Heiligtum) ohne dieses Grundkonzept denkbar wären. Und natürlich bezieht sich diese Ähnlichkeit nicht nur auf den Grundriss und die Mauern, sondern auf die gesamte Institution. In Hebr 7-10 wird das gut deutlich.

Es ist kein Zufall, dass Gen 1,26-27 (Gott schuf den Menschen nach seinem Abbild und Bild) in der so genannten Priesterschrift steht, nach der die gesamte Schöpfung hingeordnet ist auf den Tempelkult in Jerusalem. Der Mensch hat an er Spitze alles Geschaffenen als einziger Kontakt mit Gott. Er ist Gottes Ansprechpartner und lobt Gott mit seinen Worten.

Insbesondere der Hohepriester vollzieht seine Handlungen »in persona dei« , wie man bis heute sagt: an der Stelle, in Person Gottes. Bei jeder Segenshandlung ist das bis heute unmittelbar verständlich. Wenn der Priester segnet, segnet Gott. Denn der Priester spielt Gottes Rolle. Wenn der Hohepriester am Versöhnungstag das Allerheiligste betritt, macht Gott den Tempel wieder funktionsfähig, indem er ihn von aller Befleckung reinigt.

Die später Isangelie genannte Funktion des kultischen Gottesdienstes hat hier ihren Ursprung. Unter Isangelie versteht man die Auffassung, dass die Teilnehmer am Kult mit den Engeln und wie Engel um den Altar, nämlich um den Thron Gottes herum stehen. Sie prägt auch die »Hymnen« von Qumran und das orthodoxe wie katholische Verständnis von Gottesdienst bis heute. Der Gottesdienst auf Erden ist Abbild und zugleich Vorhof, irdischer Teil des himmlischen Kultes.

Der Satz: »Seid heilig, wie ich heilig bin!« (Lev 19,2) ist nicht zufällig in priesterlichem Kontext überliefert. Die Nachahmung Gottes ist das Wesen des Kultes.

Die kultische Nachahmung Gottes soll letzten Endes Gemeinschaft zwischen Gott und Menschen begründen. Denn Unähnliches kann nicht zusammen wohnen.

Der Prophet als Nachahmer Gottes

Wenn der Prophet sagt »So spricht der Herr ...«, dann redet er nicht als Gesandter Gottes, denn er hat nichts Entsprechendes vorher gehört, sondern dann generiert er aktuell Wort Gottes. Er ist wie ein Kind, das seinen Vater, ein Schüler, der seinen Lehrer nachmacht. Der Prophet redet in der Art, wie er sich Gott vorstellt. – Die Formel »So spricht der Herr« ist zumeist als »Botenformel« geläufig. Doch die Belege fehlen. Die so übermittelte Botschaft ist keine »zweite Auflage«, sondern ist »Originalton«. Die Propheten richten nicht Auftragsworte aus, sondern ihre Rede ist aktuelles Orakel. Gewiss sind Propheten (zumeist) gesandt, nur ihre Botschaft ist kein Aufwärmen von schon Empfangenem. Die Sendung betrifft ihre Legitimität, nicht den Inhalt ihrer Botschaft.

Die Zeichenhandlungen der Propheten sind klar erkennbar als Handlungen Gottes selbst. Wenn der Prophet Hosea eine Prostituierte heiratet, spielt er eine Handlung Gottes vor. Denn Gottes Partnerin ist das Volk Israel. Und um dessen Untreue drastisch darzustellen, ist die Heirat des Propheten heiliges Theater, in dem Gott selbst dargestellt wird. Gott hat, so sagt dieses Theater, in Wahrheit eine Hure geheiratet.

Auch die Wunderzeichen der Propheten sind Gottes eigenste Taten. Wenn es sich um Heilungen handelt, geben die Wunder einen Vorgeschmack auf das, was Gott später umfassend wirken wird.

Wenn die Propheten von Gottes Affekten reden, von Zorn und Reue, von Enttäuschung und Freude, dann sind sie selbst zornig oder freudig oder enttäuscht. Die Mose-Figur Michelangelos sagt etwas über Gott. – Neulich hat mich jemand gefragt, wie ich mir Gott vorstelle. Ich habe geantwortet: Bild Gottes ist für mich eine Klasse von Schulkindern mit offenen, strahlenden, traurigen oder herzhaft bewegten Augen. Wohlgemerkt: nicht ein Kind, sondern viele Kinder. Denn nicht in der Fixierung, nur in der Inszenierung bleibt die Unfassbarkeit Gottes bewahrt. – Wenn die Propheten daher von Gottes Gefühlen sprechen, dann meinen sie Gott als den, der sich im Geschehen zeigt, und zwar in einem Geschehen »am Menschen« und »im Menschen«. Denn der Zorn des Propheten ist der Zorn Gottes.

Man hat in diesem Zusammenhang von »Anthropomorphismen« gesprochen. Der jüdische Philosoph Philo von Alexandrien (ca. 20 v. Chr. bis ca. 50 n. Chr.) spricht häufig kritisch von diesen Aussagen über Gott, als wäre er ein Mensch. Er hält diesen biblischen Aussagen den Satz entgegen: »Gott ist nicht wie ein Mensch!« und lässt die Aussagen anthropomorpher Art nur für die anfängliche Pädagogik zu. Sie müssten später überwunden werden, denn fürs ich genommen seien sie falsch. Diese Aussagen Philos, eines Vertreters philosophischer Mystik, sind später oft wiederholt worden. Sind Anthropomorphismen Lüge und zu überwinden?

Im Blick auf die prophetische Inszenierung Gottes ist zu antworten: Die Anthropomorphismen, besonders diejenigen, die Gottes Affekte betreffen, sind die angemessenste Weise über Gott zu reden. Die eine Alternative wäre Schweigen, die andere Alternative wäre Verteilen von Attributen wie »allmächtig, allwissend, allgegenwärtig ...«. Schweigen ist nicht immer angemessen, denn zu eindeutig sind die Erfahrungen mit Gott, zu groß ist die Not der Menschen. Die Verteilung von Attributen aber hat vor allem Unglück bewirkt, denn sie führte dazu, dass man die Attribute gegen die Bibel ausspielte – etwa nach der Art: Wenn Gott allwissend wäre, hätte er doch wissen müssen, was er sich da in Adam und Eva herangezüchtet hat ... – Die Rede in Anthropomorphismen ist auch deshalb sinnvoll, weil sie dem Charakter der Bibel als eines Gesamtdramas entspricht. Denn die Inszenierung in den Auftritten der Propheten findet ihre Entsprechung in der Komposition der Bibel als eines großen, umfassenden Dramas von der Erschaffung der Welt bis zum Neuen Jerusalem.

So sind die prophetischen Anthropomorphismen nicht nur philosophisch zu beurteilen als »notwendige Lüge«, vielmehr »wissen« wir nichts anderes über Gott.

Eine persönliche Bemerkung: Die zisterziensische Spiritualität ist in den Anfängen des Ordens radikal bildlos. Denn das einzige Bild Gottes sei der Mensch. Schon bei Bernhard ist sie ferner stark affektbezogen. Daher bezieht sie sich besonders auf die Phasen, in denen Jesus Christus klein wie ein Baby und leidend als Gekreuzigter ist. Mit den Affekten wird die Dramatik betont und die figürliche Fixierung vermieden.

Der weisheitliche Ort

Ein weiterer »Sitz im Leben« (d.h. regelmäßig wiederkehrende Situation, in der Texte und Textsorten gebraucht und verwendet werden) ist die Bildung und Erziehung. Sie orientiert sich am Vorbild des Lehrers, der eben Lese- und Lebemeister in eins ist.

Gott ist nachzuahmen, weil er Lehrer und Erzieher zugleich ist. Und umgekehrt: Die Glaubwürdigkeit und der Erfolg des irdischen Lehrers richten sich danach, wieweit er nachahmbar ist. Nachahmung ist daher gegenüber dem Vater und Lehrer angebracht. Auch hier gründet die Gemeinschaft mit dem Vater bzw. Lehrer in dem Maß der erreichten Ähnlichkeit.

Im Neuen Testament versteht sich Jesus in diesem Sinne als der Lehrer, den es nachzuahmen gilt. Auch Paulus meint dieses: Er ahmt Jesus nach, seine Gemeinden ahmen ihn nach.

Die Folgen für das Verhältnis von Altem und Neuem Testament

Wenn das Gesagte zutrifft, stehen frühchristliche Aussagen über Jesus (Christologie) dem Alten Testament wesentlich näher, als zumeist angenommen.

Denn nach dem Neuen Testament ist Jesus Christus die lebendige Offenbarung Gottes. Gott wird nicht nur in einzelnen Handlungen der Propheten »in Szene gesetzt«, sondern durch ein ganzes Leben, durch einen Menschen mit Haut und Haaren. Jesus ist nichts weiter als der Mensch gewordene Anthropomorphismus. Gott ist wie ein Mensch. Diese prophetische Reform wird in Jesus unüberbietbar Wirklichkeit.

Die Evangelien betonen immer wieder Affekte Jesu: Er jubelt, er weint, er ist ergriffen, er gerät in Zorn. Das sind nicht private Wallungen, sondern das ist Teil der Botschaft.

Von der Grundkonzeption der Nachahmung Gottes her ist die Nachfolge Jesu als Nachahmen und als Auf-sich-Nehmen des Kreuzes zu verstehen.

Und auch das, was von den prophetischen Zeichenhandlungen gilt, kommt in Jesu Wirken zu einem Höhepunkt. Ausdrücklich werden seine Wunder mit Gottes endzeitlichen Taten identifiziert (Mt 11,2-5).

Schließlich wird auch das, was Paulus über das Nachahmen sagt, von hier aus verständlich. Wenn Paulus den Korinthern empfiehlt »Werdet meine Nachahmer, so wie ich Christus nachahme«, dann ist das ganz im Sinne der biblischen Grundlinie der Nachahmung Gottes zu verstehen. In der Auslegungsgeschichte hat man des öfteren Paulus geschmäht, weil er sich anmaßend als Vorbild empfehle. Das könne doch kein Mensch tun. Nun bleibt nach dem prophetischen Konzept von Offenbarung kein anderer Weg, als sich die Inszenierung der Botschaft in einem Menschen anzusehen.

Bedeutung für die Frage der Personhaftigkeit Gottes

Von Gott gibt es kein Bild, sondern er offenbart sich im Geschehen. Man hat oft in diesem Sinne von Heilsgeschichte gesprochen. Das ist im Ganzen gesehen nicht falsch. Aber es empfiehlt sich das Bild konzentrischer Kreise: Die Heilsgeschichte, abgebildet im Kanon der Schrift, stellt den äußeren Kreis dar. Im inneren Kreis stellt der Prophet durch sich selbst Gottes Handeln dar. Und Ähnliches geschieht durch den Priester.

Beide, Prophet und Priester, spielen jeder auf seine Weise die Rolle Gottes. Deswegen darf man Gott nicht in einem Bild fixieren. Modern gesagt: Zwischen Theater und bildender Kunst besteht hier ein scharfer Gegensatz.

Nun ergeben die Untersuchungen zum historischen Hintergrund des Wortes »Person« für das Lateinische und »*prosopon*« für das Griechische einen Befund, der dem ganz nahe kommt: Persona ist die Rolle, die jemand in einem Drama spielt.

Zur Illustration sei darauf hingewiesen, dass das urchristliche »Tanzlied« (2. Jh., Übersetzung in: Berger/Nord, NT, unter »Der Hymnus Christi«) ein gutes Beispiel für eine liturgisch-theatralische Inszenierung der Konzeption der (Leidens-)Nachfolge Jesu ist: Jesus steht in der Mitte, die im Kreis ihn Umschreitenden ahmen ihn nach, und zwar durch Bewegung. Der Text ist auch eine Illustration des »Christus in uns«, denn die Nachahmung macht die Persongrenzen durchlässig. Dieses Lied lebt übrigens fort in der Tradition der Lieder unter dem Titel »The Lord of the Dance«.

Hierarchie und personhafte Elemente

Nach Ausweis der Schöpfungsgeschichte, wie sie in der Priesterschrift, wie die Alttestamentler diesen Teil der Bibel nennen, aufgezeichnet ist) ist die Schöpfung hierarchisch organisiert. So gibt es die Stufenfolge der unbelebten Festkörper (inklusive Himmelskörper), dann der Pflanzen, der Tiere, des Menschen, des Sabbats. Außerhalb dieser Reihe stehen noch einmal Mensch und Gott in einem hierarchischen Verhältnis. Gott ist in dieser Hierarchie der absolute Herr und Schöpfer. Diese Anordnung der Bibel ist so genial und »richtig«, dass sie noch heute, besonders ausgerechnet von der Evolutionstheorie, jedenfalls für die Abfolge der Evolution von den Festkörpern bis zum Mensch als zutreffend angesehen wird. So und nicht anders könnten alle Dinge geworden sein. Das Kriterium dieser Hierarchie ist nicht nur, dass der eine Teil dem anderen als Lebens- und Nahrungsgrundlage dient (Körper – Pflanzen – Tiere – Mensch). Das hierarchische Kriterium ist vor allem die Befehlsgewalt, die Macht, sich anderes zu unterwerfen. Sie gilt, wenn Gott die Dinge durch Befehl erschafft (»Es werde ...«), sie gilt auch vom Menschen, wenn er sich die Tiere unterwerfen soll.

Für die Bibel ist diese Gewalt und damit auch diese Stellung in der Hierarchie an die Sprache oder an die Kraft gebunden, etwas anderes, also ein anderes Ding oder Lebewesen verändern zu können. Auch in passiver Hinsicht hat man dieses Kriterium in bestimmtem Sinne angewandt. Albertus Magnus († 1280) teilte die Kreaturen nach ihrer disciplinabilitas ein, d.h. je nach dem, wie weit sie zum Gehorsam oder zum Reagieren und Befolgen fähig sind. Daraus ergab sich für ihn gleichfalls eine Hierarchie.

Für die Hierarchie der Schöpfungswerke nach der Bibel gilt noch ganz unmittelbar: Je mehr Verfügungsmacht, Kraft zum Verändern, Planungsaktivität, Verantwortlichkeit und damit auch Freiheit ein Wesen besitzt, in umso höherem Maße hat dieses Wesen personhafte Züge. Personhaftigkeit ist daher eine Frage der Ranghöhe und abhängig von der Machtfülle, der Fähigkeit zu verändern und der Unmöglichkeit der Vorausberechnung. Ist das, was wir so beschreiben, letztlich »größere Freiheit«? Ist deswegen im Gleichnis der dritte Sklave unnütz (Mt 25; Lk 19), weil er den Spielraum seiner Freiheit nicht wahrgenommen hat?

Wir können dabei nur von »personhaften« Zügen sprechen, weil die Bibel noch keine feste Vorstellung und erst recht keinen Begriff von *Person* hat. Solche personhaften Züge, die wir erkennen können, sind Sprachfähigkeit, »freier« Wille, Fähigkeit zu Liebe und Treue. Oder einfach gesagt: Je höher jemand in der biblischen Schöpfungs-Hierarchie steht, desto mehr und desto eindeutiger ist er Person, hat er Züge der menschlichen personhaften Ausstattung. Denn der Mensch ist hier der Maßstab.

Von daher wird erklärbar, weshalb es der Teufel und bisweilen auch Dämonen relativ schwer haben, als Personen angesehen zu werden. Denn lediglich destruktiv wirken kann auch ein Wirbelwind oder ein Großfeuer. Wo dagegen der Teufel mit Jesus auf dem Hintergrund der Schrift disputiert, wie in Mt 4; Lk 4, ist er selbstverständlich Person. Gerade diese Unfassbarkeit gehört offenbar zum teuflischen Wesen.

Mächte und Gewalten, die auch das Neue Testament kennt, sind ohne Namen. Man kann sie besiegen, aber ob sie mehr sind als Kontrastfiguren, die den Menschen arm und schwach aussehen lassen, ist nicht entschieden.

Wir halten fest: Gott ist nach der Bibel mit personhaften Zügen ausgestattet, weil er in der Hierarchie der Schöpfung an oberster Stelle steht. Um Unklarheiten auszuschließen: Was wir hier dargestellt haben, ist der Versuch, die Aussage der Bibel und nichts als diese zu rekonstruieren. Es handelt sich um eine Rekonstruktion, denn die Bibel hat keinen Begriffsinhalt »Person«, der sich hier als Maßstab anlegen ließe. Wir tragen insofern eine moderne Fragestellung an die Bibel heran, eine Fragestellung, die sie selbst nicht hat. Wir können uns lediglich darum bemühen, Spuren dessen, was die Bibel hier denkt, zu rekonstruieren. »Hier«, das heißt: in dem Bedeutungsfeld, innerhalb dessen wir heute von Person sprechen.

Mindestens so etwas wie eine Person

Bevor wir Weiteres überlegen, sind zwei Dinge nochmals deutlich zu betonen. Zum einen, dass »niemand Gott gesehen hat« und dass wir deshalb nur eine Übertragung vom Menschen her wagen. Inwieweit uns dabei Aussagen über Jesus helfen können, wird noch zu zeigen sein.

Zum anderen wurde deutlich, dass nach der Auffassung der Bibel (und nicht nur dieser) Gott dem Menschen »himmelweit überlegen ist«. Nach dem der Bibel eigenen Denken, das wir oben dargestellt haben, muss man sagen, dass Gott »mindestens« so etwas ist wie eine Person. Denn ganz deutlich ist »Personhaftigkeit« für die Bibel eine Wertvorstellung im Rahmen einer Wertehierarchie.

Wenn also der Mensch Ausgangspunkt und Maßstab für »Personhaftigkeit« ist, dann muss im Rahmen einer Wertehierarchie gelten, dass Gott mindestens so etwas wie eine Person ist. Da Gott jedenfalls nicht unter dem Menschen steht, ist er auf jeden Fall Person. Ob er manche der Attribute einer Person sprengt, und vor allem, welche, wissen wir nicht.

Das Recht auf anthropomorphe Aussagen

Es erscheint oft als fraglich, ob Aussagen über Gott legitim sind, die vom Menschen ausgehen, von ihm her ihre Vorlage, ihre Maßstäbe und Muster beziehen. Denn Personhaftigkeit oder Personen kennen wir nur vom Menschen her. Und der dauerhafte Vorwurf des kritischen Rationalismus (siehe unten) geht in diese Richtung: Gott sei in der Bibel stets »allzu menschlich« gedacht.

Was wäre die Alternative? Die Alternative ist seit dem Deismus des 17. und 18. Jahrhunderts, Gott als ein völlig transzendentes a-personales »höheres Wesen« darzustellen. Der Deismus hat mehrere Voraussetzungen im gewandelten frühneuzeitlichen Weltbild, die ein interessantes Licht werfen auf das hier eingeforderte Recht auf anthropomorphe Aussagen. Denn

- der Deismus setzt ein Weltengebäude voraus, in dessen Mitte nicht mehr der Mensch steht; man denke an die großen Entwürfe der »Weltmaschinen« seitens der Physiko-Theologen;
- der Deismus hat die Realität Gottes von der Lebenswelt des Menschen getrennt, bzw. setzt diese Trennung als vollzogen voraus. Wo Gott zum Leben und Alltag der Menschen keinen Bezug mehr hat, wo er praktisch nicht mehr vorkommt, wird er in die äußerste Transzendenz verbannt. Der Begriff Lebenswelt ist aus meiner Sicht entscheidend für die Art der Rede von Gott, und zwar so oder so. Le-

benswelt verstehe ich im umfassenden Sinn als den kulturellen und religiösen Ort des Menschen. Anthropomorph kann man reden, so lange Gott an jeder Straßenecke in einer Kapelle nebenan wohnt. So lange man Geburt und Tod, Auferstehung und Wiederkunft des Sohnes Gottes im Rahmen des Kirchenjahres feiert. Besonders die Figur »Anna selbdritt« (Darstellung Annas, der Mutter Marias, mit dieser und dem Jesuskind als Dreiergruppe) zeigt diese Lebensnähe der Rede von Gott. Auf Martin Luthers intensive Beziehung zur heiligen Anna, der Großmutter Jesu, sei an dieser Stelle nur hingewiesen;
- mit dem Deismus entsteht ein Großteil der gravierenden Probleme der modernen Theologie überhaupt erst oder wird unlösbar: die Theodizeefrage und das Problem der Personhaftigkeit Gottes;
- andererseits ist auch das deistische Gottesbild nicht frei von dem Versuch des Menschen, in der Mitte zu stehen und sich zum Maßstab zu machen. Denn die deistische Auskunft ist doch: Weil Gott erwiesenermaßen nicht Person ist wie wir Menschen es sind, kann er nicht Person sein. Dass Gott hier a-personal gedacht wird, ist doch nur die Folge davon, dass der Mensch sich selbst zum absoluten Maßstab macht und die Übertragung von Metaphern auf Gott als vorwissenschaftlich ablehnt. Gott wird nur noch defizitär wahrgenommen. Daraus wird zugleich erkennbar: Nur der kann Gott Person nennen, der sich die Freiheit zur Metaphernbildung noch gestattet.

Aus meiner Sicht ist gegenüber dieser Vertreibung Gottes aus der neuzeitlichen Lebenswelt die anthropomorphe Rede legitim, und zwar unter folgenden Bedingungen. Die deistische Rede von Gott ist – ganz gleich, ob legitim oder nicht – ein eigenes theologisches Modell mit Stärken und Schwächen. Die biblisch-anthropomorphe Rede von Gott ist ein anderes Modell, ebenfalls mit Vor- und Nachteilen. Beide Modelle sind hinreichend verschieden und können oder müssen miteinander konkurrieren. Und dabei gilt dann: Tantum valet, quantum probat – ein Modell taugt so viel, wie es erweist oder verbessert, hilft oder heilt.

Die anthropomorphe Rede von Gott ist legitim, wenn man sich ihres besonderen metaphorischen Charakters bewusst wird und darüber auch spricht und wenn man hin und wieder dazu sagt, dass es sich (nur) um ein Modell handelt. In dieser Hinsicht hat sie der deistischen Redeweise nichts voraus.

Der besondere metaphorische Charakter theologischer Rede besteht in folgendem:

- Metaphern sind oft ritualisiert, jedenfalls spielen sie im Kult eine große Rolle. Daher eignet ihnen kein nur spielerisches Element. Sie sind Instrumente für den Ernstfall der Begegnung mit Gott. Ritualisierte Metaphern sind etwa die Sakramente, z.B. das Waschen in der Taufe.
- Ganz umfassend gewinnt dieser Punkt Bedeutung im Gebet. Denn das Gebet ist eine durch und durch metaphorische Handlung, aber durch nichts zu ersetzen. Denn die Betenden verhalten sich nach Mustern aus monarchischer Zeit, zum Beispiel aus dem Hofritual (Lob, Bitte, Niederknien, Händefalten), und doch ist dieses Tun der Ernstfall.
- Schon von den Entstehungsbedingungen des Christentums her steht an jeder Wegbiegung die Frage nach der Legitimität. Auch aus diesem Grund sind theologische Metaphern nicht Ausdruck frei schaffender Poesie. Nirgends anders hat der Streit um legitime Metaphern solche Ausmaße angenommen und Konsequenzen gehabt wie im Christentum.

Dabei sind anthropomorphe Metaphern in der Theologie besonders auch deshalb legitim, weil die zugrundeliegenden Erfahrungen immer von Menschen gemacht werden und nie von Apparaten ersetzbar sind. Die typisch menschlichen Erfahrungen mit Gott sind in jeder Hinsicht unersetzlich. Nur vom menschlichen Antlitz kann man so reden, wie der Cusaner es tut: »In allen Gesichtern ist das Angesicht der Angesichter sichtbar, verschleiert und im Rätsel« (Über die Schau Gottes, 115).

Gott ist Person, weil er spricht

Die Zeichenwelt des Menschen, insbesondere seine Sprache, hat für seine Religion immer schon eine ungeheure Bedeutung. Denn wenn das Unsichtbare und Unfassbare dennoch »verhandelt« werden soll, dann kann das nur im Raum des Universums der Zeichen geschehen.

Gerade das Flüchtige, materiell kaum Messbare des gesprochenen Wortes zeigt die Art der Wirklichkeit Gottes im Kontrast zur sonst bestehenden Realität an. Denn gerade das Wort kann auf dem Weg über die Herzen der Menschen Ungeheures bewirken. Hier ist nicht eine allgemeine Theorie des Wortes (Gottes) zu liefern, sondern es ist zu fragen, was das Wort der Offenbarung nun gerade mit Gott als Person zu tun hat.

Worte als Zeichen

Worte sind Zeichen wie Werke. Ein Wort zeigt, was in einer Person darin steckt. Bekannt ist dieser Grundsatz aus Lk 6,43-45:

(43) Ein gesunder Baum trägt keine faulen Früchte, und ein kranker Baum keine guten. (44) Was ein Baum wert ist, kann man an den Früchten sehen. Disteln liefern keine Feigen und Dornen keine Weintrauben. (45) Wie eine große Truhe birgt das Herz des Menschen einen Vorrat, aus dem er schöpft, was er anderen mitteilt. Birgt das Herz einen Schatz, so ist das, was der Mensch weitergibt, gut. Enthält es nur wertlosen Tand, so gibt er Schlechtes weiter. Denn der Mund verrät, wovon das Herz übervoll ist.

Nur von Personen ist bekannt, dass sie Worte geben können. Auch wenn also unser Personbegriff dem Neuen Testament fremd ist und man bestenfalls von personhaften Merkmalen reden kann: Worte sind verlässliche Hinweise darauf, dass überhaupt so etwas wie eine Person vorliegt, und das ist vom Menschen her geläufig. Durch das, was von ihm nach außen dringt, lernen wir einen Menschen kennen, eben hauptsächlich durch Worte und Werke.

Aber wenn das vom Inneren des Menschen gilt – wie kann man es von Gott behaupten? Das christliche Selbstverständnis ist in diesem Fall: Nicht der Mensch konstruiert eine Religion, indem er seine Worte als Gottesworte ausgibt, sondern umgekehrt: Der Mensch ist der Mittler des Gotteswortes; wir nennen ihn im Folgenden Prophet, einer, dem Gott sein Wort aufgenötigt hat.

Für das biblische Denken sind folgende Beobachtungen Hinweise auf inspirierte Rede der Propheten: Propheten schwingen sich nicht freiwillig zu ihrer Rolle auf, vielmehr gezwungenermaßen und nach Einwand und Widerspruch. Sie werden von Gott »überwältigt«. Zur Zeit des Neuen Testaments ist man zudem der Auffassung, dass alle legitimen Propheten des Judentums den Märtyrertod gestorben sind, denn ihre Botschaft war vor allem den Herrschern nicht genehm. In diese Liste konnte man dann auch Jesus und Johannes den Täufer einbeziehen.

Ferner: Insbesondere für den Zeugen und künftigen Märtyrer, der vor dem Gericht übelwollender Tyrannen steht, gilt, dass er nicht die eigenen, sondern inspirierte Worte von sich gibt. Der erstaunliche Mut und die Zusammenfassung des Bekenntnisses im Munde solcher Zeugen haben oft diese Anschauung bekräftigt. Gerade in der schwächsten Stunde der Zeugen, wenn sie direkt der Schande ausgesetzt sind, wirkt Gott in ihnen das Wort.

Vor allem aber ist es der kritische, ungelegene Charakter, der das Prophetenwort ausmacht. Es »zerschneidet« die Wirklichkeit und bringt mit seinem enthüllenden Charakter ein kleines Stück der endgültigen Klärung, die man Gericht nennt. Denn alles Gericht besteht immer darin, dass sich »alles klären wird«.

Natürlich ist beim Zeugnis des inspirierten Propheten nicht säuberlich nach Anteilen zu trennen, was menschliches Wort und was göttliches Wort ist. Das ist wie bei der Inkarnation (Menschwerdung Gottes). Auch hier lassen sich, weil es sich um eine einzige Person handelt, nicht Gott und Mensch trennen. So gibt es auch bei der Inspiration ein inkarnatorisches Geheimnis. Gott ist auch hier nur verhüllt zugänglich. Wie bei aller Offenbarung vor dem Ende gibt es daher auch hier das Spiel zwischen Offenbarsein und Verhülltbleiben.

Die Propheten äußern kritische Worte, in denen sie sich nicht selbst zu Richtern aufschwingen, sondern die sie widerstrebend und wohl um den Nachteil für sich selbst wissend ausrichten. Aber sie reden oft auch von einer Warte aus, die so weit vom üblichen Gerangele entfernt ist, dass sie Tun und Ergehen gemeinsam umfasst. Von daher hat man die Propheten – auch unter Einfluss der griechischen Bedeutung des Wortes – auch als Weissager aufgefasst.

Dieser Aspekt ist nicht zu verachten, denn dass das Wort eintrifft, das der Prophet geäußert hat, ist auch im Neuen Testament wichtig. Es zeigt sich nicht nur bei den Reflexionszitaten (»auf dass die Schrift erfüllt werde ...«), sondern auch bei Jesu eigenen Weissagungen über sein Leiden und den Judasverrat.

Nach menschlicher Erfahrung hängen Wort und Person untrennbar zusammen. Wenn Jesus im Johannesevangelium daher als Wort des Schöpfers begriffen wird, dann ist auch der Schöpfer Person. Für das Johannesevangelium kann man sagen: Wenn er (sc. Gott) sich uns nicht in dem Person-Wort geoffenbart hätte, dann wäre er für unser menschliches Verständnis kein »Wer«, sondern allenfalls ein »Es«, eine ganz unpersönliche Kraft« (Mühlen, Geist, 52).

Der Zusammenhang zwischen Person und Wort wird besonders in dem »Extremfall« erkennbar, in dem eine Person »Ich« sagt. Denn insbesondere so kann nur eine Person sprechen, weil für unser Verständnis ein geheimnisvolles, auf Enthüllung angewiesenes Personzentrum (das Ich) zu einer Person dazugehört. Wenn Gott sagt: »Ich bin, der ich bin« (Ex 3,16), dann bleibt zwar das Geheimnis fast vollständig erhalten, aber Gott stellt sich so jedenfalls als Person vor. Auch der Engel Gabriel kann sich vorstellen und sagen: »Ich bin Gabriel«, und formgeschichtlich nennt man das die Selbstvorstellungsformel eines Boten. Auch das Mittelalter weiß, dass der letzte Kern jedes Individuums »unaussagbar« bleibt, und zwar nicht, weil dieses ein besonderes Mysterium ist (was auch zutrifft), sondern weil die Sprache nur Allgemeinbegriffe zur Verfügung hat, die den Einzelnen bestenfalls (mit Worten, natürlich) einkreisen, aber nicht erfassen können.

Vollmachtsworte

Ein besonderer Fall des Wortes sind Macht- und Vollmachtsworte. Ein Machtwort Jesu ist z.B. das an Lazarus gerichtete »Komm heraus!« (Joh 11,43). Vollmachtsworte sind Worte der Jünger aus Vollmacht, zum Beispiel Segensworte oder Exorzismen. In diesen Worten erweist sich jeweils eine Macht, die über menschliches Maß hinausgeht. Oft ist es eine Macht, die verändern kann, bei den Wundern bis hin zur physischen Gesundung.

Darin wird etwas Allgemeineres über »Worte von Gott her« erkennbar. Denn auch bei den inspirierten Worten ist nicht der (kognitive) Erkenntnisinhalt göttlich, sondern die Autorität, die Kraft und der Mut, die Macht, dass ein Wort nicht leer bleibt. Es ist immer die Kraft zur Verwandlung der bestehenden Wirklichkeit, die ein Wort hat, das von Gott her kommt. Damit geht es um die neue Lehre »mit Vollmacht« (Mk 1,27). Dabei wird das »Göttliche« nicht auf die Kraft reduziert, es geht vielmehr um die untrennbare Einheit von Sinn und Macht. Gott ist damit der Bürge seiner eigenen Worte. Inspiriert sind solche Worte, deren Bürge erfahrungsgemäß nur Gott sein kann.

Gott gibt Gebote

Ein Gott, der Gebote gibt, ist einer, der im weiteren Sinne des Wortes »spricht«. Der Gott, der durch Gebote verbindlich redet und der damit auch Verheißung oder Strafe verbindet, ist so etwas wie eine Person. Denn es sind nicht nur Sachzwänge und immanente Folgen eines Handelns, die in den Geboten bedacht werden. Das heißt: Die Gebote handeln nicht nur von Weisheit, im umfassenden orientalischen Sinne des Wortes von Lebensweisheit, sie sind nicht einfach nur empfohlene Lebensregeln für ein gutes Dasein, sondern Gott verpflichtet durch seine Autorität: »Ich bin der Herr dein Gott« steht als Überschrift der Zehn Gebote. Und oft werden biblische Weisungen im Alten Testament kommentiert durch zwei kurze hebräische Worte: Ich (bin) Jahwe.

Paulus hat über die Kanäle nachgedacht, auf denen uns Gott seinen Willen mitteilt. Das ist erstens die geschriebene Tora, zweitens das in das Herz der Heiden geschriebene Gesetz Gottes, drittens das Gewissen, das zumindest im Nachhinein urteilt, was falsch war, viertens die Obrigkeit, fünftens der (die) Apostel mit ihrer Lehre. Alle diese Kanäle bestätigen gegenseitig den Willen Gottes. Auch in den Evangelien meint »Wille Gottes« übrigens nicht das Schicksal, sondern stets den zum Handeln verpflichtenden Gott. Auch wenn die meisten der genannten Instanzen eine gewisse Selbständigkeit besitzen (Tora, Gewissen, Obrigkeit), steht am Ende Gott allein für die Folgen der Einhaltung oder Nicht-Einhaltung der Gebote ein. Denn dass es Folgen gibt und welche es sind, bestimmt er allein, und zwar durch Fügung oder Gericht.

Nun ist gerade dieser Aspekt heute abhanden gekommen, als verpflichte der Gott der Bibel jeden einzelnen persönlich. Jesus ringt in Gethsemane mit dem persönlichen Willen Gottes (»Nicht was ich will, ...«; Lk 22,42). Es ist wohl die Theodizeefrage, die hier eine Tür öffnet: Denn sie fragt danach, wie »es Gott ergeht«, wenn etwa Kinder misshandelt werden. »Wenn ein Dreijähriger vom Auto überfahren wird, ist das ein Tritt vor Gottes Schienbein, ein schwerer Stich in Gottes Herz«. Gott will nicht nur die Gebote, es trifft auch sein Herz, wenn sie missachtet werden. Denn er ist der gute Arzt, der Leben um jeden Preis will. Auch hier steht neben der Vernunftebene die des Herzens. Nie gibt es die eine ohne die andere.

Gott beruft und sendet

Paulus spricht davon, dass ein Zwang auf ihm liegt, sofern er Apostel ist: »Denn wenn ich das Evangelium verkündige, dann geht es nicht um meinen Stolz, sondern Gott zwingt mich dazu. Wehe mir, wenn ich das Evangelium nicht verkündige« (1 Kor 9,16). Er weiß, dass dieser Zwang nicht von ihm selbst ausgeht, sondern allein von Gott, von dem her, was ihm widerfahren ist. Schon aus den vorprophetischen Berufungsberichten des Alten Testaments kennen wir den »Einwand« gegen die Berufung. Der zu Sendende sträubt sich gegen die Berufung. Gegen sie führt er alles ins Feld, was von ihm aus gesehen gegen die Sache und den Wert seiner Person spricht. – Dieser Konflikt innerhalb der Berufungsberichte ist theologisch wichtig. Denn er markiert – gerade bei den »Hauptamtlichen« – die bleibende, ja gesteigerte Fremdheit Gottes. Der hauptamtliche Prophet verschmilzt eben gerade nicht mit seinem Beruf. Er nimmt ihn und damit Gottes Absicht, Wollen und Wirken in seiner Sendung als fremd, ja als gefährlich und jedenfalls als eine Zumutung an den Menschen wahr. Auch Paulus meint das, wenn er schreibt: »Wenn einer schwach ist ..., dann bin ich es. Wenn einer vor Zweifeln brennt, dann ich« (2 Kor 11,29). Diese Zweifel und Selbstzweifel mitten im Geschehen der Beauftragung selbst sind aus meiner Sicht ein Schutz gegen Ideologisierung. Denn Gott und sein Ruf bleiben die fremde Wirklichkeit.

Besonders dramatisch hatte sich bei Paulus die Einheit von Berufung und Aussendung gestaltet. Er wird durch den Herrn, der ihn beruft, nicht nur zu Boden geworfen, sondern auch vollständig umgekrempelt. Und auch Petrus bekommt gesagt: »Wenn du alt bist, wirst du ergeben deine Hände ausstrecken, ein anderer wird dich gürten, ein neuer Herr, dessen Sklave du sein wirst, und er wird dich dorthin führen, wohin du nicht willst« (Joh 21,18).

Im Johannesevangelium ist Jesus der vom Vater Gesandte, in den Paulusbriefen ist der Apostel Paulus selbst von Christus gesandt. Niemand sendet sich im eigenen Namen. Die Sendungsaussagen zielen nicht nur auf Legitimität, sie umfassen auch Auftrag, bleibende Bindung und die Verpflichtung zum Ablegen der Rechenschaft.

Nur jemand wie eine Person kann berufen und mit einem Auftrag aussenden.

Gott erwählt

Auch bei der Kategorie der Erwählung führt der Projektionsverdacht in die Irre. Projektionsverdacht heißt hier: Die Erwählten (Juden und frühe Christen) hätten sich zum Zwecke der Selbst-Glorifizierung ausgedacht, Gott habe sie vor allen anderen erwählt. Dass Erwähltsein von Anfang an kein Zuckerschlecken bedeutet, dokumentiert das Gebet eines Juden: »Ach, Herr der Welt, lass uns etwas weniger erwählt sein und dafür vielleicht etwas weniger leiden!« Denn angesichts des Kontrastes zwischen Gott und Welt ist der von Gott Erwählte mit Notwendigkeit der Leidende, denn er muss allen Widerstand der Welt gegen Gott am eigenen Leib ausbaden.

Denn es war nie die »allgemeine Menschheit«, der das Heil zugesprochen wurde, sondern zugesprochen wurde es immer nur Einzelnen. Der Gott Abrahams, Isaaks und Jakobs bewahrt seinen Eigenwillen, er geht seinen Weg zum Heil und Erbarmen aller Menschen immer auf schmalen Wegen, über die Bekehrung Einzelner. Denn Christentum ist keine Philosophie von überzeitlicher Gültigkeit, sondern eine Kirche, in der noch immer jeder Einzelne getauft wird und jedem ganz persönlich in der Beichte die Sünden vergeben werden. Die persönliche, leibhaftige, räumliche, zeitliche und greifbare Nähe Gottes, die das Christentum verkündet, bedeutet noch immer, dass jeder Einzelne, der sich zu dieser Religion bekennt, leibhaftig zur Kirche gehen und mit eigenen Händen beten soll. Daher gibt es auch keinen Ersatz für die je eigene Taufe und das persönlich mitvollzogene Herrenmahl. Auch die Werke, die jeder tun muss, sind leibhaftig gewordene Zeichen des eigenen Glaubens.

Paulus zeichnet diesen Schmalspurweg Gottes eindrücklich in Röm 9 nach: Auch aus dem Samen Abrahams wurde immer wieder ausgewählt, nämlich Isaak und nicht Ismael, Jakob und nicht Esau und in der Gegenwart des Apostels nur die Judenchristen und nicht der Rest der Juden. Auch die Heidenchristen, die Gott anstelle der ausgefallenen nicht-christlichen Juden berufen hat, werden nicht pauschal berufen, sondern nur jeder Einzelne von ihnen. Bis heute ist nur ein Teil der Menschheit christlich, der größere Teil nicht. Gott bleibt daher auf dem schmalen Weg. Nur so gelangt er, wie dann Röm 11 zeigen wird, auf Umwegen dazu, sich aller zu erbarmen.

Für die Frage nach der Person Gottes bedeuten diese Einsichten: Gott ist kein Prinzip. Die Fakten der Heilsgeschichte lassen eine bestimmte Handschrift erkennen. Paulus hat diese Handschrift erkannt und sie in Röm 9 rekonstruiert. So hat Gott die nicht-christlichen Juden als Gefäße des Zornes und als Nachtgeschirr erschaffen. Diese Ungleichbehandlung erscheint auch Paulus als skandalös. Aber sie ist Gottes persönlicher Weg mit seinem Volk. Hinter dieser zeitweiligen Verwerfung Israels wird für Paulus sogar eine »große Koalition« sichtbar, die Gott auf Zeit mit dem Unglauben und dem Ungehorsam der nichtchristlichen Juden geschlossen hat.

Paulus kann diesen Verlauf der Geschichte nur ahnungsweise begreifen, und zwar als den persönlichen Weg des Gottes Abrahams mit seinem Volk und allen Völkern.

Hier ist auch auf den besonderen Zusammenhang von Inspiration und Erwählung aufmerksam zu machen.

Hätte Gott nur ein Weltethos verkündigen lassen, so wäre es nicht notwendig gewesen, ihn Person zu nennen. Denn die Inhalte einer allgemeinen vernünftigen Weltordnung im Sinne I. Kants (Handeln als ob die Grundlagen allgemein Gesetz werden könnten) müsste man nur aus der Weltvernunft herleiten. Denn es gälte vernünftigerweise für alle Menschen.

Bei Gottes Offenbarungen für Israel ist das aber gerade nicht der Fall. Denn Gottes Inspirationen haben noch nie den Applaus der Mehrheit zur Folge gehabt. So gilt: Gott ist eben gerade darin und deshalb Person und nicht nur Vernunft, weil er nicht die allgemeine Menschheit repräsentiert. Als der Erwählende ist er zuständig für den unvernünftig erscheinenden Sonderweg. So sind Inspiration und Erwählung aufeinander bezogen. Denn die lediglich vernünftige, opportunistische Lösung würde die Erwählung zerstören. Nur das, was die Erwählung erhält, ist inspiriert. Denn das letzte Ziel aller Offenbarung Gottes ist immer nur das Gottesvolk selbst.

Dem entspricht, dass Gottes Propheten geradezu notwendig leiden müssen. Die Leiden der Propheten sind Indizien dafür, dass die Propheten nicht ideologisch nur auf den eigenen Vorteil bedacht sind. Inspiration ist immer auf den Widerstand bezogen. Daher stehen Texte über die Inspiriertheit dessen, der sich als Zeuge und Märtyrer vor einer ihm feindlichen Obrigkeit verteidigen muss (Mk 13,11; Lk 21,15), am Anfang der Vorstellung von Inspiration überhaupt. Die Lehre der Inspiration geht daher von der Prophetie aus, die Gottes Weisheit und

Geist gegen die Weisheit der Mächtigen setzt, und nicht von der allgemeinen Weltweisheit.

Gott liebt

»Gott tanzte, als du geboren wurdest«, dieser Satz könnte aus der ostjüdischen Mystik stammen. Er meint in unserem Zusammenhang: Gott darf auch partikular sein und begrenzt wie alles, woran er Freude hat. Gott »darf« auch besonders und auf einmalige Weise lieben. Das betrifft auch die Brücke zwischen den Lebenden und den Toten, welche die Liebe ist. Auch auf dieser Brücke finden wir vor allem Gott. Liebe betont die Einmaligkeit jedes Menschen und setzt diese voraus.

Denn so ist es gekommen, dass zwischen dem 3. und dem 13. Jahrhundert das »Hohelied der Liebe« der am häufigsten ausgelegte Text der Christenheit wurde.

Ein Gott, der sein Volk liebt, ein Christus, der die »Seele« jedes einzelnen Gläubigen liebt, hat höchst persönliche »Verhältnisse«. Angefangen von den christlichen Hymnen unter dem (irreführenden) Titel »Oden Salomos« bis hin zur Zisterziensermystik des 13. Jh. liefert hier christliche Spiritualität ein Gegengewicht gegen eine philosophische Beschreibung Gottes. Denn wie der Mensch von bräutlich-hochzeitlicher Liebe am tiefsten ergriffen und am intensivsten herausgefordert ist, so gilt es nach der neutestamentlichen Offenbarung auch für Gott.

Nicht zufällig stoßen wir daher beim Thema Liebe auf einen wichtigen Grundbaustein unseres Themas: Gott wird als Person erkannt, weil sich Gott und Mensch so aufeinander zu bewegen, dass sie sich glücklicherweise treffen oder zumindest treffen könnten. Für die Dimension der Liebe ist der Satz so zu formulieren: Gott sehnt sich nach dem Menschen, und der Mensch sehnt sich nach Gott. Beider Sehnsucht kann sich daher treffen. Auch wenn es bei der Sehnsucht bleibt, bei dem Wunsch, Gott lieben zu können, so kommt doch darin eine für das Heil grundlegende Bewegung zum Ausdruck. Vielleicht ist es so im Sinne der Mystik des heiligen Bernhard von Clairvaux. Gott sehnt sich danach, von uns angesprochen zu werden. Nur auf der Ebene der Sehnsucht sind Gott und Mensch wohl am Ende vergleichbar. Denn auch der Mensch wird nicht durch Werke gerechtfertigt, sondern durch Sehnsucht.

Dass Gott mindestens jemand ist wie eine Person, das ist kein abstrakter theologischer Lehrsatz, sondern das wird in einer dramatischen Geschichte wahrgenommen. An deren Anfang steht die Frage, warum Gott sich wohl überhaupt um die Menschen kümmert. Und gleichzeitig nimmt jeder Mensch wahr, dass keine irdische Liebe ihn im ganzen und auf Dauer ausfüllen kann. Er hat Sehnsucht nach unendlicher Liebe. Und vielleicht hat nun die alte Auskunft, es gebe Gott, sehr wohl etwas zu tun mit dieser ungestillten Sehnsucht des Menschen. Nach Meinung der christlichen Überlieferung ist Gott genau der, den der Mensch braucht, nötig braucht.

Bei den frühen Zisterzienser-Theologen wie bei Wilhelm von Saint-Thierry hört sich das so an:

(29) Ich finde dich also, Herr, in meiner Liebe. Ach, dass ich dich doch immer fände. Denn Liebe ist nur, wenn sie liebt. Wenn aber in mir stets die Sehnsucht nach dir brennt, die Liebe, die mich zu dir drängt – warum werde ich dann nicht fortwährend von dir hingerissen? Ist denn Liebe etwas anderes als von Liebe hingerissen sein? Liebe ist, wie man weiß, eine Gabe der Natur, doch dich zu lieben ist eine Gabe der Gnade. ... Denn solange der Leib, der doch vergeht, das Innere beschwert und solange unsere irdische Herberge das Denken niederdrückt, das doch vielerlei erwägt, erfährt der, der Gott liebt, Rückschläge und Fortschritte ... (Meditationen, Meditation 12).

Nun haben hier moderne Menschen die größten Probleme, gerade dort also, wo es sich am eindeutigsten um Aussagen handelt, die nur zwischen Personen gelten. Denn was soll das denn konkret heißen: Gott lieben? Und wenn es in der Bibel heißt: Du sollst Gott lieben aus deinem ganzen Herzen, fragen wir empört: Kann man denn Liebe befehlen? Liebe betrifft doch unsere innersten Gefühle, und da sind wir frei, da hat, so meinen wir, keiner etwas zu befehlen. Und noch dazu Gott lieben? Den wir noch nie gesehen haben? Ist er nicht eine gasförmige Vernunftwolke? Wie kann man den lieben? Alles in allem eine Zumutung also?

Nun, einiges muss man wissen, anderes betrifft nun aber wirklich unser Herz. – Wissen muss man: Das Wort »Du sollst Gott lieben« fasst alle Gebote wirklich in sich zusammen, meint die Befolgung aller Gebote. Die Gebote der Bibel aber sind keine Straßenverkehrsordnung, sondern Weisungen, und das Wort Weisung hängt mit Weisheit zusammen. Im Namen Gottes verbindliche Weisheiten des Lebens und Überlebens sind die Gebote. Wissen muss man auch, dass Liebe im Sinne der Bibel nicht zuerst eine Frage von Gefühl und Freiheit ist. Liebe im Sinne der Bibel ist zuerst praktische Solidarität in der Familie. Wenn die Bibel von Liebe spricht, kann man immer an das Bild der Wagenburg denken. Viele Planwagen stehen im Kreis und bilden einen Wall zum Schutz der kleinen Gemeinschaft. Die Gebote sind die Hausordnung der Wagenburg. Liebe ist der Inbegriff dessen, was die Gemeinschaft vor dem Zerfall bewahrt und was sie gegen Wölfe und Banditen schützt. Wir kennen das Bild aus der Frühgeschichte der USA: Die Wagenburg bildet eine Gemeinschaft auf Leben und Tod. Liebe ist Solidarität zum Schutz des Lebens vor dem Tod. Wer zur Liebe auffordert, weiß, dass das Leben im Miteinander vor dem Tod zu schützen ist. Das Wichtigste ist, in der Wagenburg und nicht außerhalb zu sein. Gottes Volk ist so eine Wagenburg. Gott zu lieben bedeutet, seine Lebensregeln zu bewahren, seine wirkliche Gegenwart für das Wichtigste überhaupt zu halten. Auch Jesus wird nach dem Johannesevangelium noch genauso reden: Wenn ihr mich liebt, haltet ihr meine Gebote. Daher ist der Gott der Bibel nicht als Single denkbar, sondern nur zusammen mit seinem Gegenüber, seinem Volk, denn Dazugehören, Dabeisein, Zusammengehören ist alles.

Aber es heißt doch »... lieben aus deinem ganzen Herzen«, und das, was ans Herz geht, ist noch etwas anderes als das oben Ausgeführte: Lieben heißt auch bei uns: »Nur du!«, »Nur dich!«. Das ist riskant und Quelle unzähliger Dramen. Und doch gilt es als Spitzenpunkt unseres Menschenbildes und unserer Ethik, weshalb wir denn einen Harem nicht gut mit unserer Vorstellung von den Menschenrechten in Verbindung bringen können.

Nur du! – das ist ein Wagnis und zugleich, wenn es glückt, eben Glück und Seligkeit. Wie sehr freuen wir uns über jede goldene, diamantene oder eiserne Hochzeit! Und hier, genau an dieser Stelle, hängt unsere Religion ganz eng mit der Auffassung von Ehe zusammen.

Immer wieder sagen es die Propheten: Nicht die vielen Götter, sondern nur den einen. Und sie sagen: Das ist wie in einer Ehe: Nicht viele Partner, sondern nur den einen. Denn viele Götter kann man zwar verehren, aber einen ganzen Himmel voller Götter kann man nicht lieben. Und mit vielen Partnern kann man zwar verkehren, aber Liebe nennen wir etwas anderes.

Das »Nur du!« betrifft schon im alten Israel ganz parallel das Verhältnis zu Gott und Göttern wie die Beurteilung des Ehebruchs. Dieser Gott will allein angebetet werden. Er ist intolerant. Er kann sich das leisten, so intolerant zu sein. Denn nur er ist zugleich Schöpfer, Ursprung weiser Lebensregeln und Befreier. Wer seine Intoleranz respektiert, wird reich belohnt. Denn wer zu Gott sagt: Nur du!, zu dem sagt auch Gott: Nur du! Oder es war vielmehr umgekehrt: Gott hat zuerst Israel erwählt und dann kam die Aufforderung, allein geliebt zu werden. Im Hebräischen ist Erwählen dasselbe Wort wie Lieben.

Diese Beobachtung hilft uns in der Frage weiter: Wie kann es denn sein, wie können wir dazu kommen, Gott zu lieben? Wer gibt uns die Kraft dazu, obwohl wir das doch gar nicht können? Selbst Wilhelm von Saint-Thierry, der Freund des Heiligen Bernhard, hat in seinen »Gebeten und Meditationen« gesagt: »Ich kann nicht sagen: Ich liebe dich! sondern nur: Ich möchte dich gerne lieben!« – Die Frage, wie wir das überhaupt können, Gott zu lieben, wird im Hauptgebot in Deuteronomium 6,4 durch ein einziges Wort beantwortet: Israel. »Höre Israel«, beginnt dieser Text. Denn zuerst hat Gott Israel erwählt, nur dieses Volk. Das ist ebenso wunderbar wie ärgerlich. Der Schöpfer aller Welten hat Israel erwählt. Wenn man sich allein nur dies vorstellen möchte, wie viele Sterne es gibt, dann denke man an einen 2000 km langen Sandstrand und zähle die Sandkörner, das ist die Zahl der Sterne. Und der Schöpfer dieser schieren Unendlichkeit ist noch viel, viel größer, eben unfassbar. Und dieser Schöpfer von Milliarden Milchstraßen sagt zu Israel nach Jeremia 31,3: »Ich habe dich je und je geliebt, darum habe ich dich zu mir gezogen aus lauter Güte«. Immer wieder kann Israel es nicht fassen, dass Gott ausgerechnet dieses Volk liebt, das doch traditionell mehr Feinde hat als Volksmitglieder. Gott hat dieses Volk erwählt und sagt: Nur du! – Gott will im Kern Liebe. Auch im Johannesevangelium wird das gut erkennbar: In Fortsetzung der Schöpfung durch das Wort, die Vernunft, die Ordnung bedeutet, wohnt das menschgewordene Wort unter uns Menschen, um uns den Frieden zu schenken. Schöpfung ist Größe und Schönheit, Liebe ist Leben erhaltende Zuwendung. Wie viel Zuwendung braucht ein Menschenkind, um erwachsen zu werden! Und wir können sicher sein: Gottes Liebe ist so schier ohne Maß wie der Weltraum ohne Zahl ist. Das Geheimnis aller Dinge ist nicht nur Ordnung, sondern letztlich Liebe.

Liebst du mich?, fragt Jesus Petrus in Joh 21. Und Petrus antwortet dem Sinne nach: Ja Herr, du weißt, dass ich dich liebe. Obwohl ich doch der bin, der dich verleugnet hat, der nicht die Kraft hatte, in der Stunde der Anfechtung durchzuhalten und treu zu sein«. Die Liebe des Petrus ist ungebrochen geblieben. Das ist etwas sehr Wichtiges. Jesus nimmt diese Liebe des untreuen Jüngers ebenso an wie die Liebe der verfemten Frau. Die Liebe des Jüngers Jesu ist eine arme Liebe; aber sie ist eine Liebe, die trotz Untreue wieder durchbrechen kann und ihr Recht sucht. Und Jesus nimmt sie an.

Das »Nur du!« ist daher gegenseitig, und es heißt Liebe. Diese heilsame Intoleranz der Liebe ist auch heute in Gefahr. Und das gilt für die Ehe wie für die Religion. »Alle Religionen sind gleichberechtigt« höre ich immer wieder – und das heißt im Klartext: alle Götter. Die biblische Vorstellung des »Nur du!«, der Treue also zu dem einen Gott und dem einen Partner, dieses war und ist ganz entscheidend für unsere Auffassung von Person und Personalität. Denn am Ende ist alle Frage nach Treue eine Frage danach, ob ich schon ich selbst geworden bin. Denn wenn ich sage »Nur du!« und das in aller Gefährdung treu bewahre, dann bewahre ich immer auch mich selbst, zerstöre ich nicht das Netz, in dem ich leben kann.

Wie man denn doch Gott lieben kann? – Die beiden großen Themen der Liebe sind Schönheit und Leiden. Schönheit, das ist Glanz und Herrlichkeit, Kraft und siegreicher Charme. Und Leiden, das bedeutet immer Wahrnehmen unserer Grenzen, Bitterkeit der Einsamkeit. Wir lieben solche, die uns an Charme voraus sind, und wir lieben solche, die uns im Leiden nicht allein lassen. Jede Liebe ist Genießen und Anteilhabe. Wir sonnen uns gern im Glanz des Partners, den wir lieben, dann haben wir daran Anteil. Und wir lieben den Menschen, der Freud und Leid mit uns teilt. Beides, Schönheit und Leiden, gilt auch für unser Streben nach Gott, für Gottes Gemeinschaft mit uns. Glanz ist gemeint, wenn von Gottes Herrlichkeit die Rede ist, von seinem Thron über allen Himmeln, und wir werden daran Anteil haben, am Licht seiner Herrlichkeit. Ein Abglanz ist der Gottesdienst. Und Leiden, das bedeutet: Gott leidet mit uns. Im Leiden und Sterben seines Sohnes begleitet er uns. In der Ostkirche hat man sehr stark die Herrlichkeit Gottes betont, im Westen die Gemeinschaft im Leiden. Aber beides gehört zusammen: In Jesus ist Gott sterblicher Mensch geworden, damit wir durch ihn verherrlichte Kinder Gottes würden. Wie sollten wir den nicht lieben, der uns in der äußersten Not zur

Seite steht, uns nicht nach dem sehnen, der uns mit seiner Herrlichkeit bekleiden will?

Auf jeden Fall aber bleibt das tröstliche Licht des Leuchtturms. In den Ungewissheiten der Nacht leuchtet er in regelmäßigen Abständen, ganz gleich, wo wir gehen. Denn wenn wir auch wandern im finsteren Tal, mitten in der Nacht, er ist uns ein »liebes Licht«.

Die Voraussetzung der Treue ist Identität. Kann man das einüben? Genau das ist die Frage nach der Spiritualität. Spiritualität besteht darin, dass man durch ständige Wiederholung geprägt wird, zum Beispiel durch das Stundengebet. Übrigens haben das früher alle Christen geübt, fünfmal damals. Die Moslems haben diese Anzahl der Gebetszeiten übernommen und die meisten bewahren sie treu, den Christen zur Beschämung.

Gott kann hören

Wer betet, setzt voraus, dass Gott hören kann. Und dass er gerade jetzt, wenn wir beten, uns zuhört. Dass er unsere Sprache versteht und vielleicht sogar darauf reagiert. Das Gebet macht daher viele Voraussetzungen und ist, wenn man es wissenschaftlich betrachtet, ein sehr komplexes Geschehen.

Doch andererseits ist das Gebet das Einfachste und Schlichteste von der Welt, Kinder beten gern, und Erwachsene können es immer dann noch, wenn sie fast nichts anderes mehr schaffen.

Fast alle Religionen setzen dieses voraus: Die menschliche Sprache kann in dieser Gattung den Bereich Gottes oder der Götter erreichen. Zwischen der Sprechfähigkeit des Menschen und der Hörfähigkeit Gottes oder der Götter besteht eine Art »prästabilierter Harmonie«. Gerade auch die bei Christen nicht besonders angesehenen »magischen Papyri« der römischen Kaiserzeit (auf Papyri erhaltene Gebete und magische Rezepte aus dem interreligiösen Bereich) enthalten vielfach etwas, das man wirkliche Frömmigkeit nennen könnte, denn auch die Bitte um Gnade inklusive Naherwartung (»Komm bald ...!«) ist diesen Texten nicht unbekannt.

Die Besonderheit des Frühjudentums, wie es uns z.B. in den Hymnen von Qumran begegnet, und des frühen Christentums besteht hier darin, dass die Worte des Gebetes, der Text des Hymnus selbst schon als Gnade des Himmels verstanden werden. Indem Gott das Gebet inspiriert, schenkt er dem Menschen die entscheidende Eintrittskarte in seinen »Thronsaal«, in den Bereich, in dem er zu- und erhören kann.

So setzt das schlichte Rufen um Erbarmen ein kompliziertes anthropomorphes System voraus. Paulus berichtet sogar, dass er auf sein Gebet hin Antwort bekommt (2 Kor 12,7-9):

(7) Damit ich mich nicht allzu überheblich aufführe, wurde mir als Stachel im Fleisch ein körperliches Leiden, ein Engel Satans, mitgegeben, der mich schlagen soll, wenn ich übermütig werde. (8) Schon dreimal habe ich den Herrn gebeten, der Engel Satans solle doch bitte von mir weggehen. (9) Der Herr antwortete mir: »Nein. Dass du meine Gnade hast, muss dir genügen.« Denn Gottes Kraft kommt da zur vollen Wirkung, wo Menschen schwach und krank sind.

– Hier ist also aus dem Beten ein Gebetsdialog geworden.

Doch nicht die für viele offenkundigen Erhörungen von Gebet sind das religionsgeschichtlich Interessante, sondern vielmehr, dass Menschen trotz massenhaften Nicht-Erhörtwerdens immer noch und immer wieder beten und sich durch das Schweigen des Himmels keineswegs abschrecken lassen. Gibt es hier so etwas wie ein Urvertrauen, das durch nichts zu erschüttern ist, ja eine prästabilierte Harmonie zwischen Beter und himmlischen Mächten? – Eine ähnliche Harmonie beobachten wir zwischen Gewissen und Gottes Gebot. Wenn Paulus bemerkt, den Heiden sei Gottes Gesetz ins Herz geschrieben, meint er so etwas. – Der Zusammenhang ist also:

Gebet des Menschen an himmlische Mächte	–	Das Gebet wird ge- oder erhört
Gewissen des Menschen ist an Normen orientiert	–	Diese Normen entsprechen den Geboten des transzendenten Gottes

In beiden Fällen besteht die Gewissheit, dass der »Himmel« und die »Menschen« nicht Lichtjahre voneinander entfernt sind, sondern dass es eine nie verlorene begrenzte Kommunikationsmöglichkeit immer gegeben hat. Dass dieses nicht einfach »natürliche Theologie« ist, sondern das Wirken der Gnade, bringt schon für sich die »Theologie des Gebets« zum Ausdruck.

Für unsere Frage, ob Gott »Person« ist, bedeutet dies: Die Personhaftigkeit des Menschen und die Personhaftigkeit Gottes stehen, wie verschieden sie auch im Einzelnen ausgestaltet sein mögen, doch in einer ständigen und lebendigen Beziehung zueinander. Man kann das auch Interrelation oder Wechselbeziehung nennen. Das bedeutet: Beides ist nur zusammen denkbar und erfassbar. Ohne Vorstellungen von der Personhaftigkeit des Menschen gibt es auch solche Mutmaßungen über Gott nicht. Und das, was für die Person des Menschen im Innersten kennzeichnend ist, sein Gewissen und sein Ruf um Erbarmen, ist nicht denkbar und sinnvoll ohne eine entsprechende Relaisstation bei Gott.

Dieses Aufeinander-Bezogensein, dieses Gegenüber kommt in einer Reihe wichtiger biblischer Metaphern zum Ausdruck, wie der folgende Abschnitt zeigen wird.

Wechselseitige Personalität Gottes und der Menschen

Trotz des Bilderverbots ist die biblische Theologie gar nicht geizig an Bildern, in denen die wechselseitige Beziehung zwischen Gott und Mensch formuliert wird. Diese bekannten Bilder sind:

Herr	–	Sklave
König	–	Untertanen
Herrscher	–	Begnadete/zu Beschützende (durch Engel)
Ehemann	–	Ehefrau
Vater	–	Kinder
Mutter	–	Kleinkind
Freund	–	Freund

All diese Bilder beschreiben eine Zweier-Beziehung, in der der eine Partner nicht ohne den anderen gedacht werden kann. Mit einem Griff umfassen diese Aussagen jeweils einen Aspekt des Verhältnisses Gott – Mensch. In allen diesen Bildern wird Gott selbstverständlich gedacht wie ein Partner in menschlichen Sozialbeziehungen, und zwar jeweils als der stärkere, ältere, ranghöhere Partner.

Für unsere Fragestellung ist wichtig, dass nur in Extremfällen das Verhältnis zwischen Gott und Mensch wie eines zwischen Mensch und

Ding dargestellt wird. Ein solcher Fall liegt etwa vor in Jes 29,16; 45,9 und Röm 9, wo Menschen als Töpfergeschirr, bzw. bei Paulus als Essgeschirr oder Nachtgeschirr dargestellt werden. Auch das Bild vom Tropfen am Eimer ist bekannt. – Aber das sind extreme Ausnahmen, in denen der Mensch wie ein Ding gedacht ist, das man nach Belieben herumschubsen oder zerstören kann. Auch dort, wo Gott den Menschen zunächst aus Erde bildet wie ein Handwerker, wird der Mensch dann doch erst lebendig, indem er mit Gott den Lebensodem teilt. Kein anderes Geschöpf teilt diese Ehre.

Der Unterschied ist gravierend: Zwischen Person und Ding besteht keine Kommunikation, zwischen Partnern gibt es dagegen immer noch die Möglichkeit, miteinander zu reden. Denn letztlich sind soziale Partner aufeinander angewiesen und brauchen einander, der eine steht und fällt mit dem anderen. So appellieren Psalmen immer wieder an Gottes Eigeninteresse: »Tote loben dich nicht, Herr, auch die nicht, die zur Grube hinabfahren.«

Am Beispiel Reinkarnation

Am Beispiel der Re-Inkarnationslehren tritt diese Gegenseitigkeit der Auffassung von Gott und Mensch besonders krass in Erscheinung. Gott und das Selbst werden strikt gleichartig wahrgenommen: Denn Gott kann nicht vergeben und wird zum Garanten lebensübergreifender Mechanik der Vergeltung. Und ebenso verliert der Mensch seine persönliche Einmaligkeit. Sein Kern wird reduziert auf das Karma, er wird zum lebenden Konto. Der Mensch wird entpersönlicht, denn im Reigen der Wiedergeburten verliert er seine kostbare Einmaligkeit. Ebenso ist Gott entpersönlicht: Er hat keine Freiheit (zu vergeben, dem Menschen zu helfen, aus dem Mechanismus der Wiedergeburten auszusteigen). Die Freiheit Gottes wie des Menschen wird gleichzeitig vernichtet: Der Mensch wird zwangsmäßig wiedergeboren und muss die Schuld abarbeiten, die sein Karma verzeichnet. Gott kann ihm nicht helfen.

Am Beispiel Schuld

Wo die Schuld des Menschen psychologisch aufgelöst wird, gibt es auch auf der Seite Gottes keine persönliche Vergebung mehr. – Man kann beobachten: Ein großer Teil der neueren Auffassungen über den

Menschen tendiert dazu, ihn nicht mehr für seine Schuld verantwortlich zu machen. Durch genetische oder biographische Einflüsse meint man, ließe sich das Maß an Verantwortlichkeit auf der Seite des Einzelnen deutlich mindern. Ein Großteil der Schuld wird interpersonal beseitigt. – Und umgekehrt gibt es auch keinen mehr, der als guter Hirte mich sucht, der an mir Freude über das Finden hätte. Es gibt kein Kreuz mehr, vor dem man bekennen und freigesprochen werden könnte. – Tausend Erklärungen und die Aufforderung, das Böse in sich zu integrieren sind an die Stelle der Befreiung von Schuld durch das Gegenüber Gottes getreten.

Am Beispiel Auferstehung

Der Glaube an die Auferstehung der Toten ist die höchste Ausprägung der Auffassung von der Personalität des Menschen und Gottes zugleich. Auch hier geht es um ein unzertrennliches Tandem.

Denn Auferstehung heißt eigentlich, dass die Person des Menschen erhalten bleibt. So heißt es in der Präfation des Requiems: »Denn denen, Herr, die an dich glauben, wird das Leben gewandelt und nicht genommen«. Andererseits ist dieser Erhalt der Person nur möglich, weil Gott »ein Interesse am Menschen hat«, weil Gott ihn liebt und ihn nicht daraus entlässt, ihn zu loben.

Jesus und die Person des Vaters

Nie betet Jesus mit den Jüngern zusammen, regelmäßig tut er es in der Einsamkeit, offenbar am liebsten in der Dunkelheit oder im Morgengrauen. Offenbar hat er Gott in seinen Gebeten mit Vater angeredet. So sollen es auch die Jünger tun. – Jesu Gebetspraxis setzt ein intensives persönliches Verhältnis zum himmlischen Vater voraus. Unter den christologischen Titeln zeugen davon insbesondere »Sohn Gottes«, das Wortfeld »der Vater/der Sohn« und jeder Satz der johanneischen und auch im übrigen Neuen Testament belegten Sendungschristologie, die Jesus als den von Gott Gesandten versteht. Überdies ist der Lebensstil Jesu, der keine Berufstätigkeit zum Gelderwerb kennt und sich schlicht um Nahrung, Kleidung und Geld nicht kümmert, ein direkter Hinweis darauf, dass Jesus jeden Tag alles von seinem Vater erwartet.

Wenn es also irgendwo nach der Bibel ein exklusives, persönliches Gottesverhältnis gibt, dann bei Jesus. In den frühen Aussagen über die Schöpfungsmittlerschaft (schon vorpaulinisch: 1 Kor 8,6) und den Logos (Joh 1) wird dieses Verhältnis Jesu zu Gott dann auch geschichtstranszendent begriffen und liefert wichtige Elemente der Theologie der Dreieinigkeit, die wir später noch genauer betrachten werden. Wenn der Kolosserbrief Jesus »Abbild Gottes« nennt und der Hebräerbrief ihn Abglanz seiner (sc. Gottes) Herrlichkeit, dann wird darin die größte vorstellbare Nähe ausgesagt. Joh 1,1 nennt Jesus »Gott von Gott«, was bei Berger/Nord übersetzt wird mit: »von Gottes Art«.

Man kann es auch umgekehrt formulieren: Das einzigartig intensive Verhältnis Jesu zu seinem Vater ist der Erfahrungsgrund für die Annahme des absoluten Ranges Jesu. Dazu gehören auch die Wunder als Zeichen der wirkmächtigen Gegenwart des Schöpfergottes in Jesus.

Jesus öffnet dieses Verhältnis grundsätzlich auch für die Jünger; auch sie dürfen jetzt beten wie er. Nach den Briefen ist Jesus nur der Erstgeborene unter vielen Brüdern.

Allen Aussagen über die persönliche Nähe Jesu zu Gott liegen zwei einfache Modelle zugrunde: Kindschaft und Sendung. Auch bei der Formel »Gott von Gott« in Joh 1,1 ist an Kindschaft gedacht, wie der direkte und weitere Kontext des Evangeliums zeigt (z. B. Joh 1,18). Und wenn jemand »Bild eines anderen« ist (wie Adam und Eva Bild Gottes sind), dann ist das schon laut Gen 5,1 auf Kindschaft bezogen: Adam zeugte Seth »nach seinem Bilde«; auch Lk 3,38 deutet Adam als Kind Gottes. Und auch bei uns sagt man bei Ähnlichkeit der Kinder mit den Eltern: »Wie aus dem Gesicht geschnitten«.

»Kindschaft« und »Sendung« beziehen sich jeweils auf eine zweite Person, die der ersten, dem Vater oder dem Aussendenden, sehr nahe steht. Denn das Kind empfängt alles von den Eltern, sein Dasein, seine Nahrung und Erziehung und schließlich das Erbe. Früher ging es regelmäßig auch um die Geschäftsübernahme, also um die Nachfolge im Beruf. – Bei der Sendung ist es ähnlich: Der Gesandte gilt nach semitischem Botenrecht »wie der ihn Aussendende selbst«, er handelt in allem bzw. erleidet alles für den Aussendenden. – Um beides, Kindschaft und Sendung, richtig einzuschätzen, muss man daher die gegenüber heutigen sehr verschiedenen Rechtsverhältnisse zur Zeit der

Bibel beachten. Kindschaft und Sendung bedeuten eine weitaus stärkere Bindung an den jeweiligen Urheber, als es heute vorstellbar ist. Wie etwa der Sohn gegenüber Sklaven eingeschätzt wurde, zeigt schön die Überlegung des Weinbergbesitzers nach Mk 12,6f:

(6) Da blieb nur noch sein Sohn, den er sehr liebte. Den schickte er als letzten zu ihnen, denn er sagte sich: Meinen Sohn werden sie respektieren. (7) Die Winzer aber sagten zueinander: Das ist der Erbe. Wir wollen ihn umbringen, dann gehört der Weinberg uns.

Und umgekehrt betrachtet: Die Aussagen über Jesus als Sohn Gottes verstärken die Personhaftigkeit Gottes. Wenn die Stimme Gottes Jesus persönlich »geliebten Sohn nennt« (Mk 1,11; 9,7), dann offenbart Gott sein innerstes Herz. Hier wie auch sonst ist die Sendung Jesu, die Menschwerdung Gottes daher nicht Destruktion des Monotheismus, sondern im Gegenteil die Bekräftigung des Ersten Gebotes, und zwar in diesem Sinne: Jawohl, wie glauben an den persönlichen Gott, der Jesus liebt.

Man kann es so formulieren: Nach der Anschauung der überwiegenden Teile des Alten Testaments steht Gott dem Menschen personal gegenüber. Nach dem Neuen Testament dagegen erfüllt sich ganz, was Psalm 139 vorweg andeutet: Gott steht uns nicht nur gegenüber, sondern umgibt uns von drei Seiten, als Vater, Sohn und Heiliger Geist. Gott umgibt uns intensiver, denn er ist uns näher gekommen. Dennoch können wir immer noch »nach hinten« oder »nach der Seite«, wie auch immer man es bildhaft sagen will, herausfallen, wenn wir trotz dieser Nähe Nein sagen. Das Herauskippen ist noch immer möglich.

Kritik am persönlichen Gott der Bibel

Im Folgenden sind einige klassische Einwände gegen den biblischen Personalismus zu besprechen. Sie entstammen zumeist der Neuzeit, etwa ab dem Deismus. Sie setzen in der Regel voraus, dass es in der Bibel um ein veraltetes, naives Gottesbild gehe.

Warum sollte Gott Person sein?

Selbst auf Menschen angewandt ist das Wort »Person« ein später, fragwürdiger Begriff. Wenn schon bei Menschen nicht klar ist, was Person eigentlich ist – wieso soll man diese Kategorie dann auch auf Gott anwenden, den keiner je gesehen hat, der offenkundig keinen Leib hat? Wenn er denn Person sein sollte, warum hat man dann so lange nichts von ihm gehört? Jedenfalls ist eine Person doch begrenzt, jede Person unterscheidet sich von anderen durch ihren je eigenen Personkern, ihre Identität. Ist Gott in einem vergleichbaren Sinn von anderen verschieden, ist er nicht, wie die Mystiker sagen, zumindest der Nicht-andere?

Antwort: Person ist in der Tat ein spät entwickelter Begriff, der wesentlich selbst aus der theologischen Diskussion kommt, wie später noch deutlicher werden wird. Im Rahmen der sichtbaren Alltagswelt nehmen wir Personhaftigkeit nur von Menschen an. Person ist jeder, der von Menschen abstammt, und zwar unter dem Aspekt der Einmaligkeit seines Personkerns und der prinzipiellen Befähigung zu Liebe, Denken und Reflexivität. Von Gott wird nur analog das Personsein behauptet, und zwar im Bewusstsein je größerer Unähnlichkeit. – Dass Gott tot sei, weil er kein großes Geschrei macht, kann man nicht sagen. Gott lebt dort, wo Frömmigkeit und Nächstenliebe lebendig sind. – In der Tat ist Gott nicht einfach durch Andersheiten ab- und ausgrenzbar. Denn er wird nicht zum Objekt, lässt sich »nicht auf die Couch (des Psychiaters) legen«. Er steht uns je und je im Rücken. Aber die persönliche Beziehung ist nicht an die Möglichkeit gebunden, Gott zu analysieren. Alle Gattungen des Gebets vermeiden die Analyse des Gegenübers; es ist lohnend, sie daraufhin zu untersuchen. Da wird von Gottes Taten erzählt, seine Attribute werden genannt (»Du allein bist heilig, du allein der Herr ...«), Bitten werden wiederholt (»Herr, erbarme dich ...«), aber von Gott wird erzählt, zu ihm weinen sich die Menschen, nur distanziert über ihn wird nicht gesprochen, er wird nicht beurteilt.

»Gott hat doch keinen Leib«

Das größte Hindernis für die Annahme der Personalität Gottes besteht für uns darin, dass wir immer wieder hören und lernen, Gott habe keinen Leib und sei reiner Geist. Nun ist diese Gegenüberstellung selbst schon eine falsche Alternative. Denn nur Totengeister sind ohne Leib, weil sie reine Nachäffung, also irreführender Schein, sind. Der Gegensatz von Materie und Geist ist in der ganzen Antike nur dem Platonismus geläufig und daher der Bibel fremd. Gott ist nämlich kein Gespenst. – Auch der Auferstandene, dessen Leib ja Gott ähnlich ist, hat durchaus einen Leib: Man kann die Wundmale sehen und er kann essen. Die Jünger können und müssen das feststellen, weil nur so sichergestellt ist, dass der Erscheinende kein Totengeist ist, der sie nur zum Narren hält.

Eine Größe, die dem entspricht, was wir Person nennen, hat eben nach dem Verständnis der Bibel andere Merkmale als den sichtbaren Leib; andererseits ist sie auch nicht ohne Leib, denn dann wäre sie ein Gespenst. Es ist daher eine andersartige, verklärte Leiblichkeit anzunehmen. Sie ist nur negativ zu beschreiben (Abwesenheit von Tod und Beschränkungen, von Grenzen und Gebundenheiten). Auf dem himmlischen Thron nach Apk 4 sitzt »jemand«, aber beschrieben werden nur die Lichtstrahlen, die von ihm ausgehen, keineswegs er selbst. Diese »Lichtstrahlen« fasst man zusammen als Gottes »Herrlichkeit«.

Vielmehr ist Gott überdies wegen anderer Merkmale mindestens so etwas wie eine Person: Er hat die Kraft, Irdisches in seine Herrlichkeit hineinzuverwandeln. Er ist kein Ding, sondern hat die Kraft der Verwandlung.

Er hat einen Namen, den man anrufen kann. Darin unterscheidet er sich von Abstracta wie Liebe oder Hoffnung, die keine Person sind und keine »Herrlichkeit« besitzen.

Dem Namen entspricht die Anrufbarkeit und die Erreichbarkeit durch Sprache. Den Namen anzurufen steht geradezu für Gebet und bekenntnismäßige Zugehörigkeit zu Gott. Denn auch die verschiedenen Versionen des Glaubensbekenntnisses der Kirche sind als Entfaltung der Namen Gottes aufgebaut (Ich glaube an Gott, der ..., und an Jesus Christus, der ... und an den Heiligen Geist, der ...).

Weil Gott so durch Sprache erreichbar ist, entsteht auch Gewissheit, im Gebet erhört zu werden. Überdies ist es – im Sinne der Bibel – wichtig, den Namen Gottes zu nennen, damit angesichts der Vielzahl der Götter und Geister »der richtige« benannt und angerufen wird. Der Name ist daher das Unterscheidende. Die Nennung des Namens (in unserem Credo: plus unterscheidendem Relativsatz) ist daher grundlegend für die Anrufung eines personhaften Gottes. Eine apersonale oder dinglich-neutrale Gottheit gibt es nach der Vorstellung der Bibel daher überhaupt nicht, auch nicht bei den Heiden. Diese haben nur falsche Götter und rufen die falschen Namen an, aber sie haben keine Gottheiten. Allerdings gehen manche Spielarten von Spott über die Götzen davon aus, dass in Wahrheit nur Stücke aus Holz, Stein oder Metall angerufen werden. Aber vorausgesetzt ist auch hier, dass die Heiden jedenfalls meinen, es handele sich um personhafte Götter; erst der jüdische Glaube klärt darüber auf, dass es sich in Wahrheit um Brennholz etc. handelt.

»Der Mensch hat Gott nach seinem Bild geformt«

Wohl deshalb, weil sie gedanklich so schlicht ist, erfreut sich die Projektionstheorie noch immer und immer wieder großer suggestiver Beliebtheit. Ein Großteil populärer Religions- und Kirchenkritik geht auf die simple Theorie zurück, soziale Erfahrungsmuster hätten sich dem Menschen so eingeprägt, dass er auch die unsichtbare Welt nicht anders denken könne als die sichtbare. Dabei geht es in der Regel um ganz undifferenzierte Muster wie Machtbesitzer/Machtlose.

Entsprechend sei auch die Personhaftigkeit Gottes eine Projektion, weil der Mensch sich als Person erfahre. Und eben deshalb sei es nicht wahr, dass Gott eine Person sei. Doch diese Theorie der Nicht-Personalität Gottes ist nur die Folge davon, dass sich der Mensch zum absoluten Maßstab gemacht hat und konsequent meint, alles und jedes Unsichtbare sei nur Widerspiegelung seiner selbst. So ist das Ganze nur konsequent: Wer sich selbst zum Maßstab macht, kann dann rechts und links von sich selbst, oberhalb und unterhalb seiner Person nur schwachen Abglanz seiner selbst finden. Der Mensch ist so sehr zum alleinigen Maßstab geworden, dass er danach nun auch bestimmt, was wirklich und was nicht wirklich ist. So kann Gott kein eigenes Sein haben, das hat nur der Mensch. Und eine Beziehung Gott/Mensch kann schon gar nicht konstitutiv sein, etwa in dem oben geschilderten Sinne, dass die beiden Pole dieses Verhältnisses strikt gleichzeitig gegeben sind oder eben nicht. – Nein, an die Stelle einer wechselseitigen Beziehung tritt die strikte Herleitung, die monokausale Ableitung aus Wünschen und Ideologien des Menschen.

Die Projektionstheorie krankt daran, dass sie selbst durch und durch ideologisch ist. Sie macht die Ideologie vom Menschen als Maß aller Dinge zum Ausgangspunkt und findet nichts anderes konsequent auch als Ergebnis wieder.

Wie man von einem zustimmungsfähigen erkenntnistheoretischen Ansatz aus zu einem Ergebnis gelangt, das ganz anders ist, zeigt Nicolaus Cusanus in der Schrift »Über die Schau Gottes«:

»Der Mensch kann nicht anders als nur menschlich urteilen. Wenn er Dir ein Antlitz zuspricht, so sucht er es im Banne der menschlichen Eigengestalt, da sein Urteil innerhalb der menschlichen Natur verschränkt und gebunden ist. Und das Gebundensein an diese Verschränkung verlässt er nicht beim Urteilen. Genauso würde auch ein Löwe, wenn er Dir ein Gesicht zuschriebe, es für nichts anderes als ein löwenartiges, ein Rind für das eines Rindes und ein Adler für das eines Adlers halten. O Herr, wie bewundernswert ist Dein Antlitz, das ein Jüngling, wollte er es erfassen, es sich als das eines Jünglings, ein Mann als das eines Mannes und ein Greis sich als das eines Greises vorstellen würde. Wer könnte dieses einzige, wahrste und genaueste Urbild aller Gesichter erfassen, das ebenso das aller wie das jedes einzelnen ist und das das Urbild in so vollkommener Weise jedes einzelnen ist, als ob es das keines anderen sein könnte. Er müsste über die Gestalten aller gestaltbaren Gesichter und Figuren hinausgehen. Und wie sollte er Dein Antlitz erfassen, wenn er alle Angesichter und die Ähnlichkeit aller Gesichter, aller Gestalten und aller Begriffsvorstellungen, welche man von einem Gesicht bilden kann, alle Farbe, Schmuck und Schönheit aller Gesichter hinter sich ließe? – Wer ausgeht, Dein Antlitz zu schauen, ist solange noch weit von ihm entfernt, solange er irgendeinen Begriff hat. Denn jede Begriffsvorstellung eines Gesichtes ist geringer als Dein Gesicht und alle Schönheit, die vorgestellt werden kann, geringer als die Schönheit deines Angesichtes. Alle Gesichter haben Schönheit und sind nicht selbst Schönheit. Dein Angesicht jedoch, o Herr, hat die Schönheit, und dieses Haben ist Sein ...«

Wie bei der Projektionstheorie bleibt auch für Nicolaus von Cues der Mensch an kreatürliche Erfahrungen gebunden. Doch Gottes Antlitz, seine Personhaftigkeit, ist nicht Widerspiegelung und Projektion, sondern umgekehrt, Urbild. So ist es auch biblisch (Gen 1,28: »nach seinem Bild schuf er sie«), und so gilt es auch vom Verhältnis des Vaters zum Sohn nach Kol 1,15 und Hebr 1,3. Gottes Antlitz ist nicht verdünnter oder aufgebauschter Abglanz der Herrlichkeit des Menschen, sondern Urbild, das es in der »seligen Schau« zu erreichen gilt.

Wenn man »Antlitz Gottes« für Personalität Gottes setzt, ist es eigentlich erstaunlich, dass sich der Unterschied zwischen biblisch-christlicher und neuzeitlich-atheistischer Betrachtungsweise darauf reduziert, ob Gottes Antlitz (Personalität) Urbild oder Abklatsch ist. Durch diese bloße Umkehrung ist der neuzeitliche Ansatz zumindest nicht so genial originell, wie oftmals dargestellt wird. Die Urbild-Variante setzt den Glauben an Gott voraus, die Abbild-Variante ist deutlich ideologisch geprägt. Immerhin hat die Urbild-Variante auch eine eigene Eschatologie: »In allen Gesichtern ist das Angesicht der Angesichter sichtbar, verschleiert und im Rätsel. Unverhüllt aber wird es nicht gesehen, solange wir nicht über alle Gesichter hinaus in ein geheimnisvolles und verborgenes Schweigen eintreten, in dem nichts mehr ist vom Wissen und von der Begriffsvorstellung eines Antlitzes. Solange der Suchende nicht in dieses Dunkel, diesen Nebel und diese Finsternis oder Unwissenheit eingeht, indem er alles Wissen und jede Begriffsvorstellung überschreitet, vermag er dein Antlitz nicht anders denn nur verhüllt zu finden. Das Dunkel selbst jedoch enthüllt, dass es hier ein Angesicht gibt, das über allen Verhüllungen steht« (Nicolaus Cusanus, De visione Dei 6).

Das namenlose »Es« der Mystiker

Sind die Mystiker nicht im Recht mit ihrer Meinung, Gott sei weder männlich noch weiblich, jedenfalls nicht persönlich und also ein namenloses Geheimnis vor und gewissermaßen oberhalb aller Unterscheidung?

Die Bestimmungslosigkeit Gottes

Hatte nicht Meister Eckhart Recht mit der Aussage, über der Dreieinigkeit sei die Gottheit Gottes anzusetzen. Die Dreieinigkeit ihrerseits sei nur das »Kleidhaus der Gottheit«, in dem sich eben die namenlose Gottheit in das Gewand entweder des Vaters oder des Sohns oder des Heiligen Geistes kleide und so dann den Menschen als Dreiheit erscheine. Und ist es nicht recht, Gott letztlich ohne jede nähere Bestimmung zu denken? Hatte nicht auch der Cusaner die Freiheit von jeder gedanklichen Bestimmung gefordert?

Nun ist in der deutschen Mystik des Mittelalters die Bestimmungslosigkeit Gottes ein Zeichen seiner Welt-Enthobenheit und überweltlichen Erhabenheit. Gott ist unsagbar großes Geheimnis, durch keine Worte mehr einzufangen oder zu beschreiben. Denn Worte sind bloße Instrumente der menschlichen Annäherung. Sie sind wie Bahnen und Motorfahrzeuge im Hochgebirge: Die letzten ein- oder zweitausend Meter bis zur Spitze des Berges sind zu Fuß zurückzulegen. Und um dieser letzten Strecke willen geschah doch die ganze Annäherung an den Berg. Die »Wüste der Gottheit«, von der die Mystiker sprechen, bedeutet genau diese potenzielle Orientierungslosigkeit, weil dem Menschen hier nichts Vertrautes mehr weiterhilft.

Wenn aber im Menschen etwas von Gott ist, ein Seelenfünklein (*scintilla animae* bei Meister Eckhart), dann ist der Mensch auch hier wiederum mit Gott verwandt. Die Wechselseitigkeit des Personseins ist hier ganz deutlich. Und das bedeutet in der deutschen Mystik nicht Aufhebung der Person des Menschen oder Gottes, sondern nur die Aussage, dass es sich hier auf beiden Seiten, bei Gott und beim Menschen, um ein Geheimnis handelt, das sich jeder sprachlichen Fixierung entzieht. Dass etwas nicht mehr bestimmbar ist, bedeutet nicht, dass es nicht existent wäre. Meister Eckhart würde sagen: Ganz im Gegenteil. Wenn eine Bergspitze nicht auf der Eisenbahnkarte verzeichnet ist, eben weil keine Eisenbahn dort hinführt, dann bedeutet das nicht, dass es die Bergspitze nicht gäbe. Vielmehr wird der Gottsucher gerade nach den weißen Flecken auf den Straßen- und Schienenkarten schauen, weil er den Verdacht haben muss, es handele sich um eine lohnende Bergspitze.

Die Stunde des Neobuddhismus

Im Neobuddhismus unserer Tage liegt für den Einzelnen alles daran, allen Egoismus loszuwerden und mit ihm auch die Quelle des Egoismus, nämlich alle persönliche Bestimmtheit und letztlich alle Person. Es gilt, frei zu werden von allem und auch von sich selbst, leer zu werden für die letzte reine Freiheit von allen Dingen.

Man kann fragen, warum der neobuddhistische Ansatz in unserer Öffentlichkeit so beliebt ist, bisweilen auch bei Menschen, die der Kirche nahe stehen oder hauptamtlich darin tätig sind. Aus christlicher Sicht ist der Neobuddhismus dogmenfrei oder er strebt so etwas zumindest an. Er zielt auf die Befreiung von allem und ist damit eine klassische Erlösungsreligion, während das Christentum demgegenüber als Versöhnungsreligion erscheint, in dem es um Versöhnung zwischen Gott und Mensch und der Menschen untereinander geht. Im Neobuddhismus wird die radikale Befreiung auch verstanden als Befreiung von jeder Gestalt und Festlegung. Trotz nachweisbarer blutiger buddhistischer Religionskriege gilt der Buddhismus als Inbegriff der an den Stammtischen so sehr geforderten Toleranz im Sinne des Religionsersatzes. Wo jede Gestalt aufgehoben ist, gibt es auch keinen Grund zur Intoleranz mehr.

Die deutsche Mystik ist sprachlich orientiert: Im Bereich Gottes hört die Sagbarkeit auf und auch die Vorstellbarkeit. – Der Neobuddhismus ist dagegen moralisch und ontologisch ausgerichtet: Es geht um wirkliche Befreiung von allem Sein. Daher sind die Zielvorstellungen anders: In der deutschen Mystik ist das Ziel die Neugeburt des Gotteskindes in jedem einzelnen Menschen, sodass dann »das Kind den himmlischen Vater anlacht« (Meister Eckhart). Das ist ein durch und durch personales Geschehen – nur eben ein Geheimnis. Im Neobuddhismus ist die Aufhebung auch des Bewusstseins von Person und Partikularität das Ziel.

Oft beruft sich der Neobuddhismus auf Meister Eckhart und die »Leere«, von der er spricht. Doch die Unterschiede könnten größer nicht sein! Frau F. Leyh-Griesser verdanke ich (brieflich) zu diesem Aspekt folgende Gedanken: »Das Mittelalter war gesättigt mir Religion wie eine kandierte Frucht ... Die viel und falsch gepriesene Leere des Meister Eckhart war – schweigend – erfüllt von der Heiligen Dreieinigkeit. Das verstand sich von selbst. – Seine Zuhörerinnen und Zuhörer verstanden das nicht anders. Was Eckhart mit »Leere« gemeint hat, können wir nicht mehr verstehen. Eine leere Leere war es nicht. Vielleicht meinte er Entleerung des Geistes von vorgegebenen Gottesbildern, das Freiwerden von Gier und Gedanken. Leere des Menschengeistes, damit Gottes Geist in uns wirken kann. Leere also nicht Selbstzweck, sondern demütiger Akt: Selbstverleugnung des geschaffenen Geistes vor dem Schöpfergeist. Ein berühmter Ausspruch von Meister Eckhart lautet: »Du musst Gott ledig werden«. Das bedeutet: Wer Gott gefunden hat, kann ihn loslassen. Doch ... sollte es nicht anders herum sein? Wir lassen Gott nicht los, uns lassen wir los. Wir lassen uns hineinnehmen in Gott. Der Wassertropfen gleitet ins Meer, zurück in sein ihm angemessenes Element. Unio mystica? Nein. Der Tropfen löst sich nicht auf im Meer. – Das Wundersame ist, dass er, also das Ich, bleibt. Gott schluckt uns nicht. Wir verlieren uns nicht als Person, als einzigartige Individualität. »Du umgibst mich von allen Seiten und hältst deine Hand über mir«. In einem Prozess spiritueller Osmose leben wir aus Gott, ohne in Gott uns zu verlieren ... Christus in mir, ein Schlagwort der Zen-Freunde, ist willkürlich herausgebrochen aus der Aussage des Paulus ... die Nachfolge des gekreuzigten Christus.

Die christlichen Mystiker suchen nicht sich, nicht die Erweiterung des Ich, nicht das kosmische Bewusstsein, nicht die Leere. Sie suchen gar nichts. Sie setzen sich der Gnade Gottes aus. Sie lassen sich finden, sich erfüllen von Gott. Schrittweise, und im Gebet. Nicht: Ich will Gott. Sondern: Gott will mich ...

Für Johannes vom Kreuz war diese Nacht, seine ureigenste mystische Nacht, nicht nur die Folge des absoluten Loslassens seiner selbst. Das Ich als Zentrum seiner selbst verblasst und verschwindet. Schrittweise füllt die Sehnsucht, das Verlangen nach Gott die frei gewordenen Kammern. Auch der Geist ist an diesem Aussortieren beteiligt. Der theologisch vorgegebene Gott, ihm anerzogen, unterlegt durch seine sehr persönlichen Vorstellungen, wie des eigenen Vaterbildes, löst sich auf. Auch diese Auflösung kann als Nacht empfunden werden. Die Abschälung, Häutung, Reinigung, das Sichlösen vom selbstischen Ich ... sich befreien von geistig-geistlichen Vorbildern, ist ein langer Prozess ... Dunkel, aber nicht leer. »In deinem Licht sehen wir das Licht«, singt der Psalm. Und: Gott ist Fülle, nicht die Leere. Und: In der Fülle ist Christus. Leere wird durch Leere ersetzt. Das nennt man paradox. Das ist der Knackpunkt, das große Missverständnis moderner »Spiritualität« ... Die große Sünde, zu der esoterische Lehren verführen, heißt intellektuelle Selbstbefriedigung. Das Selbst ist der Götze ...«.

Der Kontrast im Martyrium

Auch der Märtyrer lässt sich das Leben nehmen. Er macht sich frei von allen irdischen Bedürfnissen, auch vom Durst nach Weiterleben auf Erden. Die Metapher »Durst« wurde hier absichtlich gewählt, weil sich hier eine scheinbare Verwandtschaft mit dem Buddhismus ergibt. Denn auch der Buddhist will Hunger und Durst, Gier nach Leben aufhören lassen. – Aber das bereitwillige Dulden des Märtyrers zielt nicht auf die Aufhebung jeglichen Durstes und seiner Person, im Gegenteil. Es ist nur der Durst nach irdischem Leben, den er aufgibt, nicht den Durst nach Leben oder seine Person überhaupt. Vielmehr bestimmt ihn der Durst nach ewigem Leben und die Sehnsucht nach Auferstehung, wie man schon bei Paulus sehen kann. Entscheidend ist dieses: Durch sein Bekenntnis hat der Märtyrer sich – für das Verständnis der Zeitgenossen – unangenehm scharf und intolerant profiliert. Er hat seine Identität als Christ nicht abgeleugnet, sondern bekräftigt. Entsprechend wird seine Identität auch durch die Auferstehung von Gott her bestätigt und bejaht. Durch sein Bekenntnis, durch seine Hoffnung auf ewiges Leben und durch die Auferstehung, die ihm – so der christliche Glaube – geschenkt wird, ist er das Gegenbild zum Buddhisten. Der Märtyrer tauscht das vergängliche Leben gegen das unvergängliche, der Buddhist das Sein gegen das Aufgehen im Nirwana.

Die martyrologischen Texte sagen auch zur Größe »Person« etwas. Die Briefe der Offenbarung des Johannes nennen ihn schlicht den »Sieger« oder »Überwinder«. Ihm gilt die Verheißung: »Dem Sieger werde ich von dem Manna zu essen geben, das der Himmel verborgen hält. Und ich werde ihm einen weißen Stein geben, auf dem ein neuer Name geschrieben steht, den nur er kennt; dieser Name ist ein Geheimname, der ihn schützen wird (2,17)«. Der neue Name ist demnach ein persönlicher Geheimname. Der Akt, der hier beschrieben wird, ist vergleichbar der Verleihung eines neuen Namens bei der Taufe (im Judentum: bei der Bekehrung oder Beschneidung) oder später bei der Profess oder säkularisiert als gruppeninterner Name der Mitglieder von Illuminaten der Freimaurergruppen. Nicht der Personkern wird erneuert, aber die Rolle des betreffenden für die anderen, und damit ein wesentlicher Teil seiner Personhaftigkeit.

Der Text aus Apk 2,17 lässt erkennen, dass nach biblischem Verständnis Person eben kein reiner Beziehungsbegriff ist. Öfter wird behauptet, Personalität sei identisch mit Relation, besonders im Blick auf Augustinus' Schrift »Über die Dreieinigkeit«. Jedenfalls nach Apk 2,17 tritt der Name zu jemandem oder zu etwas hinzu, der Name ist nur ein nach außen gerichteter Aspekt.

Weltgesetz statt persönlicher Gott

»Ich glaube nur an die Vernunft, und an Gott nur, sofern er Vernunft ist«, war kürzlich aus dem Munde eines prominenten Kanzelredners zu hören. Diese Art von Deismus und Aufklärungsphilosophie ist beliebt, weil auch hier die »dogmatische« Frage nach der Personhaftigkeit ausgeklammert wird. Nein, ein vernünftiges Weltgesetz über und in allen Dingen ist nicht Person. Gerade von den Vertretern dieser Richtung wird immer wieder darauf hingewiesen, der Glaube an einen persönlichen Gott sei naiv, dogmatisch und nehme die Buchstaben der Bibel fundamentalistisch ernst. Dagegen verbanne gerade die Vernünftigkeit aus der christlichen »Liebe« alle unheilvollen irrationalen Aspekte. Letzten Endes ist diese Art Aufklärung auch der harte

Überrest aller Entmythologisierung. Denn diese wollte ja die alten Geschichten und Dogmen zu den Bedingungen des modernen Weltbildes interpretieren.

Der Vorschlag, an die Stelle Gottes eine »intelligente Kraft« oder eine »sich selbst organisierende Vernunft« zu setzen, ist aus meiner Sicht unzureichend. Vielmehr geht die religiöse Erfahrung der Menschen mit Göttern und Gott weit darüber hinaus. Wenn man es schematisch gliedert, ergibt sich eine Abfolge von drei Stufen. Auf der ersten Stufe wird eine ordnende Vernunft wahrgenommen. Diese breitet sich (dank Erfolg vernünftiger Ordnung) aus. Sie wirkt daher systembildend. Wenn man gegen sie handelt, zeigt sich ein Bumerang-Effekt, in der Sprache der Bibel: Hier gibt es Vergeltung nach der Talio. Man erleidet spiegelbildlich das, was man getan hat.

Auf einer zweiten Stufe, und hier kann man schon von Personhaftigkeit reden, gibt es bei dieser Vernunft Selbst-Reflexion. Das heißt: Die geistige, intellektuelle Kraft reicht so weit, dass sie sich »vor sich selbst bringen kann«. Sie breitet sich auch durch Sprache aus, also durch das, was man Kommunikation nennt. Und entsprechend bekommt man eine Antwort, wenn man fragt.

Auf der dritten Stufe besteht die Leistung darin, Gemeinschaft zu bauen, das heißt, nicht nur zu ordnen, sondern auch Schritte der sich anpassenden Regulierung zu bedenken, Aufgaben je nach Fähigkeit zu verteilen, Lob auszusprechen, Formen des Miteinanders zu bedenken. Die Ausbreitung erfolgt durch das Sich-Mitteilen in Liebe. Die Reaktion auf Attacken besteht in der Möglichkeit, Schuld zu vergeben. Diese dritte Stufe ist daher in hohem Maße durch die Möglichkeit zu Vorleistungen bestimmt.

Von Stufe eins bis drei ist daher eine deutliche Steigerung in Richtung Personhaftigkeit feststellbar.

Stufe	**System**	**Ausbreitung**	**Reaktion auf Angriff**
1. Stufe	Ordnend, auch final	»Ansteckung« via Stabilität	Vergeltung, Talio
2. Stufe	reflektierend	Kommunikation	Antwort
3. Stufe	Gemeinschaft bauend	sich mitteilen in Liebe	Vergebung von Schuld

Die Übersicht stellt wachsende Differenzierung in intelligenten Systemen dar. Ab Stufe zwei pflegen wir von Personhaftigkeit zu reden. Damit wird zugleich deutlich, dass der Vorschlag, statt »Gott« nur »Intelligenz« oder »Vernunft« zu sagen, unzureichend ist. Denn die Gotteserfahrung ist weitaus differenzierter.

Die Lösung des Evangeliums nach Johannes

Höchst aktuell ist das Thema des Vorworts des Evangeliums nach Johannes. Denn dieses Thema ist das Verhältnis von Weltgesetz und persönlichem Gott, von Naturgesetz und Christentum. Die Antwort auf diese Fragestellung: Beides ist von Gott, erst beides zusammen ist der ganze Weg Gottes. Erst mit Jesus Christus und mit denen, die ihm nachfolgen, kommt auch die Schöpfung zu ihrem Ziel, und zwar gerade als Regelwerk und in ihrer Gesetzmäßigkeit. Dabei hat der Prolog des Johannes-Evangeliums nicht das Bild der beiden Bücher im Blick, an die man im Mittelalter dachte, das Buch der Schöpfung und das Buch der Offenbarung. Vielmehr ist es ein einziger Weg, bedacht und vorausgedacht von Anfang an.

Dem vernünftigen Weltgesetz, dem »Naturgesetz«, entspricht der Logos Gottes, das »Wort«, wie es im Deutschen übersetzt wird. Doch es handelt sich nicht nur um die Summe der Schöpfungsworte, die Gott ausgesprochen hat, sodass ein jedes Ding wurde. Das Schöpfungswort ist noch mehr. Es steht für die Schöpfungs-Vernunft. Denn so lautet die Erkenntnis der modernsten Naturwissenschaft: Die Grundstruktur aller Dinge und Vorgänge in der Natur ist Geist. Schon die Philosophen der Stoa sprachen in diesem Sinne von der Vernunft in allen Dingen. Auf dem Grund aller Dinge herrscht eben nicht die geistlose Schwerfälligkeit dumpfer Materie, sondern die Naturgesetze sind von eiserner Logik und von logischer Konsequenz und höchst rationaler Folgerichtigkeit. Daher sind sie verlässlich und für den Verstand erfassbar. Die Entsprechung von Wirkung und Ursache besitzt dieselbe Folgerichtigkeit wie die Folge der Gezeiten. Deshalb ist die Natur auch in Zahlen erfassbar und messbar. – Besonders staunenswert ist, dass schon in einem lebendigen Organismus, aber auch in der Natur im Ganzen alle Vorgänge aufeinander hingeordnet sind und wie ein Räderwerk aufeinander abgestimmt. Daher hat man gesagt: Eher kann durch die Explosion einer Druckerei ein Lexikon entstehen als dass der komplexe Organismus der Welt von selbst oder durch Zufall entstanden sein könnte.

Auch der Schöpfungsbericht der Bibel hat Anteil an dieser Erkenntnis und fügt den bis heute gültigen Gedanken hinzu, dass die Schöpfung eine Hierarchie ist, an deren Spitze Gott steht, vor dem der Mensch eine besondere Verantwortung trägt. Und die Juden pflegten etwa ab 200 v. Chr. zu sagen: Es besteht eine besondere Beziehung zwischen der Tora, dem Gesetz Gottes am Sinai, zu den Gesetzen der Natur. Denn die Gestirne und Pflanzen, die Tiere und alle Erscheinungen des Wetters haben bei der Schöpfung ihr Gesetz erhalten und bewahren es gehorsam.

Allein der Mensch ist ein Problemfall. Er hat zusätzlich eine Hilfestellung im Gesetz am Sinai bekommen, und dieses ergänzt das Schöpfungsgesetz auf seine Weise. Auch die Tora regelt ein komplexes System, nämlich das zwischen Gott, Schöpfung und Mensch.

Hinter allen Dingen steht in der Tat eine große Vernunft, und das ist der Logos Gottes, eine Art Weltgesetz und Weltregiment. So gibt es Ordnung und Harmonie in der Welt. Auch die Tora des Mose ist nach Joh 1,17 besondere Gabe an den Menschen. Aber erst indem der Logos, die Weltvernunft, in Jesus erschienen ist, kann der Mensch wirklich zu Frieden und Ordnung gelangen. Denn in und durch Jesus gibt der Schöpfer dem Menschen direkt Anteil an seinem eigensten Leben, das lebendige Ordnung ist. Diese Umsetzung der Ordnung des Lebens nennt der Evangelist »Liebe«. Denn auch in der Liebe wird – wie in der Schöpfung und in jedem Organismus – ein komplexes, differenziertes Miteinander geregelt. Jesus verwendet dafür zum Beispiel das Bild des Weinstocks. Er sagt: So wie ein Weinstock aus Teilen und im Ganzen »funktioniert«, so kann sich in der Verbindung mit Jesus Christus auch endlich das mitmenschliche Miteinander friedlich regeln. Frieden und Liebe sind daher die Weise, in der der Mensch sich in die bestehende Schöpfungsordnung einfügen kann, statt sie und sich zu zerstören. Weil der Mensch durch Jesus an Gott Anteil hat, hat er authentisch an der Kraft Anteil, die auch die Welt zusammenhält und sie regelt. Man kann daher sagen: Was für die Natur und alle Dinge in ihr das Naturgesetz ist, das ist für den Menschen die Möglichkeit, in der Kraft Jesu Frieden zu halten. Daher redet das vierte Evangelium vom neuen Gebot der Liebe. Es ist deshalb neu, weil es diese direkte Anteilhabe an Gottes Leben erst durch Jesus gibt. Jedenfalls gibt er selbst die Kraft, dieses Schöpfungsziel zu erreichen.

Der Schlüssel der Aussage des Evangeliums nach Johannes (besonders in der Zuordnung von Joh 1,1-18; 3,16 und 17,21-23) lautet daher: Die geschwisterliche Liebe in der Schar derer, die Jesus nachfolgen, ist die Vollendung der Schöpfung. Denn Erschaffen heißt ordnen, zuordnen, in ein komplexes Ganzes hineinstellen. – Auch schon Kindern der 1. Klasse kann man deutlich machen: Das, was in der Natur die Abfolge der Gezeiten und der Jahreszeiten ist, besteht für Menschen darin, dass jeder seinen Platz findet.

Goethes Faustfigur hat das Johannes-Evangelium daher gründlich missverstanden. Denn wer das Wort am Anfang durch die Tat ersetzt, der plädiert für die Welt der Macher. Daran genau scheitert Faust in Faust I wie in Faust II. Das ist die Welt, in der Mädchen wie Gretchen unglücklich gemacht werden: ohne Liebe.

Das Johannes-Evangelium beginnt mit dem Schöpfungs-Logos. Wo jüdische Texte von der Weisheit gesprochen hatten, durch die die Welt gemacht wurde, ist jetzt vom Wort und zugleich von der Weltvernunft Gottes die Rede. Damit kann die jüdische Tradition vom Wort des Schöpfers aufgegriffen werden (Gott sprach und es ward ...) und zugleich bekennt sich der Verfasser zur Auffassung von der vermittelnden Instanz zwischen Gott und Welt, die man in dieser Zeit Weisheit oder Logos nannte.

Damit aber, dass Gott durch seinen Logos die Welt schaffen lässt, ist die Geschichte nicht zuende. Indem dieser Logos in Jesus Christus erscheint, wendet sich Gott auf eine ganz neue Weise der Welt zu, die weit über die Schöpfung hinausgeht. So kann man die Wundertaten Jesu zweifellos nur darauf zurückführen, dass hier der Schöpfer selbst am Werk ist. Aber das ist jeweils erst der Anfang, so etwas wie ein Startzeichen. Die jeweils auf das Wunder hin folgenden Dialoge und Monologe (z. B. in Joh 5,6,9 und 11) deuten auf das hin, für das die Wunder selbst Zeichen sind: auf die Gabe von Leben, Licht und die Überwindung des Todes. Das Ziel liegt noch darüber hinaus: in einer engen und unzertrennlichen Lebensgemeinschaft mit Gott. Diese wird »Einssein« oder »Liebe« genannt. Schon in Joh 3,16f wird dieses programmatisch erklärt: »Denn Gott hat die Welt so sehr geliebt, dass er den Menschen seinen einzigen Sohn geschenkt hat, damit jeder, der an ihn glaubt, für immer lebt und nicht verloren geht.«

Das bedeutet: Dass sich Gott erneut, in der Sendung Jesu Christi, dadurch, dass der Schöpfungslogos in einem Menschen erscheint, der Schöpfung zuwendet, äußert er etwas, das über die Erschaffung weit hinausgeht, nämlich Liebe. Die Schöpfung wird überboten (und vollendet) durch die Gemeinschaft von Gott und Mensch, der Logos zielt auf Liebe. Die Weltvernunft, die Schöpfungsvernunft war nur die erste Weise, in der Gott sich der Welt zugewandt hat. Doch das war nicht genug. Hinter dem Schöpfungslogos wird – sozusagen als die treibende Kraft überhaupt – Gottes Liebe erkennbar. Wie eng beides aneinander gebunden ist, das zeigen gerade die Wunder. Die in Jesus wirksame Schöpfungsmacht schenkt Heilung, um die Bedingung anzudeuten, unter denen Einheit unter Menschen und mit Gott sein kann: Beseitigung der Angst vor dem Tod in allen seinen Formen. So geht es auch schon bei der Schöpfung nur vordergründig um Vernünftigkeit und letztendlich um Liebe. Wir müssten nur dieses Wort von unseren pausbäckigen Assoziationen befreien.

Für unsere Frage heißt das: Schon dem frühesten Christentum ist die Diskussion darüber geläufig, wie sich das vernünftige Weltgesetz zur Personhaftigkeit Gottes verhält. Hier haben wir es nicht erst mit einem Problem ab der Aufklärung zu tun! Die Antwort des vierten Evangeliums ist souverän und bis heute faszinierend.

Die Weltvernunft ist »nur« die Art, in der Gott sich dem Kosmos zuwendet. Für den Menschen reicht das nicht. Und entsprechend ist Weltvernunft auch nicht die letztgültige Weise, über Gott zu sprechen. Wer über die wahren Hintergründe der Welt reden will und wer zugleich über das sprechen möchte, das den Menschen wirklich heilt, der wird auf das Wort Liebe stoßen. Dabei ist Liebe jetzt nicht als Summe des Gesetzes gesehen, sondern als extravagante Zuwendung Gottes zur Welt: Gott hat die Welt so sehr geliebt, dass er seinen Sohn riskierte, um sie zu erlösen. Das ist extravagant, weil kein Vater sein Kind aufs Spiel setzt, um seine Kreatur zu erlösen. Gott tut es. Gerade weil seine Liebe unvernünftig ist, wird er erkennbar als einer, dem die Welt lieb und kostbar ist. Adam von St. Viktor hat es kurz vor 1192 so formuliert:

»Auf dass der Schuldenmensch zum Himmel hinaufsteige, ist der Gottmensch vom Himmel herabgestiegen, in das Elend des Menschen. Jeder ist voll Lob und Freude, jeder jubelt und bewundert den Erweis der überraschenden Gnade.«

Kritischer Rationalismus: Eine eigene Art Religion

Die hier besprochene und zurückgewiesene Auffassung des Deismus hat Tradition. Diese reicht zurück bis weit in die Antike. Sie ist als eine eigene Religion zu bezeichnen, da sie ein ganzes Netz von Vorstellungen umfasst und eine konstante Gegnerschaft im Blick hat, nämlich den verfassten Klerus der jeweils akzeptierten kultischen Mehrheitsreligion. Das Netz von Vorstellungen besteht aus folgenden Elementen:

- Ablehnung des sichtbaren Kultes, insbesondere von Opfern (Blut!) – Vorwurf des Aberglaubens
- Ablehnung von Priestern
- Säkularisierung ehemals religiöser Vorstellungen
- An der Stelle von Heiligtumsmythen radikale Aufklärung, Kriterium: Vernunft, nicht ehrwürdige heilige Tradition
- Kritik an der Dimension des Heiligen statt dessen Vorwurf der Geheimniskrämerei
- Rationalistische Religionskritik, insbesondere Wunderkritik, vorgebracht mit dem Stilmittel beißender Ironie
- Anstelle von Schöpfungsmythen eine Evolutionstheorie, nach der die Welt in verschiedenen, organisch (!) aufeinander folgenden Phasen entstand
- Anstelle von Offenbarung: Neues Licht der Vernunft, von »profanen« Lehrern dargeboten
- Anstelle von Eschatologie: Fortschrittsglaube
- Anstelle von Ethik: Goldene Regel und andere Vernunftprinzipien. – Beanstandung der Göttermythen und heiligen Berichte als »unmoralisch«, des priesterlichen Berufswissens als vorwissenschaftlich (Vorwurf des Aberglaubens)
- Leugnung von persönlichen Göttern, bzw. eines persönlichen Gottes, statt dessen: Weltvernunft oder Naturgesetze
- Trägerkreise: Intellektuelle, Naturwissenschaftler und ehemalige Priester; in der Neuzeit: Das aufgeklärte Bürgertum
- Ratlosigkeit vor der Theodizeefrage (vgl. Erdbeben von Lissabon 1755)
- Häufig gehört zu dieser Religion auch eine eigene Magie esoterischer Art

Historisch belegt ist diese rationalistische Religion in der Religionskritik der Antike (Xenophanes, Lukian von Samosata, Kelsos) beim Judentum, sofern es sich gegen heidnische Kulte richtet und in der gnostischen Kritik an der Großkirche, der Aufklärung besonders der Geisteswelt des 19. und 20. Jahrhunderts, gegen Ende des 20. Jahrhunderts etwa an der spätbürgerlichen Mentalität des »Spiegel« abzulesen.

Neben dem mystischen Überstieg über der Personhaftigkeit Gottes steht somit hier der Deismus der neuzeitlichen »Alltagsfrömmigkeit«, der das gleiche Ergebnis hat. Diese inhaltliche Nähe hat, wie gezeigt, sehr verschiedene Ursprünge. Sie bedeutet aber, dass das kritische, deistische Bürgertum Mystik und Esoterik besonders gerne rezipiert.

Moderner Schicksalsglaube

Eine in Deutschland sehr traditionsreiche Form, von der Unpersönlichkeit Gottes zu sprechen, ist die Rede vom »Schicksal«. Das Schicksal ist ein blindes, tückisches, ungerechtes »Wesen«, wie ein Tier.

Theologisch angemessen ist dagegen die Rede von der Fügung Gottes. Diese Auffassung knüpft besonders an das Rätsel der Synchronizität von Ereignissen an. Im Übrigen kann man Fügung immer erst im nachhinein konstatieren, nicht beweisen (zum Thema: Berger, Leben).

Die »Männlichkeit Gottes« und die Folgen

Zu den heikelsten Folgen der Rede von der Personalität Gottes gehört die maskuline Metaphorik in der Bildersprache der Bibel. Denn hier geht es nicht nur um feministische Sprache oder deren Gegenteil, sondern auch um katholisches und orthodoxes Verständnis von Liturgie, denn diese Frage betrifft eine mögliche Ordination von Frauen.

Weil Gott kein Mensch ist, hat er keinen Leib wie wir. Weil er kein Geschöpf ist, ist er weder Mann noch Frau. Hier liegen aus moderner Sicht zwei Probleme:

Erstens: Wenn Gott weder Mann noch Frau ist, wie kann er dann »zumindest so etwas wie eine Person« sein? Denn ein Neutrum als Person kann es für uns nicht geben. Ein leibloses Wesen, das weder Mann noch Frau ist, können wir nicht denken und uns auch nicht vorstellen. Wie sollen wir dann zu ihm beten?

Und zweitens: Wenn Gott weder Mann noch Frau ist, warum spricht die Bibel in 98% der Fälle von ihm wie von einem Mann? Warum hat die Bibel das nicht gerechter verteilt? Ist sie hier – wie auch sonst so oft – in ihrer Sprechweise zeitgebunden? Sollten wir nicht endlich zum Ausgleich für so viel Unrecht von unserer »Schwester Göttin« reden?

Zur ersten Frage: Wer meint, sich etwas vorstellen zu müssen, soll in Richtung auf den Gekreuzigten hin beten und kann den Vater meinen, wenn wir den Sohn anschauen. »Wer mich sieht, sieht den Vater« kann Jesus in Joh 14,9 sagen. Schon im 1.Jh. n.Chr. betet die Kirche zu Gott »durch Jesus Christus« und denkt sich ihn als den Übermittler unserer Gebete.

Ganz in diesem Sinne fasst auch Jesus selbst sich auf als den, anhand dessen und durch den unser Glauben an Gott leichter wird.

Zur zweiten Frage: Einerseits wird der Gott des Alten und Neuen Testaments ohne Zweifel als Spender des Lebens dargestellt, und die biblische Religion dreht sich in beiden Teilen der Schrift um den Begriff Leben. Dabei liegt durchaus ein einheitlicher Lebensbegriff zugrunde, da ewiges Leben nicht etwa als spirituelles Leben besonders abgegrenzt wird. Vielmehr geht es auch in den späteren Schriften nur um eine Vertiefung der generellen Lebenszusage durch den Gott Israels.

Andererseits wird kein Zweifel daran zugelassen, dass das irdische Leben von der Frau kommt, ja zum Namen Eva wird in Gen 3,20 ausdrücklich die Etymologie geliefert: sie sei »Mutter des Lebens aller, die da leben«. Die unübersehbare Tatsache des Ursprungs des menschlichen Lebens aus der Frau wird daher auch theologisch anerkannt.

Dennoch wird in der Regel von Gott wie von einer männlichen Person geredet. Es hilft in diesem Zusammenhang überhaupt nichts, die wenigen Stellen der Schrift zu strapazieren, in denen weiblich ausgerichtete Metaphorik auf Gott angewandt wird. Das war, weil theologische Sprache sehr oft wesentlich metaphorisch ist, zu erwarten, und es überrascht eher die Seltenheit der Belege.

Eine Klärung des Problems ist sicher nicht in der Auskunft zu suchen, dass Jahwe nach älteren und jüngeren Texten etwas mit Krieg zu tun hat, sodass deswegen nur männliche Metaphorik in Frage käme. Denn am Ende sind die Kriegs-Texte nicht repräsentativ, und die Antike konnte sich generell auch weibliche Krieger vorstellen. Das Problem besteht vielmehr darin, dass gerade angesichts des Begriffes »Leben« Gott dennoch männlich vorgestellt wird.

Eine Lösung des Problems muss sich daran orientieren, dass von Gott als Ursprung des Lebens in anderer Weise als von der Frau die Rede ist. Meine These: Die Metaphorik der Männlichkeit Gottes bezieht sich nicht auf seine Geschlechtlichkeit (Sexualität), sondern auf seine Nicht-Weiblichkeit. Die männliche Metaphorik ist daher eine Hilfskonstruktion, um zu formulieren, dass Gott in nicht-menschlicher Weise Ursprung des Lebens ist.

Diese Auffassung ist offenbar die Basisvorstellung. Sie ist in mannigfachen Einzelvorstellungen und -regeln belegt. Diese laufen alle darauf hinaus, dass die Nähe zu Gott gerade als dem Heiligen, als dem überragenden Ursprung des Lebens die Unterbrechung der Vollzüge der normalen menschlichen Sexualität bedeutet.

Gerade dann und dort, wo Gott Fruchtbarkeit schenken soll, darf der Mensch die Sexualität zunächst einmal im Vorfeld nicht praktizieren. Er muss Gott Raum geben, ihm, dem Menschen, die Fruchtbarkeit neu zu schenken.

Viele Tabuvorstellungen, die insbesondere mit Fruchtbarkeit und Geburt zusammenhängen, scheinen hier ihren Ursprung zu haben: Das Verbot des Geschlechtsverkehrs am Ort des Heiligtums (Damaskusschrift 12,1) bringt zum Ausdruck, dass nur dort, im Tempel, der Ursprung von Leben und Fruchtbarkeit liegt. In dieselbe Richtung weist das Verbot des Geschlechtsverkehrs am Sabbat (Jubiläenbuch 50,8 und b Jebam 90b: heilige Zeit statt heiligen Ortes). So ist auch alles zu verstehen, was dem Hohenpriester und anderen Priestern an sexuellen Beschränkungen auferlegt ist. Denn derartige kultische Askese soll für alle, die den Tempel besuchen, den Segen der Fruchtbarkeit umso reicher werden lassen. Derartige Restriktionen finden sich auch außerhalb des jüdisch-christlichen Bereiches regelmäßig dort, wo die Religion im Übrigen Fruchtbarkeit und Segen stark betont.

Auch diverse Tabu-Vorschriften, heute häufig als Bestimmungen über »Unreinheit« abgetan, haben hier ihren Ursprung: Durch Verzicht auf praktizierte Sexualität im Namen Gottes wird diese »zu anderer Zeit« umso üppiger und segensvoller wiederhergestellt. Die »Unreinheit« der Frau nach der Geburt eines Kindes (Leviticus 12,2-5, entfaltet im Jubiläenbuch 3,9-14) und die damit verbundene Unterbrechung des Besuches des Heiligtums ist zum Beispiel Ausdruck der Auffassung, dass um das Zur-Welt-Bringen eines Kindes herum ein zeitlicher Tabugürtel liegt, der diese Zone der Gefährdung durch Signale der Unterbrechung schützt. Es ist wohl töricht, diese Tabuvorstellungen als Zeichen unaufgeklärten Unverstandes oder mangelnder Hochschätzung der Frau zu werten. Vielmehr: Die Entstehung von Leben ist eine Zone, in der man es direkt mit Gott zu tun hat; sie ist daher ein Bereich von Furcht und Schrecken. Wenn Gott hier Segen spenden soll, darf der Mensch nicht einwirken, muss er für eine Zeit »die Finger davon lassen«.

Aber diese religionsphänomenologisch zu erhebenden Daten haben auch narrative Entsprechungen, etwa in den Erzählungen über die Unfruchtbarkeit von Patriarchenfrauen. Die Unterbrechung der menschlichen Möglichkeiten, Kinder in die Welt zu setzen, ist stets Vorbedingung des direkten, segensreichen Eingreifens Gottes.

Daher gilt: Alles, was die Entstehung des Lebens betrifft, steht zum kultischen Bereich in einer deutlichen Spannung. Was sich dabei immer wieder als Verbot oder Berührungsangst äußert, beruht weder auf einer Geringschätzung der Frau noch auf der Geringschätzung des Lebens. Vielmehr sind normale menschliche Sexualität und Fruchtbarkeit durch das »Heilige« im strikten Sinne des Wortes bedroht und bedingt zugleich. Bedroht, weil Tempel und heilige Fristen Sexualität ausschließen. Bedingt, weil gerade diese Leerzone umso intensiver neue Fruchtbarkeit gewährt. Denn in dieser Leerzone handelt Gott. Von daher ist verständlich zu machen, weshalb Gott als »männlich« gedacht wird. Er ist Ursprung des Lebens und des Kindersegens, aber nicht in seiner Sexualität, sondern durch den Segen, den er als Schöpfer spendet.

Von Anfang an ist klar, dass diese Verbindung von Gott und Fruchtbarkeit in der Religion Israels in anderem Sinne gedacht wird als in den umliegenden Religionen. Einerseits finden sich bei den Propheten die Bilder von Gott als dem Ehepartner Israels. Man könnte sagen: Das ist die eine Linie, auf der die Erfahrung der Verschiedenheit des Gottes Israels gegenüber anderen Göttern entfaltet wird; Gott erhält einen menschlichen kollektiven Partner, den er »liebt«.

Andererseits aber ist weit über den Wirkungsbereich dieser Vorstellungen hinaus im Alten Testament von Gott mit männlichen Attributen die Rede. Besonders äußert sich das in der Metaphorik von Vater und Kindern. Gerade diese Metaphern wurden auch für das Neue Testament wichtig. Man kann sagen: gerade diese Vater-Metaphorik ist die andere Linie, auf der von der Männlichkeit Gottes die Rede ist. Niemand wird bestreiten, dass – im Unterschied zur Metapher des Lehrers oder des Gesetzgebers – für die Vater-Metaphorik die Dimension Erzeugung und Ursprung des Lebens sowie Lebenkönnen entscheidend ist.

Aber ebenso klar ist: Gott und der gesamte Bereich des Heiligen sind nicht einfach eine Fortsetzung des menschlichen Erzeugens und Lebengebens. Statt von Fortsetzung ist vielmehr von einem Gegenüber zu sprechen. Gott wird nicht weiblich gedacht, weil er zu diesem gesamten Bereich kreatürlichen Zeugens und Gebärens in strikter Distanz steht, und zwar als der, der Segen gibt. Von seinem Segen und Willen hängt schlechterdings alles ab. Dabei ist Gott nicht einfach magisch manipulierbarer Garant, sondern er hat einen – unter Umständen auch gefährlichen – Willen. Und der ist hier genauso wichtig wie bei der Erwählung Israels zur Gefährtin. Weil Gott einen Willen hat, muss man auch im Tempel um Segen bitten.

Gott wird mithin, wenn es um diese Art Ursprung des Lebens geht, aus gutem Grund als der nicht-weibliche gedacht. Die Vater-Metaphorik impliziert daher nicht die Vorstellung der männlichen Sexualität Gottes, die mit der weiblichen konkurrierte. Sondern sie ist gewählt als Ausdruck der Differenz zur menschlichen Weise, in der Leben entsteht.

Anders gesagt: da es nach unserer Erfahrung nur zwei Geschlechter gibt, konnte man zur Bezeichnung der Differenz menschlicher und göttlicher Weise, Leben zu geben, nur auf das Andere gegenüber menschlicher Weise zurückgreifen. Die Wahl männlicher Metaphorik ist daher eher so etwas wie eine Verlegenheitslösung. Diesen Ausdruck darf man nicht missverstehen, es geht ja nicht um ein Hin- und Her-Überlegen von Theologen, die schließlich auf eine Notlösung verfallen. Wenn man es besser sagen will, dann vielleicht so: Gott spendet Leben und Segen als der Vater, denn er steht in größerer Distanz. Er ist als Mann weiter weg von Zeugen und Gebären. Er ist der Fremde in der Kinderstube. Die Weise seines Segens ist überhaupt nicht wie Kinderzeugen und -kriegen.

Gerade diese Fremdheit Gottes gegenüber dem gesamten Bereich der »Gynäkologie, Geburtshilfe und Säuglingsfürsorge« wertet das Vater-Sein Gottes nicht ab, aber macht es fremder.

Oder mit Hilfe der Kategorie des Heiligen formuliert: Alles Heilige ist lebensfeindlich wie lebensförderlich, und beides ist es ganz intensiv. Es ist lebensfeindlich, weil kreatürliche Vollzüge hier aussetzen. Es ist lebensförderlich, weil an Gottes Segen alles gelegen ist. Das Aussetzen der kreatürlichen Vollzüge ist ein Kapitel über »Gnade ohne Werke«.

Und schließlich, um Missverständnisse auszuschließen: Wir haben versucht, den Ansatz des Alten Testaments zu rekonstruieren. Wir haben nicht ewige Wahrheiten über Mann und Frau entwickelt, sondern uns gefragt, wie es kommt, dass die Bibel so von Gott redet, wie sie es tut. Der schlichte Rückgriff auf die Erklärung durch »patriarchalische Gesellschaftsstrukturen« erschien uns nicht angemessen. Denn er bringt ja gar nicht zum Ausdruck, um was es hier in Wahrheit geht: Um den Unterschied zwischen Schöpfergott und Kinderzeugen. Kinderzeugen (von Mann und Frau gesagt) ist eben nicht göttlich, sondern kreatürlich. Gott tut anderes dafür. Und für das, was er tut, ist weibliche Metaphorik hier nicht geeignet. Wenn irgendwo nicht, dann hier. Denn Frauen stehen für den kreatürlichen Ursprung des menschlichen Lebens, ohne dass damit alles über Frauen gesagt wäre. Man kann es auch in der späteren Mariologie beobachten: Maria steht immer für die Menschheit. Jedes (auch jedes männliche) Zisterzienserkloster ist ihr gewidmet, weil sie – so ist es auch Auffassung der Reformatoren – Symbol für die Menschen ist und eben nicht göttlich.

Wir haben bereits gehört: Im Rahmen mystischer Theologie war es immer selbstverständlich, von Gott als dem über die Geschlechterdifferenz Erhabenen zu reden. Nur hat eben mystisch-»negative« Theologie ihren eigenen Sitz im Leben, der nicht ohne weiteres der volkstümlich einprägsamer Metaphorik ist.

Was aber die Angewiesenheit auf Metaphorik angeht, so gilt wohl: Als weiblich »gedachter« würde Gott gerade als der Ursprung des Lebens als zu menschlich erscheinen. Und wir haben gesehen: Die Bibel markiert im Feld der Entstehung des Lebens die Differenz Mensch/Gott durch Signale der Unterbrechung. Über den Ursprung des Lebens bei Gott muss anders gedacht und geredet werden als über den Ursprung beim Menschen. Die weibliche Metaphorik taugt nicht zur Benennung für das, was Gott sich selbst vorbehalten hat. – Und andererseits ist die Verwendung männlicher Metaphorik vor allem Ausdruck der Verlegenheit, über Gott nicht wie über ein Neutrum reden zu können. Denn darunter würde sogleich der Personbegriff oder die Personmetaphorik leiden. Denn Menschen können sich Personen nur als weiblich oder männlich vorstellen.

Dieser im wesentlichen alttestamentliche Ansatz wiederholt sich in Variationen im Neuen Testament: Indem Jesus von Gott als seinem Vater redet, wird seine menschliche Mutter nicht abgewertet und nicht religiös verdrängt. Auch Martin Luther intendiert jedenfalls alles andere als das! Man vergleiche etwa seine Auslegung des Magnificat: »Er hat Großes an mir getan. Sie verleugnet's nicht, was sie hat, sondern gibt's zu, sie habe die höchsten Gaben, nämlich den Heiligen Geist, einen starken Glauben und daß sie wahre leibliche Mutter Christi ist. Man kann's nicht erzählen, es übersteigt alle Sinne, daß die Mutter Gottes ein gewöhnliches Weib sein soll ...« (Evangelien-Auslegung I,107).

Ihre besondere Brisanz haben diese Überlegungen für die gegenwärtige Diskussion: Die Rede von Gott als Vater ist keineswegs leichtfertig durch die Gott-Mutter-Prädikation oder Ähnliches zu ersetzen. Unsere Überlegungen sollten Anlass dazu sein, neu über den biblischen Lebensbegriff und die Person-Metaphorik nachzudenken.

Und um nochmals Missverständnissen vorzubeugen: Unsere Aussagen über biblische Metaphorik und ihre Gründe sind zu unterscheiden von ethischen Anliegen über die Beseitigung des Unrechts gegenüber Frauen auch in christlichen Kirchen. Freilich sind im Rahmen der Wirkungsgeschichte biblischer Vorstellungen negative Auswirkungen nicht einfach dadurch zu bessern, dass man die Metaphorik umdreht.

Und was die Konsequenzen für den Gottesdienst betrifft: Einige christliche Kirchen (Orthodoxe und Katholiken) haben ein besonderes Verständnis von Repräsentation Gottes und der himmlischen Welt besonders in der Liturgie. Dieses steht in besonderer Beziehung zur biblischen Metaphorik. Im Rahmen der gegenwärtigen Diskussion um geistliche und liturgische Ämter für Frauen wird in diesen Kirchen möglicherweise gefühlsmäßig und jedenfalls juristisch oft schlecht begründet argumentiert. Es könnte sein, dass das, was in dieser Diskussion häufig nur oberflächlich als Geschmacksfrage erscheint, in Wahrheit tiefere Ursachen hat, nämlich in der Metaphorik der Bibel. Liturgie ist oft inszenierte und ritualisierte Metaphorik. Das ist übrigens kein ästhetisierend-spielerischer Vorgang, sondern der Ernst der Verkündigung.

Orthodoxe und Katholiken haben, das zeigt sich bei dieser Gelegenheit, ein Verständnis von Liturgie und Amt, das von dem der reformatorischen Kirchen bisweilen, von dem der Freikirchen aber grundlegend abweicht. Denn für Orthodoxe und Katholiken besteht einmal ein grundsätzlicher Zusammenhang von Liturgie und Amt (das ist spurenweise auch bei Lutheranern noch so), vor allem aber ist Liturgie bei Orthodoxen und Katholiken ein Stück inszenierter Himmel. Die himmlische Wirklichkeit ist dem Bereich von Zeugen und Gebären auf die oben geschilderte Weise entrückt, und zwar gerade um ihn zu segnen. Die Ehelosigkeit des höheren Klerus auch bei den Orthodoxen und die Abwesenheit von Frauen am Altar beim Zelebrieren der himmlischen Geheimnisse hat daher denselben Grund: die Spannung zwischen Sexualität und Gottesbild. Diese ist ganz tief alttestamentlich begründet. Sie liegt in der grundlegenden Differenz zwischen Israel und den umgebenden Religionen. Überall dort ist Fruchtbarkeit und Kinderkriegen göttlich. Im Alten Testament ist alles das menschlich, zutiefst abhängig von einem asexuellen Schöpfer, der eben tatsächlich, um ein riskantes Bild zu gebrauchen, wie ein handwerklicher Großvater »jenseits von gut und böse« ist.

Um den reformatorischen Kirchen hier Gerechtigkeit widerfahren zu lassen, ist ihr Verständnis von Gottesdienst darzustellen: Gottesdienst ist nicht und in gar keiner Weise Abbild der himmlischen Welt oder Inszenierung himmlischer Geheimnisse. Gottesdienst ist eine Versammlung der Gemeinde, und hier geht es um Wort und Gebet. In erster Linie ist der Gottesdienst missionarisch-katechetische Veranstaltung, nicht symbolisch-heiliges Drama. Und dieses zu sagen bedeutet zugleich festzustellen, wie stark der nachkonziliare katholische Gottesdienst diesem Phänomen der missionarisch-katechetischen Veranstaltung angeglichen worden ist.

Mit der steigenden Wahrnehmung der Eucharistie bei den Protestanten ist freilich eine andere Entwicklung eingeleitet. Man sollte jeden evangelischen Pfarrer, jede Pfarrerin dazu verpflichten, einmal im Leben die »Göttliche Liturgie des Johannes Chrysostomus« wirklich zu studieren und zu begreifen. Das wäre eine hilfreiche ökumenische Maßnahme.

Für die Frage nach der Personalität Gottes ergibt dieser Abschnitt: Die Tabus rund um das Thema Sexualität und Entstehung des Lebens sind ein heikles Gebiet. Da der Gott der Bibel nicht sexuell gedacht ist, steht seine Personhaftigkeit auf dem Spiel. Die männliche Metaphorik in den Aussagen über Gott schützt die Personhaftigkeit Gottes. Nicht mehr und nicht weniger leistet sie.

Der Konflikt zwischen Fruchtbarkeits- und Schöpfungsreligion, der hier den Hintergrund bildet, ist auch heute aktuell. Ist Sex göttlich – oder kreatürlich?

Die Popularität der Rede vom Es

Ein bekannter katholischer Theologieprofessor hat kürzlich die Summe seiner theologischen Lebenseinsichten wie folgt zusammengefasst: »... rückhaltlos sich ausliefernde Dankbarkeit für ›Den‹ oder ›Das‹, »›welcher‹ oder ›welches‹ ›irgendwie‹ am Anfang und am Ende steht und über ›Den‹ oder ›Das‹ wir nichts exakt oder adäquat wissen können und ›Dem‹ – unter mannigfachen bunten ›Verkleidungen‹, ›Sinnbildern‹, ›Chiffren‹ uns ›zugänglich‹ werdend und dabei und darin zugleich immer absolut ›unzugänglich‹ bleibend wir uns ... ohne Hoffnung auf irgend eine ›rationale‹, dem Verstand ausreichend erscheinende ›Lösung‹ der uns dicht und kompakt umgebenden Rätsel hingeben müssen und dürfen ...« (Kuß, Dankbarer Abschied,177). Und Beten ist für diesen anerkannten Autor »das ... Gespräch, welches der zu Bewusstsein gekommene Mensch mit sich selber führt« (a.a.O., 162). – Hier werden wohl viele der Nöte des modernen Menschen überhaupt geschildert, auf die dieses Buch eine Antwort sein will.

Was könnte Gott noch sein außer Person? – Vielleicht Energie, Kraft, Weltgesetz, Schicksal oder Zufall, Evolution oder Weltvernunft? Ursprung, Umgreifendes oder das »Sein« selbst?

Wie gezeigt, berühren sich in der These, Gott sei nicht Person, die neuzeitliche deistische Alltagsmentalität und manche Arten von Mystik.

Einen persönlichen Gott nicht denken zu wollen, ist auch deshalb modern, weil man erstens nicht beten kann und muss und zweitens weil man ihm gegenüber nicht verantwortlich ist. Befördert wird dieses Bestreben durch die Modebewegung der »transreligiösen Mystik«.

Weltvernunft und Hoffnung

Die Bedeutung der Eschatologie wird gerade an diesem Punkt gut erkennbar: Wenn die Vernunft Gott ist und Gott die Vernunft, dann liegen Auferstehung und Himmelreich jenseits des theologisch überhaupt Diskutablen. Ist das Letzte die Gültigkeit des Gesetzes – oder schließt uns einer in die Arme, wenn wir dort drüben ankommen? Auferstehung ist geknüpft an die Bedeutung und den Wert von Person. Das gilt auch religionsgeschichtlich für die Entwicklung der Vorstellung von Auferstehung. Sie läuft parallel zur Entdeckung des Individuums in der jüdischen Religion und dazu, dass dieses zu einer Bekehrungsreligion wird. Denn in eine Bekehrungsreligion kann – im Unterschied zur Stammes- und Volksreligion – ein jeder »eintreten« und ein jeder für sich den Weg zu Gott finden. Das Ergebnis nennt man dann Proselytismus. Bei Johannes dem Täufer ist das Judentum dann so weit, dass Johannes meinen kann, jeder Jude habe eine grundsätzliche persönliche Bekehrung plus Taufe nötig – eben etwas, das man sonst von Heiden erwartete, die zum Judentum übertraten.

Wer für Gott als Weltvernunft plädiert, sollte auch bedenken: Zwischen Weltvernunft und Mensch gibt es keine Beziehung, außer der Mensch wäre vernünftig. Letzter Sinn ist die Eiseskälte des Gesetzes. Dieser Weltsicht fehlt nicht nur das Antlitz Jesu Christi, wie es oft als Schlussstein mittelalterlicher Gewölbe geformt ist, sondern es fehlen auch die Ober- und Unterlängen von Leiden und Herrlichkeit. Genau diese beiden Elemente aber gehören zu einer Liebesgeschichte mit menschlichem Antlitz.

Im Interview mit P. Seewald hat es kürzlich J. Ratzinger so formuliert: »Gott ist nicht eine allgemeine Mathematik des Weltalls. Er steckt nicht irgendwie als Geist in der Welt. Er ist nicht eine unbestimmbare Harmonie der Natur oder ein unnennbares ›Unendliches‹, sondern der Schöpfer der Natur, der Ursprung der Harmonie, der Lebendige, der Herr« (Gott und die Welt, 83).

Defizite im Personalismus

Doch auch die Rede von Gott als Person kann ideologisch werden und kommt dann sogleich an ihre Grenzen. Der mitteleuropäische philosophische Personalismus vor allem aus der ersten Hälfte des 20. Jahrhunderts, etwa zu kennzeichnen durch die Namen M. Buber und G. Theunissen, ist vom Standpunkt biblischen Verständnisses von Wirklichkeit her ein Spätprodukt des Deutschen Idealismus.

Es lässt sich nicht jede Wirklichkeit, von der christliche Religion spricht, in Beziehungen zwischen Personen auflösen. Denn wenn die Bibel von Reich Gottes oder Herrschaft Gottes redet, dann geht es nicht nur um Anerkennung der Herrschaft Gottes, sondern auch um einen guten Zusammenhang von Tun und Ergehen, in den jeder eintritt, der mit dieser Größe in Berührung kommt. Und das bedeutet auch Anteilhabe an einer Verheißung in Richtung »ewiges Leben«. Ähnlich ist es mit den Größen »Fleisch« (gr. sarx) und »Geist« (gr. pneuma), die die beiden Status bezeichnen, in denen der Mensch stehen kann. »Fleisch« bedeutet dabei Schwäche, Anfälligkeit, Verführbarkeit, Sterblichkeit, biologische und nervliche, charakterliche und soziale Schwäche zugleich. Und »Geist« bedeutet demgegenüber, dem Heiligen Geist Gottes Lebenskraft, Mut zum Handeln und Aushalten zu verdanken. »Pneuma« bezeichnet aber auch die neue Qualität des verwandelten Leibes im Status der Auferstehung. Irgendeine Abneigung gegen dingliche Rede ist hier nicht zu erkennen.

Da der Personalismus tendenziell die Person in Beziehung auflöst, fehlt ihm der Sinn für das nicht kommunizierbare, verborgene Geheimnis jeder Identität. Bildlich gesprochen ist es genau jene Kapsel, die man bei einer alten Uhr das Herz nennt oder der Raum, der in jedem Tempel das adyton ist, jener Raum des Allerheiligsten, zu dem keiner Zugang hat, ausgenommen der Hohepriester einmal im Jahr, am Festtag des Gottes. Man hat diesen Bereich den Personkern genannt. Er ist die Wurzel der Identität, die Quelle der geistigen und moralischen Kraft. Nach christlicher Auffassung wird dieses Geheimnis der Identität, das was »ich« ist, unmittelbar von Gott bei der Erzeugung dem neuen Menschen eingestiftet. Das Geheimnis Gottes und das Geheimnis jeder Person sind in diesem Sinne einander zugeordnet, und sie stehen und fallen gleichzeitig.

Auf die Grenzen des Personalismus weist auch H. Mühlen (Una mystica, 313): »Man kann den Verdacht haben, dass im Zuge der Entdeckung der ›personalen‹ Struktur der Aussagen der Hl. Schrift die Leibhaftigkeit des menschlichen ›Ich‹ übersehen oder verschwiegen wird. Die ›personalistischen‹ Kategorien treffen Wesentliches, aber nicht nur das Wesentlichste ist wesentlich. Infolge der Überbetonung der neu entdeckten Aspekte werden diese Aspekte unzureichend. Wie wird ein ›prinzipieller‹ Personalismus etwa fertig mit der Leibhaftigkeit des menschgewordenen Sohnes und mit der Auferstehung des Fleisches?« und spricht dann auch von einer vorschnellen Abwertung von Institution und Kontinuität in der Kirche. »Wenn man die Leibhaftigkeit des menschlichen ›ich‹ ernst nimmt, wird man auch die ›Leibhaftigkeit‹ der Kirche als ›Leib Christi‹ ernst nehmen«.

Es kann daher gut sein, dass die beliebte Rede vom »Es« ein Gegenschlag gegen den von den Pastorenkirchen bis zum Überdruss gepflegten Personalismus ist. So geht es in der Folge darum, spätidealistischen Personalismus genauso zu vermeiden wie die apersonale Rede vom Es oder von Gott als Weltvernunft. Der Weg zur Vermeidung dieser Alternative kann nur so verlaufen, dass wir uns nicht von den alternativen Philosophien (Idealismus, Existentialismus und Aufklärung) leiten lassen, sondern von der besonderen Hermeneutik, die Neues Testament und die klassischen Liturgien nahe legen.

In welchem Sinne ist Gott Person?

Nachdem wir einen Überblick über die Fragestellungen und das Material der Texte gewonnen haben, versuchen wir in diesem Abschnitt, die Ergebnisse systematisch zusammenzufassen und einige Hauptargumente hinzuzufügen.

Leider gilt die Feststellung Hermann Volks (Gnade und Person, 323) noch immer: Die Theologie habe » – abgesehen vom Ethischen – spezifische Kategorien für die Person kaum entwickelt« und jedenfalls nicht gebraucht. Entwickelt seien nur die »Relation von Person zu Person« und die Bedeutung von Aktualität und Intensität (statt Quantität).

Unterschiede zum Personbegriff der Neuzeit

Von Gott als Person zu reden, ist missverständlich.

Denn kennzeichnend für den Personbegriff in der heutigen Welt sind:

- Individualität: Jeder Mensch ist für sich unverwechselbar eine eigene Person.
- Subjektivität: Diese je eigene Person besitzt sich selbst. Sie kann über sich nachdenken, sich kritisch beurteilen und sich an die eigene Geschichte erinnern. Sie hat ein autonomes Selbstbewusstsein und eigene Freiheit, damit auch Verantwortlichkeit.
- Relationalität: Eine Person kann sich zu anderen verhalten und kann Beziehungen zu ihnen knüpfen.

Nach I. Kant ist der Mensch als Person: »ein seiner selbst bewußtes und freies Wesen, ein Zweck an sich selbst« (Kritik, 181f).

Die theologische Forschung bemerkt einhellig, dass bei einer Übertragung des neuzeitlichen Personbegriffs auf das Neue Testament ein

Tritheismus kaum zu vermeiden wäre. Das heißt: Wer heute ohne biblische Vorbildung von dem einen Gott in drei Personen hört, muss – aufgrund unseres Begriffs von Person – an drei Götter glauben. Denn der neuzeitliche Personbegriff betont sehr stark Individualität und für sich bestehendes Selbstbewusstsein. Unter solchen Umständen wäre aber ein einheitlicher Gott nicht mehr denkbar.

Für das Menschenbild des Neuen Testaments sind diese Elemente nur teilweise gegeben. Für alle stark »individuellen« Merkmale der Person, besonders also für die Kategorie der »Subjektivität«, ist der Sinn nicht ausgeprägt. Natürlich ist der Sinn für Bewusstsein und Reflexion vorhanden – man vergleiche nur die zentrale Rolle der Selbstgespräche in den Gleichnissen – doch nirgends wird daran der Wert einer Persönlichkeit geknüpft. Wenn man es ganz grob sieht, ist derjenige im Sinne der Bibel Person, der sprechen und hören, also reagieren und gehorchen kann. Bezüglich der Individualität wird beispielsweise nur von großen Persönlichkeiten wie Propheten gesagt, dass Gott sie schon vom Mutterschoß an erwählt oder geheiligt habe. Von jedem Einzelnen wird das nicht gesagt.

Es ist bereits des öfteren deutlich geworden, dass wir mit dem Personbegriff eine Kategorie an die biblischen Texte herantragen, die diese so genau nicht kennen. Dennoch kann man sagen: Ob man etwas als eine Art Person ansieht, das kann man daran erkennen, ob man sie anredet, sie um etwas bittet, ihr einen Namen gibt, auf ihre Worte oder Zeichen hört. Eine Person ist nicht berechenbar, kann reagieren und die Wirklichkeit in bestimmtem Maße verändern. Je mehr von diesen Merkmalen gegeben sind, umso eher spricht man von einer Person. Weil es eine klare Kategorie noch nicht gibt, die ein Ja oder Nein erlaubte, gibt es nur ein Mehr oder Weniger. Nirgends sind die Mindestanforderungen definiert. Doch obwohl jeder Stein zum Fingerzeig auf Gott werden kann, gibt es keine Anhaltspunkte dafür, dass unbelebten Dingen oder Tieren Personhaftigkeit zugeschrieben würde.

Trotz dieser Schwierigkeiten ist unsere Fragestellung sehr sinnvoll, denn die Geschichte des christlichen Personbegriffs eignet sich gut dafür, wichtige Elemente der Botschaft zum Ausdruck zu bringen.

Kurzer Überblick über die Geschichte der Person-Vorstellung

Die folgende Stichwortliste gibt einen knappen Überblick über die Geschichte der Bestimmung des Personbegriff und darüber, wie unterschiedlich diese Bestimmungen sind:

- persona: Maske im Theater, Rolle, Figur, Charakter (auf der Bühne wie im Leben).
- persona: (»auf dem Weg vom Theater zum Gericht«): Rolle.
- persona bei Cicero, Über die Pflichten: Wie die Schauspieler je nach Repertoire Rollen suchen, so gibt es typische Rollenerwartungen an einen Menschen je nach dem Milieu, aus dem er kommt, und dem Beruf, den er wahrnimmt; aus Charakter und Berufsrolle erwächst Identitätspflicht.
- persona: Stelle im Plan eines Staates – Rolle in einer Familie.
- persona: »von einer bestimmten Person konstituierte und nunmehr allgemein von ihr erwartete Rolle«.
- persona in der Grammatik: (wie heute im Deutschen): 1., 2.oder 3. Person (der spricht, zu dem er spricht, von dem er spricht).
- persona in der Rhetorik: eine Rolle im Prozess.
- Justin und andere: ek prosopou sprechen = in dem, der spricht, äußert sich ein anderer. So spricht z.B. in den Propheten der sie erfüllende Logos.
- Tertullian: Insofern, als der Sohn an der Herrschaft des Vaters teilhat (particeps), nimmt er seine Rolle wahr, ist er Person. – Tertullian gibt das griechische *prosopon* mit *persona* wieder.
- Boethius: Person ist individuelle (für sich seiende) Substanz rationaler Art.
- Richard von St. Victor: Jemand ist Person dadurch, dass er nicht begrifflich definierbar (= mitteilbar) ist und intellektuell existiert.
- Alexander von Hales: Person ist eine Hypostase, die sich durch Würde, den Adel rationaler Art, unterscheidet.
- Duns Scotus: eine Person ist frei.
- Bonaventura: Denken und Vorstellen machen eine Person aus.
- Michael Servet (in: De trinitatis erroribus): Sohn und Geist sind verschiedene Funktionen oder Rollen der einen Gottheit.
- Deutscher Idealismus: Ich = Selbstbewusstsein.

- Heutige Philosophie: Individualität, Subjektivität, Relationalität, »ich-sagen«-Können.
- Heutiges Recht: Person ist Trägerin von Rechten und Pflichten.

Die hier ganz knapp skizzierte Jahrhunderte währende Diskussion lässt erkennen: Am Anfang und im heutigen Recht wird Person rein von außen und grundsätzlich funktional betrachtet. In der Zwischenzeit vollzieht sich ein grundlegender Wandel in der Betrachtung: Seit Boethius bis hin in die moderne Philosophie ist das Innenleben einer Person wichtig. Hier sind dann Vernunft, Willen, Freiheit oder Bewusstsein entscheidend. – Nur Michael Servet nimmt das funktionale Modell wieder auf und wird deswegen von Calvin verbrannt. – Seit Boethius ist auch die Individualität Kennzeichen einer Person. Dabei heißt Individualität: Eine letzte, unteilbare Einheit. Was man aber nicht mehr teilen (einteilen, unterteilen, untergliedern) kann, das besitzt ein verborgenes Innenleben – wie ein Stein, den man mit dem Nussknacker nicht auseinander spalten kann.

Das biblische Bilderverbot als Basis für den christlichen Person-Begriff?

J. Ratzinger hat kürzlich folgende Theorie vertreten: Die Bibel spricht von Gottes Antlitz (hebr. panim). Gott suchen heißt sein Antlitz suchen.

Dieses Antlitz Gottes aber ist wegen des biblischen Bilderverbotes (2. Dekaloggebot: Du sollst dir kein Bild und Gleichnis machen) nicht abbildbar. Im Gegenteil: Wer es erblickte, müsste sterben.

Wer also Gottes Antlitz sucht, wird ihn jedenfalls hier in dieser irdischen Existenz nie sehen können. Auch ist kein Bild möglich oder erlaubt. Aber die biblische Rede von Gottes Antlitz zeigt, dass Gott so Gefühle und Reaktionen ausdrückt, etwa wenn es heißt, Gott möge sein »Angesicht leuchten lassen über uns«. So gilt, »dass mit dem Wort panim im Abstreifen des Bilderkultes der Begriff der Person gebildet worden ist«.

In der griechischen Version des Alten Testaments (Septuaginta) wird nun das hebräische Wort panim = Antlitz wiedergegeben mit dem griechischen Wort prosopon. Die griechische Philosophie aber hatte einen Personbegriff nicht entwickelt. »Dort gibt es nur das Individuum, das aber lediglich eine von den vielen Ausprägungen des letztlich allein zählenden Wesens ist. Jenes Besondere, das wir mit dem Begriff Person umschreiben, ist dagegen auf dem Weg des biblischen Glaubens erkannt worden«.

Dieses griechische Wort aber gehört in die Ahnenreihe unseres Personbegriffs. Denn das lateinische Wort persona ist stets Wiedergabe von griechisch prosopon.

Dadurch, dass nun aber das griechische Wort prosopon in der griechischen Bibel steht, hat es Anteil an der Bedeutungsgeschichte in Richtung Person.

Auf diese Weise findet man daher in der griechischen Bibel plötzlich hunderte von Stellen, die von Gottes Person sprechen (und nicht nur von seiner, sondern auch von der des Menschen).

Die biblische Mitgift aber zu dieser Begriffsgeschichte ist das Bilderverbot. Nur im Abstreifen des äußeren Bildes konnte der Begriff Person entwickelt werden. Die Ablösung vom Kultbild führte zur Erkenntnis dessen, was Person ist. Viele Götter anderer Religionen sind irgendwie Person, aber gehören nicht in den Bereich des ganz Anderen. »Das Neue an der biblischen Religion war und ist es, dass dieses Ursein selbst, der eigentliche ›Gott‹, von dem es keine Bilder geben kann, dennoch Gesicht und Namen hat, Person ist. Und das Heil besteht nicht im Versinken ins Namenlose, sondern in der ›Sättigung an seinem Angesicht‹ ...«(Ratzinger, Unterwegs, 18-30).

Nun wird man nicht direkt das Bilderverbot für die Entwicklung des biblischen Konzeptes von Person haftbar machen. Die Begriffsgeschichte von panim – prosopon ist die eine Sache, das biblische Bilderverbot die andere. Das Bilderverbot ist hier nicht in irgendeinem Sinne ursächlich, wohl aber eine kommentierende und bestätigende Begleiterscheinung. – Und zu fragen ist außerdem, ob panim darin aufgeht, ein Beziehungsbegriff zu sein (Ratzinger, Unterwegs,17 oben), denn das erweckt zumindest Missverständnisse personalistischer Art.

Die Konsequenzen aus dem kritisch rezipierten Ansatz Ratzingers sind:

– Die wichtigsten semantischen Merkmale des Personbegriffs in unserer Kultur entstammen der alttestamentlichen Rede vom Antlitz (Gottes oder der Menschen).
– Weder die griechische Philosophie noch die lateinische Rhetorik, Jurisprudenz, Grammatik oder Theaterwelt war in der Lage, die Voraussetzungen für den Personbegriff zu schaffen.

- Doch ist das Alte Testament weit davon entfernt, mit panim einen wirklich eindeutigen Personbegriff entwickelt zu haben. Ratzinger selbst weist auf eine parallele Rolle von schem, den Namen hin (s. dazu unten). Man kann es so beurteilen: Unter der Oberfläche von »Name« und »Antlitz« sammeln sich genügend Elemente an, die dann zur inhaltlichen Füllung des Übersetzungswortes prosopon beitragen und ihm in der Tat Gehalte vermitteln, die es in der griechischen Philosophie noch nicht hatte.

Der Dreischritt vom Du zum Es und zurück

Das Problem

Der folgende mystische Text Simeons des Theologen aus dem 10. Jh. nennt nebeneinander sachlich-abstrakte Größen wie »Auferstehung« und persönliche Anreden (»Komm!«, »du erschaffst«). Der Mystiker redet abwechselnd vom Du und vom Es und gibt damit auf jeden Fall zu erkennen, dass er nach passenden Worten sucht und darum ringt.

Komm, wahres Licht
Komm, ewiges Leben
Komm, verborgenes Mysterium
Komm, namenlose Kostbarkeit
Komm, Unaussprechlichkeit
Komm, Wesen fliehend Mencheneinsicht
Komm, immerwährende Erhebung
Komm, abendloses Leuchten
Komm, ersehnt von allen, die nach Erlösung dürsten
Komm, der Toten Auferstehung
Komm, Mächtiger. Mit bloßem Wink erschaffst du immerwährend alles, verwandelst es und wechselst es.
Komm, gänzlich unschaubar, unberührbar, unantastbar
Komm, immer bleibend unbeweglich, doch ganz hinübergehend in die Stunden
Du kommst zu uns, die wir im Elend liegen, und doch steht über allen Himmeln dein Gezelt
Komm, Name hochersehnt und hochgefeiert. Es auszusprechen, was du bist und wie du bist, das zu erkennen und wie dein Dasein ist, uns ewig versagt bleibt

(Simeon der Theologe, 10. Jh., Licht, Erste Hymne)

Der Text spricht von Gott fast nur in Sach-Attributen (Auferstehung, Leuchten usw.). Gott wird als Person mit Du angeredet, so ist auch der dominierende Imperativ der 2. Person zu verstehen. Aber die Sprache bleibt vorwiegend nominal. Lässt sich Gott nicht anders erfassen, und was hat denn die Rede von Gott als Person für einen Sinn? Die Auswirkungen scheinen eher qualitativ zu sein.

Der Dreischritt

Ich möchte hier eine Abfolge andeuten, die sich in der Frömmigkeitsgeschichte sowohl des Einzelnen als auch verschiedener Epochen im Nacheinander vollzieht. Es gibt eine naive Frömmigkeit, die personhaft ausgerichtet ist. Man spricht vom Kinderglauben und auch davon, dass Seelsorge-Helfer und anderes Personal alles tun, dass der Kinderglaube nie aufgegeben wird.

Darauf folgt die Phase der selbstkritischen Frömmigkeit. Wenn es gut geht, dann bedeutet diese Phase Kritik an den eigenen frühen Formen des Glaubens. Es entsteht die Frage der Angemessenheit aller Formen des Frommseins gegenüber Gott. Die Antworten von gestern gelten nicht mehr. Dazu kommen die Erfahrungen des Dunkels und des Verstummens vor Gott. Gott ist nicht mehr Person, sondern scheint weit weg zu sein. Es wird fraglich, ob er die wichtigere Hälfte der Wirklichkeit ist. Die negative oder apophatische Theologie scheint angemessen. – In der Kirchengeschichte entsprechen dieser Phase die ikonoklastischen Strömungen, die auf ein radikales Bilderverbot drängen. Diese Tendenzen sind keineswegs immer mit Abfall vom Christentum zu verbinden, sondern öfter auch Ausdruck vertiefter Frömmigkeit – im Gegensatz zur sinnenfrohen Volksfrömmigkeit. Das gilt sowohl für den Calvinismus als auch für die Anfänge der Zisterzienser – man sehe sich in der bei Rom gelegenen Kirche Tre Fontane um!

Die frühen Zisterzienser gehen davon aus, allein der Mensch und eben nichts anderes sei unverlierbar Bild Gottes. Das Bilderverbot ist jedenfalls hier nicht mit der Leugnung der Personhaftigkeit Gottes verbunden, sondern gerade mit dem Gegenteil, mit der Betonung der Partnerschaft von Gott und Mensch. Denn der Mensch, der Bild ist, soll in die Ähnlichkeit wieder hineinwachsen.

Die dritte Phase ist theologisch die interessanteste: Sie bedeutet eine neue Naivität, in der man aber weiß, was man tut und doch Gott wieder als Gegenüber wahrnimmt. Diese dritte Stufe ist tendenziell mit entsprechender Bescheidenheit verbunden: Man weiß, dass alle Formen der Annäherung brüchig sind. Aber das betrifft auch den Rigorismus des Bilderverbots. Auch die Bilderstürmer sind auf ihre Weise unbescheiden, da sie genau zu wissen meinen, wie Gott nicht ist.

Kontrast zwischen dinglichen und personalen Aussagen im Neuen Testament

Auf die Spannung zwischen dem Logos von Joh 1,1 (Weltgesetz) und der Geschwisterliebe unter Jesu Jüngern wurde bereits hingewiesen.

Ein Beleg dafür, wie die Spannung zwischen apersonal-dinglichen und personbezogenen Aussagen aufgefasst und bewusst gestaltet wurde, ist Hebr 12,18-24:

(18) Denn ihr steht nicht vor dem Berg Sinai wie die Menschen des ersten Bundes. Sie hätten damals den Berg mit Händen berühren können, Feuer loderte in der Nacht, es herrschten Finsternis und Sturm. (19) Eine Posaune ertönte. Donnerschläge hallten vom Himmel. Die Menschen, die das alles anhören mussten, wollten unbedingt von jedem weiteren Wort verschont bleiben. (20) Sie konnten es nicht ertragen zu hören, dass selbst ein Tier, das den Berg berührte, zu steinigen sei. (21) So großen Schrecken bewirkte die Erscheinung, dass selbst Mose sagte: »Ich bin voll Furcht und Zittern.« (22) Ihr dagegen steht vor einem ganz anderen Berg, dem Berg Sion. Hier ist die Stadt des lebendigen Gottes, das himmlische Jerusalem. Hier ist eine Festversammlung von Zehntausenden von Engeln. (23) Hier ist die Kirche der Engel, der Erstgeborenen, deren Namen im Himmel aufgeschrieben sind. Hier ist Gott, der Richter aller, hier sind die Gerechten, die das himmlische Ziel schon erreicht haben. (24) Hier ist Jesus, der Mittler des neuen Bundes.

Thema ist der Kontrast zwischen Sinai und Sion. Die beiden Berge stehen für den Alten und den Neuen Bund. Der Alte Bund wird dinglich und sinnlich gezeichnet: Feuer, Finsternis, Sturm, dazu Lärm und Schrecken. Der Neue Bund dagegen ist personhaft ausgestattet: Engel, Erstgeborene, Gerechte, Jesus. – Schon Ad. Struensee erkennt in seinem Kommentar (1763) hier den Gegensatz vom Materialischen und der Gemeinschaft der Befreiten.

Eine ganz ähnliche Abfolge des Dinglichen und Personalen haben wir in der so genannten synoptischen Apokalypse von Mk 13 und den davon abhängigen Texten (13,24-27):

> (24) Nach dem Elend wird sich dann die Sonne verfinstern, der Mond wird nicht mehr scheinen; (25) die Sterne werden vom Himmel fallen, und die Himmelsmächte werden völlig durcheinander geraten. (26) Dann wird man den Menschensohn auf den Wolken kommen sehen, mit großer Macht und Herrlichkeit. (27) Dann wird der Menschensohn seine Engel aussenden, damit sie seine Auserwählten aus allen Himmelsrichtungen, soweit die Erde und soweit der Himmel reicht, einsammeln sollten.

Für die negative Phase vor dem Ende wird geschildert, wie die kosmischen Mächte sich auflösen. Die dingliche Welt ist vergangen; jetzt geht es nur noch um Personen, um den Menschensohn, seine Engel und die Auserwählten. Die neue, positive Phase besteht darin, dass eine Gemeinschaft zwischen dem Menschensohn und den Auserwählten hergestellt wird, und zwar durch Engel. Auch hier wird die Zeit von Angst und Schrecken dinglich dargestellt, während die neue Zeit eingenommen wird durch eine persönlich konzipierte, auf Gemeinschaft ausgerichtete. Auffällig ist, dass nicht nur Aussagen über das Gericht, sondern auch über die leibhaftige Beschaffenheit der Erlösten fehlen. Nur die Gemeinschaft ist wichtig, nur das Beim-Herrn-Sein (vgl. 1 Thess 4,17).

Die apokalyptischen Texte haben mithin recht genaue Vorstellungen über den Kontrast zwischen dinglichen, kosmischen und nur materiellen Phänomenen und der neuen Gemeinschaft mit Jesus, den Gerechten und vor allem dem lebendigen Gott. Diese Gemeinschaft wird geradezu als Befreiung von den »Elementen« verstanden, um es in freier Anlehnung an Paulus zu formulieren (Gal 4).

Ähnlich sagt es schon Augustinus (Gottesstaat, 22. Buch, 30. Kapitel): Der siebte Tag, das werden wir selber sein (*dies septimus nos ipsi erimus*). Denn an ihm gilt auch: Gott wird der Lohn der Tugend sein, er, der die Tugend verliehen und sich selbst als Lohn ihr verheißen hat ... denn: »Ich werde ihr Gott sein, und sie sollen mein Volk sein« (Lev 26,12). Das heißt: Die letzte Vollendung kann Augustinus nur noch in personalen Kategorien denken. Wenn die Welt nicht mehr ist, wird es nur noch uns und Gott selbst geben.

Andererseits ist diese Rede vom personalen Gegenüber gerade ein notwendiges Korrektiv gegenüber unverbindlicher Rede davon, dass die »Liebe bleibe« (1 Kor 13,13). Auch Paulus meint nicht, die Liebe bleibe statt Personen, gewissermaßen als allgemeines Wohlgefallen, in das sich alles auflöse. Jesu Wort »Ich bin die Auferstehung und das Leben« zeigt unmissverständlich, dass nicht ein seliger Zustand im Sinne des Nirwana auf uns wartet, sondern der dreifaltige Gott.

Die Gleichsetzung von Ende und Person, also

der siebte Tag = wir selbst
der Lohn = Gott
die Auferstehung und das Leben = Jesus

kann daher in keinem Falle als Auflösung der Personen verstanden werden, sondern im Gegenteil.

Dass die Gemeinschaft der Gerechten mit dem persönlich vorgestellten Gott am Ende steht, sagt implizit auch etwas über den Wert, den die christlichen Gemeinschaftsformen in der Gegenwart für die Verfasser dieser Texte besitzen. Ob auch der Umkehrschluss legitim ist – dass nämlich Menschen, die ein Versinken ins Namenlose wünschen, mit kirchlicher Gemeinschaft eher negative Erfahrungen gemacht haben und jedenfalls keine Fortsetzung wünschen? Immerhin verraten apokalyptische Hoffnungen stets vieles über gegenwärtige Wertmaßstäbe.

Auferstehung und Wert der Person

Diese Beobachtungen lassen sich aber nun auch auf andere, klassische Themen der so genannten Eschatologie hilfreich ausweiten. Insbesondere die Frage der leibhaftigen Auferstehung der Toten ist eben keine Frage an Biologie und Physik, sondern die Auferstehung ist direkt abhängig von der Einschätzung des Wertes der individuellen Person. Wenn, wie die apokalyptischen Texte zeigen, nur die personalen Beziehungen überleben, dann ist Auferstehung der Toten nicht ein Fall für die Biologie, sondern ein Anwendungsfall der Liebe Gottes. Wenn und weil jeder Einzelne unendlich wertvoll ist, deshalb wird Gott ihn nicht fallen lassen oder aus seiner Liebe entlassen. Alles übrige, das geschehen muss, fasst Paulus schlicht in dem Wort »verwandelt werden« zusammen.

Auferstehung ist in der Tat der Ernstfall für die Frage nach der personalen Gottesvorstellung. Denn jede nur dinglich-physikalische Vorstellung gerät in Aporien. Die einzige Dimension, die uns hier auch nach den biblischen Texten offen bleibt, ist die der Gemeinschaft, und zwar ganz im Sinne der erfüllten Verheißung der Bundesformel »Ich werde ihr Gott sein, und sie werden mein Volk sein, ich werde ihr Vater sein und sie meine Kinder« (Apk 21,3.7). Das bedeutet auch, dass hier von Person nicht im Sinne des individualistischen Personalismus der Neuzeit die Rede sein kann.

Zugleich können mit Hilfe der Auferstehungshoffnung auch die Schwierigkeiten aus der Begriffsgeschichte überwunden werden, die oben geschildert wurden. Sie bestanden im Kern darin, dass man Person weder von außen her (funktional) noch von innen her (z.B. als Selbstbewusstsein) hinreichend bestimmen kann. Es fällt leichter, den Personbegriff von der leiblichen Auferstehung her zu konzipieren, denn

- auferstehen wird man selbst. Bei allem, was verändert und verwandelt werden muss, ist dieses »man selbst« identisch, der geheime Bezugspunkt aller Veränderung und Verwandlung.
- Diese Identität ist selbst durch den Tod hindurch bewahrt geblieben. Der Tod ändert also nicht so sehr viel, ganz im Gegensatz zu dem, was wir oft meinen.
- Bei der Auferstehung richtet sich der Blick nach der Bibel nicht auf »mich und meine Knochen«, sondern auf ein Miteinander. Für unsere Personhaftigkeit steht mithin Gott selbst ein, und der Maßstab ist wohl, ob jemand Glied war »am Leibe Christi«, denn das ist offenbar eine mögliche Vorstufe oder Analogie der himmlischen Gemeinschaft.
- Dass für die Auferstehungs-Eschatologie die familiäre Gemeinschaft »alles« ist, bedeutet nicht die Auflösung der Person in einen Beziehungs-Personalismus. Weil der neuzeitliche Konflikt Individuum/Gemeinschaft hier nicht gegeben ist, können wir uns kaum vorstellen, dass es kein Widerspruch ist, wenn jeder Einzelne ohne Ende geliebt ist und zugleich alle miteinander geliebt werden.
- Für die Rolle Gottes in dieser personalen Gemeinschaft der Auferstandenen bleiben wieder nur Bilder, wie sie die Offenbarung nach Johannes schildert: »Vater«, »König auf dem Thron«, Ursprung strahlender Herrlichkeit. Wäre Gott hier definierbar, so wäre er nicht mehr Gott. Auch wenn es ein etwas monarchisches Bild ist, das ich jetzt gebrauche, so ist es vielleicht das angemessenste: Es

wird sein wie in einer Residenzstadt, die Bürger haben den König vielleicht einen Augenblick lang zu Gesicht bekommen. Im Übrigen wissen sie, ganz beruhigt: Der König ist da. Seine Anwesenheit bedeutet Schutz und Geborgenheit. Der König hat die ganze Stadt zu seinem Palast gemacht, jedes Haus erstrahlt jetzt in königlichem Glanz. Der König kann überall auftreten, denn jedes Haus ist seiner würdig. Das entscheidende ist das festliche, freiheitliche Lebensgefühl. Von dem König sieht man immer wieder seinen Glanz, den seiner Gewänder oder seines Hauses, seiner Krone oder seines Thrones, den Glanz seiner ganzen Stadt. Auch Thomas von Aquin beendet sein Lied »Adoro te devote« mit dem Satz »visu sim beatus tuae goriae«, »dass ich möchte selig sein im Schauen deiner Herrlichkeit«.

Interdependenz von Personalität des Menschen und Personalität Gottes

Ein wichtiges, zwischendurch immer wieder geäußertes Resultat unserer Studie lautet: Es besteht eine strikte Interdependenz (gegenseitige Abhängigkeit) und Wechselseitigkeit zwischen der angenommenen Personalität des Menschen und der Personalität Gottes.

Schon die Vertiefung des Logos in Liebe setzt Personalität Gottes voraus. Der Weltenlogos hätte nicht unbedingt personale Struktur, aber der Vater, der aus Liebe seinen Sohn sendet, der ganz bestimmt (Joh 3,16).

Das je individuelle Geheimnis jedes einzelnen Menschen führt christlicher Glaube darauf zurück, dass jeder einzelne Mensch in seinem Personkern direkt von Gott nach seinem Bild erschaffen wird, und zwar im Augenblick der Verbindung von Ei- und Samenzelle. Dieses je individuelle Geheimnis begründet den Anspruch auf Menschenwürde von Anfang an. Die Auffassung, dass Gen 1,26 zu diesem Zeitpunkt bei jedem Menschen realisiert wird, setzt die bleibende Wirksamkeit des Schöpfergottes voraus. Jeder Mensch ist nach Gottes Bild direkt geschaffen. Bei allem, was der Mensch ererbt hat, ist der entscheidende »Funke« seiner Würde die Teilhabe an Gottes personhaftem Geheimnis.

Dieser Ansatz hat direkte Folgen in der jüngeren Diskussion um die Genforschung und die Erlaubtheit von technischen Eingriffen in die Entstehung von Menschen, insbesondere die Tötung und das Wegwerfen von Embryonen. – Die öffentliche Diskussion ist freilich gerade was die christlichen Grundlagen anbelangt, viel zu wenig präzise. So findet man den hier gebotenen Kreatianismus kaum je in kirchlichen Stellungnahmen, obwohl sachlich darauf alles beruht.

Weniger auf der Herrlichkeit beruht die Göttlichkeit des Menschen; die Verwandtschaft mit Gott besteht in der von Gott jedem einzelnen Menschen geschenkten Unaussagbarkeit seines individuellen Person-Geheimnisses. Dieses unmittelbare und direkte Verhältnis zwischen Mensch und Gott begründet vor allem das, was wir Menschenwürde nennen.

In den Oden Salomos 17,4 wird die starke Entsprechung zwischen Schöpfung und Erlösung greifbar: »Er hat meine Fesseln zerrissen mit seinen Händen. Er hat mein Gesicht und meine Gestalt neu gemacht. So wurde ich eine neue Person. Als diese lebte ich und wurde erlöst« (Übersetzung: Berger/Nord). Wo wir Person übersetzt haben, steht im Syrischen in der Tat das griechische Lehnwort prosopon, das üblicherweise mit Person übersetzt wird. Das Wort »neu« kann man hier mit erneuert wiedergeben. M. Lattke (Oden, 47f) schlägt vor, hier »Person« im antiken Sinne zu verstehen, also im Sinne der sozialen Rolle des Menschen. Die Frage des statusübergreifenden Erhalts der persönlichen Identität ist daher auch nach Lattke hier nicht das Thema: »Die Betonung liegt freilich auf der Neuheit der Person/Rolle ...« (47).

Und schließlich: An Gott als Person hängt unsere personale, leibliche Auferstehung.

Verwandlung und Verherrlichung

Auch bei diesen Kategorien geht es um neutestamentliche Wege, in denen die Grenzen zwischen Gott und Mensch von Seiten Gottes her aufgegeben werden. In allen Fällen wird ein weicher (oder: schwacher) Personbegriff vorausgesetzt, und zwar in dem Sinne, dass der

Mensch – für unsere Vorstellungen – sehr leicht von Gott her erreicht und verändert werden kann.

Gott sagt zu Augustinus: »Du wirst mich nicht in dich verwandeln wie die Speise, die dein Leib zu sich nimmt und Teil deines Leibes wird, sondern du wirst in mich verwandelt werden« (Confessiones 7,10,16). Wenn der Mensch in Gott verwandelt wird, meint das nicht die Aufhebung der Person. Ersetzbar ist das Zentrum des Willens, nicht ersetzbar ist das Ich als Träger. So meint es Paulus, wenn er sagt: Nicht ich, sondern Christus in mir.

Persongeheimnis und Würde

Über die Begründung und die Konsequenzen der wechselseitigen oder, wenn man will: spiegelbildlichen Geheimnishaftigkeit ist noch etwas zu sagen. Denn es hat keinen Sinn, auf diesem Geheimnis alles mögliche aufzubauen, ohne zu begründen, inwiefern es besteht.

Zunächst ist zu sagen: Geheimnis bedeutet hier nicht Obskures, sondern den höchsten Wert. Dieser Wert ist nicht dunkel im Sinne der Finsternis, sondern er ist voller Licht, aber eben unaussagbar. Das ist, wie wenn man zu einer geliebten Frau sagt: »Du bist unaussprechlich schön«, »Ich kann es nicht sagen, wie Dein Lächeln auf mich wirkt, meine Worte reichen dafür nicht«. – Dass etwas nicht aussagbar ist, macht sozusagen die negative Seite aus. Daher der Ausdruck »negative Theologie« an dieser Stelle. Wenn man es positiv sagt, kann man nur litaneiartig Adjektive oder Substantive häufen, wie es oben in dem Zitat aus dem Hymnus Simeons des Theologen geschah.

Negativ(-theologisch) formuliert ist Artikel 1 der Präambel unseres Grundgesetzes: »Die Würde des Menschen ist unantastbar«. Gemeint ist damit die Personwürde. Denn ein Mensch kann ja bestraft werden; dennoch bleibt auch der Lebenslängliche Mensch. Die Begründung ist gerade in Extremfällen rational gar nicht einsichtig.

Interessant ist, wie hier die Sprache zum Indikator des Seins wird. Das Geheimnis Gottes wie das jedes einzelnen Menschen ist nämlich zuerst und vor allem von sprachlich uneinnehmbarer Hoheit.

Nun gibt es die Unaussagbarkeit auch bei Dingen, die ganz entsetzlich sind. Auch hier wird bisweilen eine Abgründigkeit erfahrbar, die wir dann »teuflisch« nennen. Noch im teuflischen Widerschein leuchtet daher etwas von der Unbeschreiblichkeit transzendenter Phänomene auf. »Mehr«, »höher«, »schrecklicher«, »tiefer« oder »heiliger«, als wir sagen können, sind diese Größen. Schon die antiken Tragiker sagten vom Menschen, dass er in seiner Tiefe nicht auslotbar sei. – Und wir sagen es von dem einen und einzigen Gott in seiner Herrlichkeit – über die vielen Götter haben die Griechen das nie gesagt. Insofern ist die oben von J. Ratzinger zitierte Unterscheidung im Recht: »Diese Götter ... sind irgendwie Personen. Aber diese ›Götter‹ sind nicht Gott. Sie sind Mächte im Zwischenbereich, über die viele nicht hinauskommen. Dem Bereich des Endgültigen, des ganz Anderen, des Eigentlichen gehören sie indes nicht zu« (Ratzinger, Unterwegs, 29).

Das Person-Geheimnis Gottes und (analog und verwandt) das jedes einzelnen Menschen hängt ganz eng mit Kreativität zusammen. Die Rolle des Schöpfers, der in souveräner Freiheit die Welt gestaltet, sah man schon in der Frührenaissance auf den Menschen übertragen. Nicolaus Cusanus spricht vom »kleinen Schöpfer«. Daher auch der therapeutische Effekt jeder Kunst für die Heilung der Persönlichkeit, nicht nur beim Betrachter, sondern vor allem bei dem, der Kunst herstellt.

Zum Persongeheimnis gehört auch die Einmaligkeit. Daher darf die These gelten: Nur der biblische Monotheismus kennt die strikte Einmaligkeit Gottes. Er begründet sie auch in der Einmaligkeit des Gottesvolkes und der Geschichte Gottes mit seinem Volk. Es ist daher kein Wunder, dass genau im Bereich dieser Religion die Auffassung von der unersetzlichen Einmaligkeit jedes Menschen auftaucht. Denn diese Auffassung setzt ja – ähnlich wie bei der Einmaligkeit Gottes – voraus, dass es eine Geschichte gibt, in der sich die Einmaligkeit jedes Menschen entwickeln und darstellen kann. Das Geheimnis der Einmaligkeit ist daher in hohem Maße eines der Geschichte. Wenn die Dimension der Geschichte ernst genommen wird, kann es auch eine je einmalige, unersetzlich-unwiederholbare Geschichte Gottes mit jedem Menschen geben. Monotheismus biblischer Art ist deshalb an eine bestimmte Auffassung von Geschichte und vom Menschen gebunden. Ein Gedankenexperiment lässt sofort klar werden, was gemeint ist: Wo bliebe die konkrete Einmaligkeit jeder geschichtlichen Stunde und die jeder menschlichen Person, wenn dem eine bloße Weltvernunft gegenüberstünde? – Diese Einmaligkeiten wären irrelevant. Nicht zuletzt dieses: An der Stelle der Geschichte stünde die Mechanik einer Weltvernunft.

»Das Größte aber ist die Liebe«. Weil sie allein nach dem Apostel Paulus göttlich ist, gilt von ihr auch, dass sie bleibt. Genau das sagen wir nämlich von Gott und von der unzerstörbaren Person des Menschen (das Mittelalter nannte das die »unsterbliche Seele«). Deshalb ist die Fähigkeit zur Liebe an Personen gebunden.

Die Personalität von Teufel, Dämonen und Engeln

Die Bibel vertritt in Bezug auf das Verhältnis zwischen Gott und dem Teufel keinen Dualismus. Das heißt: Von einer prinzipiellen Gleichrangigkeit oder von einem offenen Ausgang des Dramas der Heilsgeschichte kann keine Rede sein. Vielmehr steht fest, wer »der Herr ist« und sein wird. Übrigens hat diesen Sinn auch die dogmatische Auskunft, der Teufel sei ein »geschaffenes« Wesen, obwohl die Bibel davon nichts sagt.

Nach dem, was wir über die Ranghöhe Gottes nach Auskunft der Bibel festgestellt haben, muss ihm Personhaftigkeit selbstverständlich zukommen. Für den Teufel und die Dämonen ist dieses dagegen nicht so sicher. Dieses Schwanken der biblischen Aussagen ist auf den ersten Blick chaotisch.

Verschiedene Gestalten und Wirkweisen des Teufels?

Einerseits führt der Teufel mit Jesus exegetische Dispute und führt ihn in der Gegend umher (Mt 4; Lk 4), andererseits ist der Teufel Drache und Schlange (Apk 12). Auch in 1 Petr 5,8f wird der Teufel eher mit einem brüllenden Löwen, also wiederum mit einem Tier verglichen. In Epheser 6,11-14 steht der Teufel als intelligentes Wesen parallel zu Mächten ohne Namen:

(11) Um den Schlichen des Teufels zu widerstehen, wappnet euch mit Gottes Kraft. (12) Denn ihr kämpft nicht gegen Menschen, sondern gegen Machthaber und Gebieter in den Lüften, gegen die unsichtbaren Herren dieser finsteren Welt, gegen die bösen Geistermächte zwischen Himmel und Erde. (13) Deswegen legt

Gottes Waffen an, damit ihr dem Bösen widerstehen könnt, wenn es kommt, mit ihm fertig werdet und ihm standhaltet. (14) Stellt euch zum Kampf auf.

Wenn nach Lk 22,3 »der Teufel in Judas« hineinfährt, so wird er ihn daraufhin inspirieren. Er ist also eine Art »Geist« mit mitteilsamer Kraft.

Wenn Jesus den Teufel wie einen Blitz vom Himmel herabfahren sieht (Lk 10,18), dann ist wohl derselbe Vorgang gemeint wie in Apk 12. Denn hier wie dort ist der Sturz Satans aus dem Himmel der Beginn einer neuen, harten Zeit auf Erden, in der der Teufel die Menschen verfolgt. Nach Apk 12 hatte er zuvor im Himmel als Ankläger gewirkt, eine Tätigkeit, die er auch nach Sach 3 auszuüben pflegte. Seine Tätigkeit und Existenz im Himmel ist jedenfalls zuende, und auf Erden sind seine Tage gleichfalls gezählt. Aber jetzt inspiriert er Menschen als Besetzer und als Verfolger von Christen.

Anders dagegen Texte, nach denen eher Kräfte im Menschen an der Stelle stehen, die sonst der Teufel oder die Dämonen einnehmen. Bei Paulus hat nach Röm 7 die Sünde dieselbe fesselnde Macht wie sie in den Exorzismus-Berichten der Evangelien der Teufel hat. Denn die Sünde macht den Täter ohnmächtig. Im Inneren des Menschen wirkt der Teufel nach Jak 1,13f als Versucher nur durch dessen eigene Begierde: »Wird einer versucht, soll er nie sagen: Gott versucht mich. Gott ist in jeder Hinsicht ganz fern vom Bösen: Weder wird er versucht noch versucht er jemanden. Wenn jemand versucht wird, dann von der eigenen Gier, die zerrt und lockt«.

Eine systematische Übersicht zum Thema Teufel

Die unterschiedlichen Wirkungsbereiche lassen sich wie folgt zusammenfassen. Dabei gehen wir von der am wenigsten personal formulierten Wirkung des Bösen aus und beschließen die Übersicht mit einer regelrechten Inkarnationsvorstellung (ca. 4. Jh. n. Chr.):

- Begierde wirkt Versuchung im Menschen (Jak 1,13f).
- Kampf zwischen »Fleisch«(menschliche Schwäche) und Heiligem Geist (Gal 5,17; Mk 14,38).
- Die Sünde beherrscht den Menschen, fesselt ihn, hält ihn besetzt (Röm 7,14-20).
- In der Mission: Der Teufel behindert das Evangelium als Gott dieser Welt oder in Gestalt von Weltherrschern (2 Kor 4,4; Eph 6,12).

- Durch seine untergebenen Dämonen hält der Teufel einzelne Menschen besetzt. Diese Dämonen können hören, sprechen, Extrawünsche formulieren und müssen gehorchen. Sie liefern aber auch Bekenntnisse zu Jesus, und zwar öffentlich!
- Nach der Bekehrung: Der Teufel »versucht« die Hinzugewonnenen, um sie wieder abspenstig zu machen (1 Thess 3,5; dazu gehört auch Mk 1,12f).
- Als roter Drache steht der Teufel hinter dem römischen Kaiser, zum Beispiel hinter Nero (Apk 12,9).
- Situation der Verfolgung mit Leiden; Tiervergleich: brüllender Löwe (1 Petr 5,8f).
- Der Teufel steht als Inspirator hinter dem Mord an jedem Gerechten (Apk 12f). Diese Inspiration kann sich auch als Kindschaft gestalten (Joh 8,44).
- Vor dem Forum Gottes war der Teufel der Ankläger der Menschen, und zwar von Sach 3,1f bis hin zu Apk 12,10.
- In einem konkreten Menschen, dem Antichrist, wird der Teufel inkarniert (Mythos in der griechischen Daniel-Diegese, s. Berger, Daniel-Diegese).

Eine mögliche Auswertung dieser Übersicht sieht so aus:
- Es zeigt sich ein deutliches Gefälle in der Wahrnehmung des Bösen, und zwar angefangen von einer Neigung oder Schwäche, Hinfälligkeit oder Labilität im Menschen bis hin zu einer regelrechten Inkarnation in einem sichtbaren Menschen. Dazwischen stehen Inspirations-Vorstellungen.
- Der Teufel ist jedenfalls nicht personhaft vorgestellt, wo es sich um Konflikte innerhalb des Menschen handelt, und zwar wesentlich um solche ethischer Art.
- Offenbar nimmt die Personhaftigkeit des Bösen zu mit dem Maß der öffentlichen Wirkung, die von ihm ausgeht. – Das ist beim Martyrium ganz offenkundig. Hier finden sich auch die Vergleiche mit wilden Tieren, den traditionellen apokalyptischen Herrschersymbolen. Der Märtyrer wird öffentlich hingerichtet.
- Zur Öffentlichkeit im Sinne dieses Schemas gehört auch die Versuchung des Neubekehrten. Denn die Wirkung der Versuchung wäre ja ein Rückfall in den alten Status vor der Bekehrung. In diesem Sinne verstehen die synoptischen Evangelien auch die Versuchung Jesu. Für die Auslegung dieser Texte bedeutet das: Das Thema der

Versuchung ist nicht ein innerer Kampf Jesu, sondern die Frage, ob er seinen Beruf als Verkündiger des Evangeliums aufgeben, ob er also in die vorherige »bürgerliche« Existenz zurückkehren soll.

- Zur Öffentlichkeit dieses Schemas gehört auch – überraschenderweise – die Öffentlichkeit vor dem Forum Gottes. Nach Sach 3 und Apk 12,10 (vgl. auch besonders Röm 8,35-39!) tritt der Satan persönlich vor Gottes Hofstaat und Gerichtsforum auf und klagt den Menschen an. Auch nach Hiob 2,1-7 ist der Satan eine öffentliche Person.
- Da Mission ein öffentliches Geschehen ist, kann man sagen, dass ihr Fehlschlagen – als öffentliche Blamage erkennbar – auch einen personhaften Urheber hat.
- Erst im Mythos vom Antichrist (gr. Daniel-Diegese) und in zahlreichen Belegen für diese Anschauung (z.B. bei Prokopius von Gaza: Der Kaiser auf dem Thron ist der Teufel) wird der Teufel eine dauerhaft sichtbare menschliche Einzelperson.
- Es handelt sich auch um einen gewissen zeitlichen Rahmen, aber eine einheitliche Entwicklung (etwa »von innen nach außen«) ist für die Frage der Personhaftigkeit nicht feststellbar. Generell nehmen die Aussagen über den Teufel erst in neutestamentlicher Zeit sehr zu.
- Die Exorzismen Jesu sind hier wie folgt einzuordnen: Die Dämonen, die die einzelnen Menschen besetzt halten, sind relativ stark personhaft vorgestellt (hören, sprechen, bekennen). Ihre Austreibung ist je und je ein Stück Nahkampf, und zwar in der Öffentlichkeit. Lk 11,20 urteilt zu Recht, mit jedem Exorzismus sei ein Stück »Reich Gottes« gekommen. Der missionarisch-öffentliche Kontext ist hier ganz deutlich, vgl. auch Act 26,18 (Herrschaft Satans contra Mission).

Generell kann daher die These gelten: Je öffentlicher die Wirkung ist, umso eher wird das Böse personhaft als »der Böse« dargestellt. Je mehr man im Laufe apokalyptischer Geschichtsbetrachtung den Raum der sichtbaren Geschichte mitbedenkt, umso mehr wird man dessen gewahr, dass das Böse personhafte Strukturen hat. Es handelt sich also in dieser Hinsicht um eine »story of detection«.

Dabei ist aber festzustellen, dass in den alttestamentlichen Berichten über den Satan es immer schon um Öffentlichkeit und Personhaftigkeit geht, wenngleich die Öffentlichkeit hier begrenzt ist auf den

Audienzraum Gottes. Insofern hat sich auch die Vorstellung von Öffentlichkeit verschoben bzw. erweitert.

Hier, in den Anschauungen über den Bereich der Öffentlichkeit, liegen daher wohl auch die größeren Verschiebungen religionsgeschichtlicher Art. Denn nicht mehr die Heilsgeschichte der Vergangenheit oder die Audienz im Himmel oder das himmlische Forum (so noch Röm 8) sind der Ort, an dem Gottes Schlachten geschlagen werden, sondern Bekehrung, Exorzismus, Bekenntnis, Wiederabfallen oder Martyrium.

Die vorliegenden Konsequenzen lassen es auch zu, die Frontlinien des Grenzverlaufs zwischen Reich Gottes und Reich Satans zu verfolgen: Diese Frontlinien öffentlicher Sichtbarkeit verlaufen an Neubekehrten, exorzistisch Geheilten, Märtyrern und Bekennern.

Wenn der Teufel umso stärker personal aufgefasst wird, je sichtbarer und öffentlich folgenreicher sein Wirken oder seine Niederlage sind, dann wirft das auch Licht auf die Frage nach der Personhaftigkeit Gottes und ihrer Begründung. Das wird sich vor allem bei der Dreieinigkeit Gottes zeigen. Denn die Bedingungen, unter denen Sohn und Geist als eigene Personen greifbar werden, sind ganz ähnliche wie beim Satan. Nur dass die Öffentlichkeit hier die Liturgie des Gottesvolkes oder die »Stunde der Confessio« ist. – Oder anders formuliert: der Druck, der von einer – wenn auch je unterschiedlichen – Öffentlichkeit ausgeht, ist so stark, dass er den Bösen zwingt, seine Identität als Person preiszugeben, sein Profil zu zeigen.

Die Frage der Personhaftigkeit von Engeln wird durch die Ergebnisse an Teufeln und Dämonen leichter lösbar. Nur wenige Engel kennt die biblische Tradition mit Namen. Schon die Namen der sieben Erzengel sind z.T. nur apokryph überliefert. Auch die Schutzengel in Mt 18,10 haben keine Namen. Diese relative Namenlosigkeit entspricht der dienenden Funktion der Engel: Als Gesandte Gottes zu den Menschen haben sie lediglich bestimmte Aufträge. Ihre Aufgabe ist per se verborgen und eher nicht-öffentlich; daher erklärt sich ihre Namenlosigkeit. Zumindest ist ihre Personhaftigkeit nicht ausgeprägt, sie sind »dienstbare Geister«, eher »Funktionäre« Gottes. Es sei daran erinnert, dass es bei der Personhaftigkeit je nach hierarchischem Rang ein Mehr oder Weniger gibt.

Name und Person

Wenn Gott sagt: »Ich habe dich bei deinem Namen gerufen«, dann ist damit nicht irgendein Rufen gemeint, sondern eben dasjenige, das unverwechselbar den betrifft, dessen Name genannt ist. Aus diesem Grunde übrigens wird in den Visionsberichten immer der Name dessen zweifach genannt, der Adressat der Vision sein soll (Saul, Saul, warum verfolgst du mich?), um jede Verwechslung auszuschließen.

Wenn man den Namen eines Gottes oder eines Engels kennt, kann man ihn anrufen – sonst eben nicht. So sagt der Vater Simsons im frühjüdischen LAB (Buch der Biblischen Altertümer, 1. Jh. n. Chr., vor-rabbinische Nacherzählung der Geschichte): »Offenbare uns deinen Namen, damit wir dich anrufen können«. Oft stellt sich der Erscheinende mit seinem Namen vor (»Ich bin Gabriel ...«), um grundsätzlich den weiteren Austausch zu ermöglichen.

Umgekehrt wird der Name geheim gehalten, um jemanden vor jeder Behelligung und Angreifbarkeit zu schützen. So etwa Apk 2,17: »Dem Sieger werde ich von dem Manna zu essen geben, das der Himmel verborgen hält. Und ich werde ihm einen weißen Stein geben, auf dem ein neuer Name geschrieben steht, den nur er kennt; dieser Name ist ein Geheimname, der ihn schützen wird.«

Wenn man einen neuen Namen bekommt, dann meint der Name nicht den offensichtlich ja doch konstanten Personkern, sondern die Außenseite, die Summe der Kontaktmöglichkeiten. Auch bei er Taufe wird (analog zum Übertritt ins Judentum zur neutestamentlichen Zeit) ein neuer Name verliehen, eben, wie die Engländer es noch sagen, ein »Christian name«. Aber er wird dem verliehen, der doch irgendwie derselbe geblieben ist, wenn er auch »neue Kreatur« heißt.

Auch die weitere Verwendung der Rede vom Namen in der Offenbarung des Johannes führt zu dem gleichen Resultat. Nach 3,5 gilt: »Der Sieger wird leuchtend dastehen, sein Name ist im Buch des Lebens verzeichnet. Ich werde mich zu ihm bekennen vor meinem Vater und seinen Engeln«. Wenn der Name im Buch verzeichnet ist, dann gehört der Betreffende zu den Bürgern des neuen Jerusalem. Doch über das Geheimnis seiner Identität ist damit nichts gesagt.

Wenn der Name Gottes jemandem auf der Stirn steht, dann ist das eine Art von Stellvertretung: Der Name Gottes repräsentiert stellvertretend für den eigenen Gottes Rolle unter den anderen Namen und damit seine überragende, beschützende oder vernichtende Macht. So ist Apk 3,12 zu verstehen: »Den Sieger werde ich zur Säule in Gottes Tempel machen, die immer dort bleiben wird. Auf seine Stirn werde ich den Namen Gottes schreiben und den Namen der Stadt Gottes, des neuen Jerusalem, das vom Himmel her kommt, und auch meinen eigenen neuen Namen«. Zum Namen Gottes ist hier der des Messias hinzugetreten, aber auch der Name der neuen Stadt steht für deren unübertreffliche Herrlichkeit (und übrigens die ihrer Bewohner).

Für unsere Fragestellung ergeben sich aus diesem kurzen Überblick:

- Der Name bezeichnet den Menschen wie auch Gott, Engel, Satan und Dämonen in ihrer sozialen Rolle.
- Insofern stimmt die Bedeutung des Namens genau mit dem überein, was auch für das Wortfeld persona oder prosopon gilt. Alle diese Begriffe bezeichnen die »Rolle«, die jemand spielt (im Theater oder im Prozess). Ähnliches wird sich auch im weiteren Verlauf unserer Untersuchung für die Trinität ergeben.
- Tiere erhalten üblicherweise keinen Namen. Dem entspricht, dass sie keine selbständige Rolle spielen können. Auch bei Leviathan und Behemoth, jenen Monstern mit Namen, ist der Tiercharakter erst im apokryphen lateinischen Johannesbuch der Katharer deutlich, aber nicht vorher. Tiere bekommen in unserer Kultur erst dann einen Namen, als die Personhaftigkeit des Menschen anders abgesichert war, nämlich durch Freiheit, Subjektivität etc., also durch ein entfaltetes »Innenleben«.
- Daraus aber geht hervor: Die biblische Rede vom Namen bedeutet schon einen wichtigen Schritt in Richtung auf den Personbegriff. Nach außen hin bezeichnet der Name die unverwechselbare Rolle, die jemand spielt. Diese kann sich ändern, auch wenn der »eigentliche« Träger des Namens nach unserer Einschätzung derselbe bleibt. Durch den Wechsel des Namens wird (für uns: nur) der soziale Rollenwechsel angezeigt. Was noch stärker in Richtung Personbegriff weist, ist, dass die Anzahl der Namensträger eingeschränkt ist auf Menschen, Gott und Geister. Das heißt: Zumindest in negativer Hinsicht ist das geheimnisvolle Substrat (für uns: der, der den Namen trägt), eingegrenzt. Denn nur Menschen, Gott und Geister haben überhaupt eine Trägersubstanz für einen Namen. Diese bleibt zwar völlig im Dunkeln, aber sie kommt durch die Ausgrenzung von Tieren und Sachen wenigstens negativ in den Blick.

Was ich hier »geheimnisvolles Substrat« oder »Trägersubstanz« nenne, ist genau das, was »überlebt«, wenn Paulus von der Taufe spricht. Er sagt in Röm 6, Taufe sei »Sterben mit Christus«, »Sterben des in die Sünde verstrickten Leibes«, wobei Leib die Summe der Sozialkontakte meint. Dennoch gibt es ja etwas, das die Taufe überlebt, nämlich das »ich«. Und auch wenn Paulus sagt: Nicht ich lebe, sondern Christus lebt in mir, dann hat er doch den Bezugspunkt »in mir« festgehalten. – Ebenso ist es bei Tod und Auferstehung, die für Paulus wesentlich Verwandlung ist. Wenn Paulus sagt: Wir werden verwandelt, dann gibt es einen bleibenden Bezugspunkt der Verwandlung, nämlich »wir«. Das also, was als »ich« im Schatten der Reflexion verbleibt, ist das, was wir in der Neuzeit den unverwechselbaren Personkern nennen.

Auch die Behandlung des Gottesnamens bedarf noch einer Anmerkung. Oft wird die Meinung vertreten, mit dem jüdischen Verbot, den Gottesnamen auszusprechen, sei gemeint, dass Gott als Person ein unzugängliches Geheimnis sei. Viele machen daraus ein Argument für apophatische (also nur rein negativ formulierende) Theologie. Und sie übertragen dieses auf den Menschen und betonen, auch der Mensch sei gleichermaßen ein unergründliches Geheimnis, das man eigentlich auch nicht aussprechen dürfe. Nun hat man hier die Redeverbote aus offensichtlichen Missverständnissen gehäuft. Denn nirgends wird deutlich, dass das Aussprechen des Gottesnamens verboten ist, weil Gott ein unergründliches Geheimnis sei. Das wäre viel zu modern gedacht. Gott hat einen Namen wie andere auch. Dass dieser Name eigenartig ist, wusste man, und bis heute streiten die Philologen über seine Bedeutung. Aber man nannte diesen Namen tunlichst nicht, weil er so mächtig und heilig ist, dass er einen, der nicht selbst heilig ist, wohl erschlagen konnte. So ist es ganz konsequent, dass nur der Hohepriester ihn nennen darf. Es geht hier also nicht um Erkenntnistheorie oder um die weise Vorwegnahme eines deistischen Gottesbildes im Sinne des unaussprechlichen »Es«, sondern es geht um eine Schutzmaßnahme.

Eine Definition des biblischen Personbegriffs

Jeder ist im Sinne der Bibel Person, der eine selbständige Rolle im sozialen Miteinander spielen kann.

Dieser Personbegriff ist extrem extrovertiert und berücksichtigt alles das nicht, was als Bestandteil des neuzeitlichen Personbegriffs erst viel später in den Blick kommt. Diese späteren Elemente sind: Reflexivität, Selbstbewusstsein und Entscheidungsfreiheit.

Immerhin gibt es in der Bibel Wegweiser in Richtung der späteren Entwicklung: Ich-Sagen, Vergebung, Kreativität und Freude weisen in spätere Jahrhunderte voraus.

Wesentliche Bestandteile unseres Personbegriffs sind daher in der Bibel gar nicht vorhanden oder noch nicht entwickelt.

Andererseits zeigte der Abschnitt über die Imitation Gottes vor allem durch die Propheten, dass zumindest Affekte (und Erinnerung) dem biblischen Gottes- und Personbild nicht fremd sind.

Dabei ist »Vergebung« erkennbar zumindest auch eine Bewegung im sozialen Feld, und so ist das mit dem Ich-Sagen auch. Denn dadurch meldet der Einzelne sich an im Konzert der anderen.

Welche Konsequenzen hat dieser »interaktive Personbegriff« des Urchristentums? Zunächst fällt die große Nähe dieses Personbegriffs zu dem Verständnis klassischer christlicher Liturgie auf. Gleichzeitig erscheint die Distanz zum modernen Individualismus als unüberbrückbar.

Daraus aber wird sofort einsichtig, welche Chancen die Psychologie in der modernen Seelsorge haben musste und mit ihr die Hinwendung zum Innenleben des Einzelnen. Denn wer sich stets nur am Personbegriff des Neuen Testaments und an dem der Liturgie orientiert, verdeckt nach dem Empfinden des modernen Menschen Entscheidendes. Die Not wird dadurch noch verstärkt, dass die Liturgie im Westen fast regelmäßig zur Ein-Mann-Darstellung verkommen ist, in der also eigentlich nur der Pfarrer eine wirkliche Rolle spielte, sieht man einmal von Ministranten und Kirchenchor ab. Der Wunsch besonders mancher Frauen, im Gottesdienst eine stärkere Rolle zu spielen, ist so gesehen ein konservativer Wunsch, der sich noch immer am Personbegriff der Liturgie orientiert.

Am reinsten wurde wohl der liturgisch-öffentlich orientierte Personbegriff in den Gemeinden der Offenbarung des Johannes und dann in den östlichen Liturgien, die den Namen den heiligen Johannes Chrysostomus tragen, durchgeführt.

Nun gab es ganz gewiss schon früh Ausgleichsbewegungen, und zwar gerade auch in Richtung dessen, was wir heute Psychologie nennen. An erster Stelle ist die – in dieser Hinsicht herausragende – Mystik des heiligen Augustinus zu nennen, insbesondere auch seine »psychologisch« orientierte Trinitätslehre. Der nächste Schub in Richtung Entdeckung der Innenseite der Frömmigkeit geht von der zisterziensischen Bewegung aus. In den »Gebeten und Meditationen« des Freundes des heiligen Bernhard Wilhelm von Saint-Thierry († 1148) lebt Augustinus wieder auf. Die intensive Auslegung des Hohenliedes macht das Thema Liebe jenseits der Liturgie theologisch salonfähig. In der Hinwendung zu emotionsreicher Weihnachts- und Passionsfrömmigkeit weist populäre Mystik den Weg in die Moderne. Jeder Mönch kennt die Spannung zwischen Chorgebet und persönlichem Beten.

Das mit Augustinus begonnene psychologische Erbe führt dann bei dem Augustinermönch M. Luther zu einer explosiven Situation. Die persönlichen Nöte des Einzelnen, für Luther an der Auslegung von Röm 7 erkennbar, werden durch den öffentlich-kirchlichen Betrieb nicht gelöst. Hier beginnt dann der vielgescholtene Weg der protestantischen Subjektivität, der es zum Ausgleich nicht gelungen ist, ein überzeugendes Konzept von Kirche und Liturgie zu entwerfen.

Wie auch immer die Probleme zu lösen sein werden – es geht um die grundsätzliche Spannung zwischen dem neutestamentlichen Personbegriff und dem individualisierenden seit Augustinus, besonders dann seit der Reformation. Es ist kein Zufall, dass die Psychologie in so hohem Maße Einfluss auf die protestantische Seelsorge gewonnen hat. Bei den Katholiken beruhen die Chancen der Psychologie auf anderen Ursachen: es geht um das Vakuum, das der Verfall der Beichte gelassen hat. Hier war ja – in mehr oder weniger bescheidenem Umfang – Individualseelsorge möglich gewesen.

Zu Römer 7 noch ein Wort: Die Lösung, die Paulus selbst auf die geschilderten Probleme gibt, ist nicht individualistisch, sondern kirchlich: In Röm 8,1 wird die Antwort auf den Verzweiflungsruf in 7,25 gegeben: Für die, die in Christus sind (Plural!) besteht kein Grund zur Angst vor dem Gericht.

Über die Angemessenheit, von Gott personal zu sprechen

Nachdem nun einige Vorfragen geklärt sind, können wir darangehen, eine Theologie der Personalität Gottes zu entwerfen.

Der Mensch nach Gottes Bild?

Gen 1,26f (»Lasst uns den Menschen machen, nach unserem Bilde, uns ähnlich! ... Und Gott schuf den Menschen nach seinem Bilde, nach dem Bilde Gottes schuf er ihn«) ist im Rahmen orientalischer Herrscherideologie zu verstehen. Als von Gott eingesetzter Verwalter repräsentiert der Mensch Gott (wie außerhalb Israels – und bei uns bis heute – eine Statue den Herrscher repräsentiert) und er hat – funktional verstanden – Verantwortlichkeiten und Aufgaben.

Während es sonst Götterstatuen gibt, die aussehen wie Menschen, ist in Israel nur der lebende Mensch die Statue Gottes. So haben, wie wir sahen, die Zisterzienserväter den Menschen gesehen und das Bilderverbot begründet.

Gegenüber der modernen Inanspruchnahme dieser Stelle geht es daher hier nicht um die Begründung der Menschenrechte. Denn ein Anspruch des Menschen (auf gerechten Lohn, Freizeit, Entfaltung seiner Person oder dergleichen) ist aus dieser Stelle nicht herleitbar. Es geht vielmehr nur um Aufgaben, Funktion und dabei höchstens noch um die Einheit von Legitimation und Rechenschaftspflicht des Menschen. Legitimiert wird das »verwaltende« Tun des Menschen als Beauftragung von Gott. Gleichzeitig aber ist der Mensch – wie jeder Verwalter – dem Auftraggeber Rechenschaft schuldig.

Wir fragen: Gibt es einen aktuellen, weiterhelfenden Sinn dieser Stelle, und zwar jenseits dessen, was man alles aus ihr ableiten zu können meinte?

Der Mensch versteht sich hier als Ansprechpartner Gottes. Mensch und Gott können sich verständigen, bei Mensch und Tier fällt das nur ausnahmsweise leichter. – Ferner: Der Mensch steht mit seinem Wirken nicht isoliert in der Schöpfung, sondern ist eingebunden in eine Hierarchie, wie sie schon in der Abfolge der Schritte der Schöpfung sichtbar ist. So steht über dem Menschen der Sabbat, für den er da ist. Und über der ganzen Schöpfung steht Gott. – Der Mensch ist also nicht herrenlos, sondern für sein Wirken in der Welt an die Regeln gebunden, die jeder gute Verwalter wahrnimmt, nämlich das Anvertraute nicht zu zerstören, sondern zu erhalten und zu fördern.

Die hier vorausgesetzte Personalität Gottes steht daher in direkter Beziehung zum verantwortlichen Verhalten des Menschen gegenüber der ihm anvertrauten Schöpfung.

Entsprechend bedeutet die Störung des Verhältnisses zwischen Gott und Mensch auch tödliche Folgen für die Schöpfung. Keiner hat das klarer gesehen als der Apostel Paulus, der in Röm 8,20f die Konsequenz so schildert:

(20) Adam hat das Gebot, sich die Schöpfung untertan zu machen, leider so erfüllt, dass er sie ungefragt durch seinen Sündenfall dem Tod und der Vergänglichkeit unterworfen hat. (21) Aber wenn die Schöpfung durch den Menschen und mit ihm in den Tod hineingerissen wurde, kann sie, so hoffen wir, auch wie die Kinder Gottes vom Joch der Vergänglichkeit frei werden und teilhaben an der wunderbaren Freiheit vom Tod.

Das heißt: erst die Rettung des Menschen kann der Schöpfung wieder aufhelfen. Eine restlose Autonomie des Menschen böte ihm weder an der Schöpfung noch am Schöpfer Halt und Orientierung.

Persönlich Bekennen

Außer von Bekenntnis und Glauben ist hier auch von Loben und Klagen die Rede. »Ich-Sagen«, so ergibt es sich aus der jüdisch-christlichen Tradition, ist ein wesentliches Merkmal von Personalität. So, wie Gott »Ich« sagt und sich offenbart, gibt es durch das Bekennen des Menschen zu Gott nach dem Schema »Ich glaube an Gott« eine Antwort auf das Ich-Sagen Gottes. Nach der jüdischen Auslegung von Dtn 6,4f (Sch'ma Israel) bedeutet das Akzeptieren dieses Anspruchs zunächst einfach, dass man Gottes Anspruch nachspricht. Der Menschensohn wird dieses Bekenntnis zu sich entsprechend nach der Talio beantworten, indem er sich zum Menschen bekennt vor den Engeln Gottes – oder eben nicht.

Unsere Beobachtung, dass die Dämonen im Bekennen (»Du bist der Sohn Gottes« etc.) ein wichtiges Element ihres Personseins enthüllen, bedeutet dann umso mehr für den Menschen, der bekennt, dass er auf Gott, den sich selbst offenbarenden, reagiert.

Im Zeitalter der interreligiösen Mystik bedeutet dieses: Nicht nur Gott enthüllt sich im Ich-Sagen als Person, auch der Mensch gewinnt sich als Person in seinem Bekenntnis. Weil das Bekennen Identität klärt und gewinnen lässt, ist daran auch das Bewahrtwerden im Tod (das heißt: die Erhaltung der Identität) gebunden. In Apk 3,4f kommt das zum Ausdruck:

(4) Aber es gibt einige wenige Leute in Sardes, die noch eine reine Weste haben. Sie werden mit mir in strahlender Helle stehen, denn sie haben es verdient. (5) Der Sieger wird leuchtend dastehen, sein Name ist im Buch des Lebens verzeichnet. Ich werde mich zu ihm bekennen vor meinem Vater und seinen Engeln.

Ähnlich heißt es in Apk 12,10f von den Märtyrern:

(10) Jetzt ist die Zeit der Erlösung und die Herrschaft unseres Gottes und seines Messias angebrochen. Denn der Ankläger, der unsere Brüder Tag und Nacht vor Gott im Himmel verklagt hat, wurde hinausgeworfen. (11) Unsere Brüder haben den Ankläger besiegt durch das Blut des Lammes. Sie haben durch ihr Bekenntnis Zeugnis abgelegt, ihr irdisches Leben geringgeschätzt und den Tod verachtet.

»Sieger« ist für die Offenbarung des Johannes immer der, der um den Preis seines irdischen Wohlergehens und Lebens sein Bekenntnis und damit seine personhafte Identität bewahrt.

Der Zusammenhang zwischen Personhaftigkeit und Bekennen ist ein kennzeichnend biblischer. Indem ich mich zu jemandem (also z.B. zu Gott) bekenne oder ihn lobe, bekräftige ich die Identität dieses Gegenübers und gewinne zugleich die eigene. Der Satz des Bekenntnisses bringt es »auf den Punkt«, wer er ist und wer ich bin. Beider Personhaftigkeit ist auch hier wieder nur in Wechselseitigkeit zu gewinnen. Wenn der, zu dem ich mich bekenne, wirklich Gott ist, habe ich wegen dieser Wechselseitigkeit auch Anteil an seinem ewigen Leben.

Vergebung

Keine andere Kategorie weist in so hohem Maße auf Personalität wie Vergebung. Im weisheitlichen Zusammenhang von Tun und Ergehen gibt es keine Vergebung. Denn die Folgen einer Tat sind unaufhebbar. »Amnestie« gibt es auch im neuzeitlichen Strafrecht nicht seitens der Richter, sondern nur von einer überrichterlichen Souveränität her. Wenn einer vergeben kann, dann setzt dieses das jeweilige Höchstmaß an Kompetenz voraus. Daher gilt im Judentum: Sünden vergeben kann nur Gott (Mk 2,7). Dabei ist Sünde als Vergehen gegen Gottes Gebot verstanden – nicht lediglich als eine Behelligung des Nächsten, die er vergeben kann, wie wenn man sagt: Entschuldige bitte. Und wenn jemand die Vergebung von Sünden verkündet, erhebt er den Anspruch, an der Stelle Gottes (juristisch: in persona dei) zu handeln. Der lateinische Ausdruck lässt schon die Bedeutung des Personbegriffs an dieser Stelle erkennen.

Gerade bei der Sündenvergebung sind sowohl Automatismus wie Mechanik undenkbar und werden von religiösen Menschen mit Erbostheit quittiert. So entstand und entsteht noch immer im Zusammenhang mit dem Wort »Ablass« die Meinung, es gehe hier um mechanisch-finanziell zu regelnde Sündenvergebung. Dieses offenbar nicht auszutreibende Missverständnis belastet bis heute das Verhältnis der Konfessionen. In der Tat wäre Mechanik an dieser Stelle eine Blasphemie.

Vergebung der Sünden setzt vielmehr voraus: Gott allein kann von der Strafe befreien, die von Rechts wegen den Übeltäter treffen müsste. Er oder sein Repräsentant sprechen Vergebung aus, und dabei handelt es sich um einen hoheitlichen Akt aus freier Verfügung des Souveräns.

Dass Jesus nach Mk 2 als der Menschensohn Sünden vergibt, schöpft seine Berechtigung daraus, dass der Menschensohn (nach der Deutung von Dan 7,13f im Frühjudentum) der von Gott bestellte Richter über die Welt ist und daher auch die überrichterliche Vollmacht Gottes zur Amnestie üben darf.

Besonders das Evangelium nach Matthäus kann man »das Evangelium der Vergebung« nennen. Denn hier gilt der Grundsatz: »Vergebung ist göttlich«. Das bedeutet konkret: Bei Eintritt in die Gemeinde vergibt Gott die Sünden (Mt 18,23-25; 26,28), aber dann ist die initiale und jede weitere Vergebung davon abhängig, ob man als Christenmensch auch seinem Bruder vergeben kann. Bringt jemand das nicht übers Herz, wird er ausgeschlossen, und auch die anfangs zugesagte Vergebung ist dahin. – Daher kommt es immer wieder darauf an, zuerst dem Nächsten zu vergeben, bevor man sich wieder an Gott wenden darf oder bevor man überhaupt damit rechnen darf, dass einem je vergeben wurde. Denn durch das Vergeben gegenüber dem Nächsten vollzieht jeder Christ einen Akt, der Gott in Zugzwang setzt. Natürlich bleibt Gott in seiner Vergebung frei, doch er wird nicht reagieren, wenn Vergebung bei den Christen untereinander fehlt. Sie müssen ihm zunächst als seine Kinder ähnlich sein, bevor er sich zu ihnen als ihr vergebender Vater verhält.

Wenn man fragt, warum die Vergebung bei Mt eine so hohe Bedeutung hat, so kommt man darauf: Vergebung stellt Einheit dar. Insofern ist sie verkündigte und in der Gemeinde verwirklichte Einheit Gottes und mit Gott in der Gemeinde. Gott bleibt in seiner Einheit und Einzigkeit nicht für sich, sondern will diese in die Welt hinein erweitern. Das geschieht durch die Gemeinde. Und weil das so ist, deswegen hat auch die durch Vergebung bewirkte und dargestellte Einheit die Kraft überwältigender Wunderzeichen. Denn Vergebung ist göttlich, weil sie Einheit herstellt. Das Thomas-Evangelium liegt hier auf gleicher Linie wie das Matthäus-Evangelium, denn Jesus kann hier sagen:

48
(1) Jesus sagt: »Wenn zwei in einem Haus miteinander Frieden schließen können, dann können sie auch zu einem Berg sagen: ›Geh weg von hier und begib dich dort drüben hin‹, und er wird es tun[1].«
106
Jesus sagt: »Wenn ihr die zwei zu einem macht [das Trennende beseitigt], werdet ihr [so werden wie ich. Wie ich Menschensohn bin, werdet ihr] Menschensöhne sein. (2) Und wenn ihr sagt: ›Berg, erhebe dich‹, dann wird er sich wegheben.«

Ähnlich die Syrische Didaskalie (Achelis/Flemming, Didaskalia, 345): Duo si convenerint in unum et dixerint monti huic: Tolle et mitte te in mari, fiet. (Wenn zwei übereinkommen und zu diesem Berg sagen: Hebe dich in die Höhe und wirf dich ins Meer – er wird es tun).

1. Vgl. Mt 17,20; (Lk 9,6).

Wir halten fest: Vergebung ist deshalb göttlich, weil es hierbei um Verwaltung und Weitergabe des wahrhaft göttlichen Gutes der Einheit geht. Und jeder, der daran teilhat, ist Gottes Kind und darf bei ihm sein. Denn so hat er Anteil an göttlicher Souveränität.

Gerade weil es um freien Willen geht und keineswegs um Mechanik, lenkt die Rede von der Vergebung wie nichts anderes den Blick auf Gottes Personalität. Und Menschen gewinnen in der Nachahmung bzw. Vorwegnahme dieser göttlichen Souveränität ihren Status im Sinne unverlierbarer Gotteskindschaft.

Aporien der Theodizeefrage

Die Stichworte sind hier: Ist die Theodizeefrage mechanisch zu lösen? Und: Gott kümmert sich um die Toten, er erweckt die Toten auf.

Die Theodizeefrage steht, wie bekannt, in engem Zusammenhang mit der Frage der Sündenvergebung. Denn wenn Sünden nicht vergeben werden können, die Welt aber dennoch von Gerechtigkeit regiert wird, bleiben nur die mechanischen Versuche zur Lösung der Theodizeefrage, wie sie z.B. die Karma-Lehre vertritt. Man schreckt nicht davor zurück, mehrere Leben in Abfolge zu postulieren, um nur einen Ausgleich des Karmas möglich zu machen, »weil das ja sein muss«. Eine andere Möglichkeit wäre ein lückenloses Weltgericht ohne die Möglichkeit der Vergebung vorher. Doch im Judentum und im Christentum war die Gerichtsbotschaft stets mit der Botschaft von der Möglichkeit der Umkehr (und Vergebung) verknüpft. An eine Karmalehre oder an ein Gericht ohne vorherige Vergebungsmöglichkeit hat man im Bereich biblischer Traditionen nie gedacht. Die Ursache dafür ist die Annahme eines persönlichen Gottes.

Aber wie ist denn dann, so lautet der fällige Einwand, zu erklären, dass das eine Kind krank und behindert ist, das andere nicht, dass die einen früher sterben müssen und oft die Bösewichter länger leben? Wie kann das alles zu einem gerechten Gott passen?

Das Christentum hat darauf geantwortet: Zum einen sind irdische Nöte und Drangsale nie das Schlimmste, und der irdische Tod ist nie die größte Katastrophe. Franz von Assisi kann in seinem Sonnengesang sogar beten: »Gelobt seist du, mein Herr und Gott, wegen unseres Bruders, des leiblichen Todes«, denn es gebe außer dem leiblichen Tod noch Schlimmeres, nämlich ein sinnloses Leben und den »zweiten Tod«, die ewige Verdammnis.

Zum anderen ist die Antwort des Christentums: Ein jeder hat seinen eigenen Weg mit Gott, und dass die Menschen verschiedene Wege gehen (müssen), ist ein wichtiges Argument für die Personalität Gottes. – Denn sonst herrschten Zufall oder bodenlose Ungerechtigkeit. Wenn aber Gerechtigkeit überhaupt besteht und erhofft werden darf, dann ist es eine Antwort zu sagen: Für das ohnehin kurze Stück des irdischen Weges gibt es so viele Wege mit Gott und zu Gott, wie es Menschen gibt. Dass nicht alle mechanisch den gleichen Weg gehen und dass es dennoch Gerechtigkeit gibt, weist darauf, dass es trotz der verschiedenen Wege auf jedem Weg Gelegenheit gibt, dankbar und lebensfroh auf Gott zu reagieren. Viele Kinder gelangen nicht weiter als bis zu der in Lk 1,41 geschilderten Szene, wo es heißt, dass im Bauche Elisabeths das Kind vor Freude strampelte, als Johannes der Täufer Jesus, seinen Herrn wahrgenommen hatte. Manche Kinder gelangen nur bis zum Strampeln. Wir dürfen dennoch annehmen, dass sie nicht sinnlos gelebt haben, sondern dass Freude der Sinn auch ihres Daseins war.

Zur theoretisch-theologischen Fundierung kann man auch das Konzept der Fügung heranziehen (vgl. dazu: Berger, Leben).

Im Sinne dieser christlichen Antwort heißt das: In jedem Leben gibt es die Chance, sinnvoll da zu sein. Jeder hat seinen eigenen Weg mit Gott, und es kommt darauf an, diesen Weg als eine je andere Chance zu ergreifen. Zum Beispiel bei Nikolaus von der Flüe wird der Weg des Leidens (endogene Depressivität) zu einem bewusst angenommenen Weg mit dem leidenden Gottessohn.

Eine wichtige Voraussetzung für diese Lösung ist auch der Glaube an die Bereitschaft Gottes, die Leiden der Menschen zu teilen, wie sie in der Auffassung vom Weg des Gottessohnes ans Kreuz zum Ausdruck kommt. Dadurch ist im Christentum der Leidende und Kranke nicht mehr der Ausgegrenzte, sondern der »Herr« Kranker. Weil Gott sich selbst liebevoll zu den Menschen begeben hat, ist der Weg von Leiden und Martyrium als menschenwürdiger und möglicher sinnvoller Weg erkannt worden. Weil Gott nicht davor zurückgeschreckt ist, im Schoß einer Frau Mensch zu werden, ist ihm nichts Menschliches fremd und hat jeder menschliche Weg die Chance, Begleitung durch Gott zu erhalten.

Gerechtigkeit und Stellvertretung

Hier geht es um zwei Aspekte biblischen Denkens, die sich in ihrem Gehalt jedenfalls von der Bibel her nicht rein formal bestimmen lassen.

Stellvertretung ist das Lebensgesetz des Gottesvolkes. Sie besteht darin, dass einer für den anderen einspringt, wenn er dies nötig braucht. Moralisch gesehen kann das sogar fragwürdig sein. Denn muss ein Täter seine Schuld nicht alleine tragen? Stellvertretung ist in der Tat kein Mechanismus, sondern sie setzt personale Zustimmung dessen voraus, vor dessen Angesicht sie stattfindet. Wenn ich also stellvertretend »für« jemanden bete oder faste, setzt der Erfolg dieser Stellvertretung das Ja Gottes voraus. Und zwar geht es um eine überrichterliche Zustimmung außerhalb des formalen Rechts. Mit anderen Worten: Dass Stellvertretung funktionieren kann, ist bereits Gnade. Gnade vor Recht ergehen lassen kann nur eine Person, nicht ein vernünftiges System. Nach Paulus ist es sogar so, dass Jesu Stellvertretung für uns in seinem Tod nicht nur an Gottes Willen gebunden ist, sondern in ihrer Wirkung auch nur zugeeignet wird durch den Glauben der Menschen. Daher kommt das »durch den Glauben« (gr. dia pisteos) in Röm 3,25. – Wo die Kirche die Dimension der Stellvertretung verliert, wird auch Gott unanschaulich.

Auch die biblische Gerechtigkeit ist nicht von einem juristisch schematisierten Aristoteles her zu begreifen (»Jedem das Seine«), sondern meint ein differenziertes soziales Geschehen. Es ist gebunden an die Sensibilität aller Beteiligten für die Regeln des Miteinander-Lebens. Denn Gerechtsein heißt: Einem anderen ermöglichen, mit einem zusammen zu leben. Gott ist gerecht, indem er (nach Röm 3,25-28) durch die Sendung Jesu und dessen Sühnetod uns ermöglicht, dass wir mit ihm leben können. Denn ohne diese Aktivität Gottes ginge das gar nicht, wäre eine Gemeinschaft mit ihm nicht möglich. Dazu aber bedarf es noch der glaubenden Anerkennung seitens der Menschen, dass sie Jesus als Anwalt wünschen und akzeptieren. So ist das »durch den Glauben an Jesus« in Röm 3,25 zu verstehen.

Glaube aber bedeutet nicht Einsicht in die Vernunft, sondern herzliche Zustimmung zu diesem Herrn und Gott, der mich liebt.

Die aktuelle Bedeutung dieses persönlichen Glaubensverständnisses, um das sich besonders M. Luther gemüht hat, besteht darin: Das

Christentum kann nur wirken, wenn sich Menschen dazu bekennen. Wenn sie nicht meinen, alle Religionen als gleichberechtigt ansehen und gelten lassen zu müssen, sondern wenn sie den Schritt aus der grauen Masse heraus wagen und ihre eigene Identität (!) in der Wahrheit finden. Persönlich glauben bedeutet hier ein Stück Identität zu gewinnen.

Freude als Merkmal Gottes

Zur Phänomenologie der Freude

Ein Ding kann sich nicht freuen, eine Weltvernunft auch nicht. Im Rahmen biblischer und europäischer Ansicht vom Menschen gibt es Freude nur beim Menschen und bei Säugetieren, die ihm in gewisser Hinsicht »psychisch« besonders nahe stehen (Hunde, Pferde), falls wir sie nicht fehl interpretieren. Der Mensch ist das animal gaudens, das Lebewesen, das sich freuen kann.

Freude ist aber auch ein besonderes Merkmal Gottes und der Engel: Wenn »im Himmel Freude herrscht« über einen Menschen, der umkehrt von seinem falschen Weg, wenn die Freude als Inhalt des erwarteten Himmelreiches beschrieben wird, dann ist Freude als eine fast exklusive Gemeinsamkeit zwischen Gott, Engeln und Menschen beschreibbar.

Da wir aber genau in diesem Rahmen bisher von Personalität gesprochen haben, kann auch dieses gelten: persona gaudet, zu deutsch: Wenn und insofern jemand so etwas wie eine Person ist, hat er die Fähigkeit zur Freude. Und umgekehrt kann (abgesehen von den o.g. Tierarten) gelten: Freude ist ein so wesentliches Merkmal von Personhaftigkeit, dass ihr Vorhandensein ein wichtiges Indiz für Personalität ist.

Dabei ist die Bemerkung angebracht, dass wir hier nicht als Mediziner oder verhaltenspsychologisch reden, sondern das Menschenbild der Bibel inklusive gewisser eigener Alltagserfahrungen rekonstruieren.

Freude ist (wie manchmal auch Wut) eine Form des Außer-sich-Seins, daher ist einer, der sich freut, »aus dem Häuschen«, so wie einer auch vor Wut außer sich sein kann. Diesen Zustand kennen wir nur von Personen, als Außersichsein nennt man das auch Ekstase. Abgesehen von diesen besonderen psychischen Zuständen ist ek-stasis, d.h. aus sich heraustreten können, sich zu offenbaren, sich für andere zu öffnen, ihnen in Liebe freien Zugang zum eigenen Herzen zu öffnen, (spätestens seit Duns Scotus) für den abendländischen Personbegriff typisch. Denn das ist konstitutiv für ein personhaftes Wesen: seinen Schwerpunkt oder Mittelpunkt auch außerhalb seiner selbst in einem anderen finden können, um sich gerade so selbst zu gewinnen. In der Freude kann daher eine Hingabe geschehen, die es sonst bei Liebe oder Inspiration gibt, nämlich die Aufgabe der eigenen Selbstkontrolle. Wer aus sich herausgehen kann, der macht sich auch schutzlos, denn er hält sich, was ihn selbst betrifft, nicht mehr an das Modell der zu verteidigenden Festung. Wer dazu in der Lage ist, den nennen wir frei. Personsein bezieht sich wesentlich auf diese Freiheit.

Freude an den Stationen des Heilswegs

Im Vergleich des Alten mit dem Neuen Testament ist die Rede von Freude ein statistisch sehr viel häufigeres Stichwort im Neuen Testament. Sie ist eine Art Gütesiegel oder Markenzeichen aller wichtigen Stationen der Geschichte des Heils, inklusive christliches Leben und Eschatologie.

Die »Leichtigkeit«, mit der der Mensch erschaffen wurde, berechtigt zur Hoffnung auf Freude, der Begriff Evangelium bedeutet »frohe Botschaft«, mit der Annahme der Botschaft ist Freude verbunden (Mk 4,16; 1 Thess 1,6; Lk 8,13; 19,6). Am Anfang einer Engelerscheinung wird oft die Trauer unterbunden (zugunsten der Freude), auf Erscheinungen können Jünger »mit Angst und Freude« reagieren, nach Lukas können die Jünger noch nicht glauben »vor Freude«, ebenso versteht sich der Apostel im Blick auf seine Gemeinde als »Mitarbeiter eurer Freude« (2 Kor 1,24), die Gabe des Heiligen Geistes ist vor allem Freude (Act 13,52; Röm 14,17; Gal 5,22).

Die Freude ist ein wichtiger Bestandteil der »Rechtfertigung«: Gute Werke tut man aus Freude (1 Clem 33,2-8). Das Gebet ist mit Freude verbunden (Wer weint, belastet es nur, ein feuchtes Gebet kann nicht aufsteigen) (1 Thess 5,16f), im Zustand der gegenwärtigen Leiden ist Christen die Freude schon als Unterpfand künftiger Herrlichkeit gegeben. »Freut euch allezeit« kann die Zusammenfassung aller Mahnungen sein (1 Thess 5,16) und ganz wesentlich für christliches Miteinander ist die Mitfreude (Lk 15; Röm 12,15). Im Himmel wartet Freude auf den Menschen: »Komm herein, hier gibt es nur noch Gott und die Freude, die er schenkt« (Mt 25,21.23). Der himmlische Lohn ist Freude.

Eine Auswertung der Übersicht ergibt:
Anfang und Ende sind besondere Orte der Freude. – Die Freude am Anfang betrifft besonders visionäre Begegnungen mit Gott oder Engeln. Auch bei der eschatologischen Freude steht der Anfang im Blick, das »Eintreten«. Und auch die »Freude im Leiden« betrifft die Anfänge des Neuen in der Trostlosigkeit der Gegenwart. Der Anfang des Christseins ist in besonderem Maße mit Freude verbunden. Man kann daher sagen, dass Freude eine besondere Gabe zu Anfang ist.

Andererseits ist sie auch für die Zeit unterwegs ganz unentbehrlich, denn alle geistlich wichtigen Lebensvollzüge kommen aus Freude (Beten, Ertragen des Leidens, Miteinander als Ertragen unterschiedlichster Menschen).

Daher gelangen wir zu folgenden Thesen:
- Freude ist das Offenbarungszelt des Neuen Bundes. Hier und auf diese Weise begegnen sich Gott und Mensch.
- Freude ist Merkmal der besonderen Qualität des Neuen Bundes.
- Freude begleitet alle wichtigen Lebensäußerungen des Glaubens, besonders zu Anfang.
- Freude ist die Innenseite Gottes und seiner Verheißung.
- Freude ist kein subjektives Gefühl, sondern als Weise der Vergottung der nächst der Liebe höchste Wert. Sie ist mit Liebe und Gotteslob eng verwandt, weil sie strukturell darin besteht, dass man aus sich heraustritt. Die ständige Freude der Christen ist Ausdruck ihres Lebensvollzuges im Angesicht Gottes.

Der eine Gott in drei Personen

Das Problem

Die meisten, die von der Personhaftigkeit Gottes reden, meinen damit den, der traditionell »Gott Vater« heißt. Es besteht in der Volksmeinung und -frömmigkeit eine deutliche Tendenz, allein den Vater als Gott anzusehen und Sohn und Heiligen Geist nur als dessen Assistenten.

Was eigentlich mit dem Gottesbild geschehen ist im Neuen Testament, wird deutlich an der Veränderung der biblischen Formel »So wahr der Herr (Gott) lebt« in 1 Clemens 58,3 (entstanden um das Jahr 70): »Denn so wahr Gott lebt und Jesus Christus und der Heilige Geist, ist dies der Glaube und die Hoffnung der Erwählten: ...«. Nie zuvor gab es eine Erweiterung dieser Formel. Warum unternehmen Christen diese riskante Veränderung?

Man kann sagen, dass eine wirkliche Umsetzung des christlichen Bekenntnisses der Dreieinigkeit in der Frömmigkeit nicht erfolgt (ist). Doch die in Reichweite gerückten Auseinandersetzungen mit dem Islam in Mitteleuropa und dem Judentum weltweit lassen zumindest die Anfrage neu entstehen, ob der Glaube an die Dreieinigkeit als »zeitbedingt« spätantik nun vollends aufzugeben sei.

Jeder Theologe bringt zudem aus dem Studium Erinnerungen mit, wonach Dreieinigkeit etwas ganz und gar schwieriges sei. Die Distinktionen der Konzilien des 4. bis 8. Jh.s n. Chr. lässt man dann auch gerne auf sich beruhen und in Vergessenheit geraten. – Als Neutestamentler vertrete ich dagegen die Ansicht: Wenn es nicht gelingt, die Auffassung vom dreieinigen Gott aus dem Neuen Testament ganz und neu zu begründen, dann wird sie auch in Zukunft eine leere und allzu komplizierte Sache sein und keine Beachtung finden. Grob gesagt: Wenn man diese Auffassung nicht aus der Schrift erweisen kann, dann kann man sie überhaupt vergessen. Das bedeutet weder Überforderung der Schrift noch Missachtung hochgelehrter Konzilien, sondern schlicht die Wahrnehmung, dass unser Glaube im Vollzug immer weniger trinitarisch wird.

Auch im lateinischen Mittelalter gilt das freilich schon ähnlich. Von den etwa 9000 Gebeten im Corpus Orationum fangen rund 1400 an mit der Wendung »Deus, qui ...« (»Gott, der du ...«) und meinen damit den Vater. 504 Gebete beginnen mit »Omnipotens deus ...« (»Allmächtiger Gott ...«), nur 34 beginnen mit »Domine, Iesu Christe ...« (»Herr Jesus Christus ...«). Nur selten werden Heiliger Geist oder Dreifaltigkeit angeredet (vgl. z. B. »Suscipe Sancta Trinitas ...« »Nimm an, heiliger dreieiniger Gott«).

Der Grundansatz des Wortes von G.F.W. Hegel kann einem Mut machen: »Wer von Gott nicht weiß, dass er dreieinig ist, der weiß nichts vom Christentum.« Freilich ist die Weise, in der Hegel diesen Ansatz dann säkularisiert hat, extrem fragwürdig. Doch zumindest hat Hegel die Herausforderung des trinitarischen Gottesverständnisses begriffen. Darin unterscheidet er sich von neueren katholischen Systematikern, die die Frechheit besitzen zu erklären, die Trinität sei »eine gedankliche Konstruktion« (Hasenhüttl, Dogmatik, 52) oder »eine hellenistische Formel« (Küng, Christ sein, 463f). Auch diese Stellungnahmen, die den dramatischen Niveau- und Traditionsverlust dokumentieren, der in Deutschland flächendeckend geworden ist, sind eine Herausforderung gerade für den Exegeten.

Andererseits: Zumeist reden wir nur den Vater im Gebet an. Erst zum Schluss heißt es dann öfter »durch Jesus Christus, unseren Herrn«, als sei hier der Briefträger genannt (»Durch Eilboten«). Gebete zum Heiligen Geist sind ganz selten, zumeist kennen wir nur die Pfingsthymnen »Komm, Heiliger Geist ...« oder »Komm, Schöpfergeist ...«

Ein Problem ist auch, dass kein Alttestamentler uns vom dreieinigen Gott nach dem Alten Testament erzählen kann. Für das Alte Testament kann man gewiss sagen, was bisher in diesem Buch erörtert wurde: »Der eine Gott ist Person« im Sinne von: »mindestens so etwas wie eine Person«. Aber wenn man sagte: »Gott ist eine Person«, dann wäre das falsch, weil es dem Neuen Testament nicht gerecht würde. Bisher haben wir in dem Sinne operiert »Gott ist Person«. Dabei ging es um den Aufweis »personhafter Strukturen« und »personaler Elemente« überhaupt. – Exegetisch gesehen ist es auch gar nicht notwendig, trinitarische Elemente im Alten Testament aufzuweisen.

Das Verhältnis von Altem und Neuem Testament denke ich mir hier so: Im Alten Testament wird der eine Gott als Person wahrgenommen. Das gilt, wie gesagt, in dem Sinne, dass unser moderner Personbegriff hier einen Resonanzboden findet. Im Neuen Testament kommt dieser persönliche Gott den Menschen näher und wird entsprechend schärfer wahrgenommen. Aber nicht in erster Linie dieses ist es, was den Neutestamentler bewegt: Es ist ja etwas geschehen. Gott ist Mensch geworden und in der Kirche will er unter den Menschen als Heiliger Geist wohnen. Dadurch ist die Wahrnehmung Gottes sicher entscheidend verändert. Und am Ende wird man Hegel Recht geben müssen: »Wer von Gott nicht weiß, daß er dreieinig ist, der weiß nichts vom Christentum.«

Das Problem der neutestamentlichen Exegese

Es gibt eine recht große Anzahl von Texten im Neuen Testament, die Vater, Sohn und Heiligen Geist auf kleinem Raum, also in kompakten Textblöcken, erwähnen. Hier spricht man dann von »triadischen« Formulierungen. Die Exegeten zeigen sich hier jedoch in aller Regel so extrem zurückhaltend, als hätten sie vom Problem der Trinität noch nie etwas gehört. Eine Ausnahme ist lediglich der exzellente Kommentar zum 2. Korintherbrief, den wir aus der Hand von Hans Windisch besitzen. Bei den übrigen Kommentatoren gelangt man zu dem Eindruck, dass die Exegeten diese triadischen Formulierungen unbedingt der Dogmatik überlassen wollen, nur um ja nicht in den Verdacht einer Komplizenschaft mit den Dogmatikern zu gelangen. Es ist das aufklärerische Berufsethos der Exegeten, das sie gewiss auch schon rein gefühlsmäßig davon abhält, sich hier unsolidarisch gegenüber der Phalanx der Kollegen zu verhalten. Denn »man« schreibt nicht über Trinität im Neuen Testament, genauso wenig wie man bis vor kurzem über »Gebet« etwas schreiben konnte. Dieses »waren einfach keine Themen«, über die man schreiben darf, wie mir ein Kollege neulich erklärte, und es war fast eine Frage des Anstands, dieses ungeschriebene Gesetz zu durchbrechen. Denn Trinität gilt als Gipfel schriftferner dogmatischer Spekulation. Hier geht es also um einen wunden Punkt.

Ich finde nun allerdings, dass man dieses Thema den Dogmatikern nicht überlassen darf. Denn ich halte es für eine Frage vorrangiger Dringlichkeit, die Dreieinigkeit Gottes zumindest aus der Sicht und mit den Kategorien des Neuen Testaments zu deuten. Wenn das nicht gelingt, dann sollte man, wie gesagt, viel kritischer mit diesem dogmatischen Erbe umgehen.

Für dieses Unternehmen halte ich es nun nicht für sinnvoll, von den Formulierungen der Konzilien auszugehen und ihre Begrifflichkeiten und Formelkompromisse am Neuen Testament zu überprüfen. Das ist ein Steinbruchverfahren, das die Dogmatik schon seit langem übt, bei dem die neutestamentlichen Stellen aber eben in sich selbst nicht transparent werden. Hier soll dagegen der – gewiss riskante – Versuch unternommen werden, die neutestamentlichen triadischen Formulierungen (wenn es denn welche sind) wirklich mit dem Arsenal an Vorstellungen und Begrifflichkeit zu erklären, das der Neutestamentler für die geistige Situation des 1. Jh. n. Chr. kennt. So kommt also etwas »anderes« heraus als die Trinitätstheologie der großen Konzilien, aber doch etwas, von dem ich meine, das endlich auf diesem Gebiet den Dialog mit der Dogmatik aufnehmen und bestehen kann. Vor allem könnte es – das wäre das ehrgeizige Ziel – so gelingen, die Rede vom dreieinigen Gott im Rahmen der neutestamentlichen Theologien wirklich plausibel zu machen, und zwar eben auch einem Juden und auch einem Heidenkind, das davon noch nie gehört hat. Denn solche Menschen waren die typischen Adressaten neutestamentlicher Texte. Wenn es zutrifft, dass alle Autoren des Neuen Testaments Judenchristen waren, dann müsste es darum gehen, die jüdischen Denkvoraussetzungen, aufgrund derer die Menschen selbst dachten, ins Licht zu stellen. Dabei geht es nicht darum, die christlichen Aussagen auf das Niveau des hellenistischen Judentums herab zu ermäßigen, vielmehr zu fragen: Wie konnten die christlichen, teilweise judenchristlichen Adressaten des Neuen Testaments diese Texte verstehen, die Judenchristen für sie verfasst hatten?

Wir werden dabei nicht darum herumkommen, eine ganze Reihe dieser triadischen Formulierungen einzeln vorzunehmen, um gewissermaßen nachzuholen, was die Verfasser von Kommentaren zum Neuen Testament oft versäumt haben. Es wird sich für jeden Text ein besonderes Profil ergeben.

Mein Hauptanliegen: Ich halte es für nicht gut, nur deshalb etwas für ein Geheimnis zu erklären, weil man seine Denkvoraussetzungen nicht verstanden hat. Gemeint sind allerdings die damals zeitgenössischen, die Frage nach der Umsetzung gerät dabei nicht aus dem Blick.

Man wird sich vor allem von der Vorstellung freimachen müssen, die triadischen Aussagen des Neuen Testaments seien erst rudimentär oder unvollständig, unterentwickelt oder unbedacht. Das Gegenteil dürfte der Fall sein: Der verbreitete Gebrauch der triadischen Kombination und die jeweiligen Abwandlungen lassen auf sehr bedachte Theologie schließen, die in sich konsequent sind und die nur vom späteren Standpunkt her rudimentär erscheinen. Ich muss daher vorschlagen, nicht von biblischen »Ansätzen« zu reden, sondern von biblischen Analogien zu späteren Erörterungen desselben Themas.

Andererseits geht es im Neuen Testament hier auch nicht um »Formeln«. Dieser Ausdruck wäre sachfremd, um von Anachronismus gar nicht zu reden. Eher geht es um eine Art semantischer Felder, die man in gewisser Hinsicht auch intertextuelle Texte nennen kann. So, wie bei semantischen Feldern eben auch sonst bestimmte Konsoziationen von Wörtern stereotyp wiederkehren, geht es hier um die Größen Gott (Vater, Herr), Sohn (Jesus Christus) und Heiliger Geist.

Als hilfreich hat sich dabei die aus der modernen Übersetzungswissenschaft her genommene Methode erwiesen, gerade im Falle dieser knapp gehaltenen Systemansätze oder Systemoide jeweils nach der »Szene« zu fragen, an die der Sprecher bei der Formulierung denkt. Alles liegt daran, dieser Szene ihre durch Gewohnheit abhanden gekommene Plausibilität und Farbe zurückzugeben. Dem dienen die Rekonstruktionen, die wir im Folgenden vornehmen.

Es kann nicht darum gehen, spätere Systematisierungen der großen Konzilien nun in die Texte des Neuen Testaments zu übertragen oder sie von dorther »aufzurollen«. Weder das eine noch das andere ist beabsichtigt. Vielmehr soll dieses sichtbar werden: Die Bemühungen der späteren Konzilien sind andere Zugriffe auf das Thema. Niemand bezweifelt ihre Gültigkeit und Legitimität. Von der Art und Weise, in der die neutestamentlichen Schriftsteller von diesem »semantischen Feld« Gebrauch machen, verspreche ich mir allerdings eine angemessenere Fundierung in den Anfängen des Christentums und eine Möglichkeit, mit dem Judentum ins Gespräch zu kommen. Dabei ist allerdings zwischen dem damaligen und dem heutigen Judentum zu unterscheiden. Und ebenso gilt es, zu unterscheiden zwischen den jüdischen Denkmustern und dem, was die frühchristlichen Autoren damit gemacht haben.

Im Zusammenhang der Arbeit an diesem Kapitel habe ich auch neuere (katholische) Darstellungen der Trinitätslehre gelesen (Greshake, Ackva, ferner die Dogmatiken von L. Müller und M. Schmaus sowie »Mysterium Salutis«). Während die Dogmatiken wohl aus Platzgründen dem Problem der Personalität auch bei der Trinität wenig Raum widmen, haben Greshake und Ackva neuere Modelle entwickelt. Beide gehen davon aus, die Dreifaltigkeit sei eine communio von drei Personen, die sogar die communio der Kirche vorabbilde. Entsprechend sind mir dann auch protestantische Versuche bekannt, sogar die Verschiedenheit der Konfessionen aus den drei Personen der Trinität herzuleiten (Schwöbel). Ich muss gestehen, dass ich mit diesen beiden Richtungen ekklesiologischer Trinitätstheologien als Neutestamentler trotz guten Willens nichts anfangen kann. Ich habe die entsprechenden Werke mit Neugier und wachsendem Unverständnis gelesen. Ich möchte mit dieser Vorbemerkung deutlich machen, warum der Exeget hier notgedrungen auf eigenen Füßen stehen muss. Und ich bin bereit, diesen Selbststand mit Zähnen und Klauen zu verteidigen.

M. Schmaus hat in seiner Dogmatik nicht von drei Personen, sondern von drei Persönlichkeiten sprechen wollen, offenbar um den aufgrund des modernen Personbegriffs naheliegenden Tritheismus zu vermeiden. Freilich wird dadurch das Problem nicht einfacher, dass man neue Begriffe einführt, die ihrerseits doch traditionellen Begrifflichkeiten bis zur Ununterscheidbarkeit nahe stehen. Wohl auch deshalb hat sich der Versuch von M. Schmaus nicht durchgesetzt. – Die Gefahr des Tritheismus sehe ich allerdings bei den communio-Theoretikern unübersehbar gegeben. Ihnen gegenüber wird der Neutestamentler viel strikter auf dem Monotheismus beharren, als sie es tun.

Was die Entwürfe innertrinitarischer Liebesbeziehungen und Dramatik angeht, so stehe ich als Neutestamentler mit Respekt vor diesen fremdartigen Gedanken. Ob sich biblische Analogien dazu ergeben, war zu Beginn der Arbeit an diesem Kapitel noch offen.

Die Einzeltexte

Die Einheit in der Kirche (Epheser 4,3-6)

(3) Bemüht euch, die vom Heiligen Geist gestiftete Einheit zu bewahren, bleibt in Frieden verbunden. (4) Ein Leib seid ihr und ein Geist. Denn berufen seid ihr zu einer einzigen Hoffnung: (5) Es gibt nur einen Herrn, einen Glauben, eine Taufe, (6) einen Gott, der aller Vater ist. Er regiert über alles, wirkt durch alles, ist in allem verborgen.

Der Text beginnt mit dem Heiligen Geist, nennt dann den Herrn (Jesus Christus) und endet schließlich bei Gott, dem Vater aller. Daneben ist das Leitwort »eins« bzw. »Einheit« auffällig; es ist hier (inklusive V.7a) neunmal belegt. Die Verse 5 und 6 haben den Charakter einer Doxologie (Lobpreis). Dagegen ist in V.3f eine begründete Mahnrede formuliert.

Aktuell ist demnach die zuerst genannte Konsequenz für die Gemeinde. In ihr ist der Heilige Geist wirksam, und es gilt das zu bewahren, was er gestiftet hat, nämlich die Einheit des Leibes der Kirche bzw. Gemeinde. In Wiederholung (Heiliger Geist in V.3 und 4) kennzeichnet er die Gegenwart der Christen vor Ort. Der Heilige Geist ist die Weise, in der Gott die Werte der Gegenwart der Gemeinde bestimmt.

Der Herr Jesus Christus dagegen steht an der Schwelle zur Gemeinde. Sie ist sein Herrschaftsbereich. Glaube und Taufe markieren die Bedingungen der Zugehörigkeit. Beide Bedingungen sind eindeutig und einmalig.

In V.6 herrscht ein auffälliger Kontrast: Dem einen Gott und Vater steht vierfach das Wort »alle« gegenüber. Er ist für die ganze Welt zuständig. Insofern steht er in Kontrast zum einen Herrn und zum Heiligen Geist. Denn diese beiden sind auf die Kirche bezogen.

Dem Herrschaftsbereich Gottes des Vaters steht mithin der Bereich gegenüber, für den der Herr Jesus Christus und der Heilige Geist zuständig sind.

Eine ähnliche Aufteilung finden wir im Neuen Testament am deutlichsten in der Apk wieder. Die Kapitel 1-3 berichten die Vision des Auferstandenen und seine Sendschreiben an die sieben Gemeinden in Kleinasien. Die Kapitel 4-22 dagegen umfassen die Thronvision »Gottes« und dokumentieren damit seine Zuständigkeit für die ganze Weltgeschichte bis zum Neuen Jerusalem inklusive. Durchgehend steht das römische Kaisertum in der Rolle des »teuflischen trügerischen Nachahmers«. Nach Apk 1-3 nimmt Jesus als der Auferstandene gegenüber den Gemeinden Kleinasiens die Rolle eines Provinzgouverneurs wahr. Der weitere Verlauf zeigt freilich, dass er nicht nur wie ein Provinzgouverneur ist, sondern überdies auch Vizekaiser, wenn man es in der Metaphorik der Apk ausdrücken darf.

Diese Übereinstimmung mit dem Eph ist nicht zufällig. Denn Eph stellt mehr oder weniger ausdrücklich eine Konkurrenz her zwischen dem römischen Kaisertum und der Rolle Gottes und Jesu Christi. So aber ist es auch in der Offenbarung des Johannes. In Eph ist Jesus als der Versöhner der Rolle des römischen Kaisers noch näher.

Das bedeutet: Die in Eph 4 deutlich erkennbare Aufteilung zwischen dem engeren Herrschaftsbereich des Kyrios und dem weiteren des Gottes und Vaters folgt möglicherweise dem Muster der Organisation des römischen Reiches. Gott wäre in der Rolle des universalen Kaisers, Jesus Christus in der des lokalen Provinzgouverneurs (Prätor). Auch der Ausdruck »Kirche« (ekklesia) in Eph ist bekanntlich politischen Ursprungs. – Träfe diese These zu, dann verstünde der Epheserbrief die christliche Ordnung als die von Gott kommende Überbietung der politischen. Freilich hätte Jesus in der Rolle des Versöhners eine kaiserliche Funktion, man vergleiche die Versöhnungsaussagen mit Plutarchs Schilderung des Versöhnungswerkes Alexanders des Großen.

Unabhängig davon ist die Frage zu klären, welche Bedeutung unser Text für die Trinitätslehre hat. Zunächst: Als Kyrios ist Jesus Christus Träger des Gottesnamens nach der griechischen Bibel. Was es nun wirklich bedeutet, wenn einer Gottes Namen trägt, ist kaum erforscht, aber an dieser Stelle zu klären.

1 Clemens 46,5-7

(5) Warum gibt es dann bei euch so viel Streit und Hass, Zerwürfnisse und Spaltung, ja sogar Krieg? (6) Wir glauben doch an einen einzigen Gott,
an einen einzigen Christus,
ein und derselbe Gnadengeist ist ausgegossen über uns,
und mit demselben Ruf sind wir in die Gemeinschaft mit Christus berufen worden. (7) Warum zerfetzen und zerreißen wir die Glieder Christi.

Wie in Eph 4,4-6 (s.o.) wird hier die Einzigkeit Gottes nicht ad extra, sondern ad intra verstanden. Gemeint war sie ad extra, d.h. gegenüber den Polytheisten glauben die Christen nur an den einen und einzigen Gott. Hier aber, in der Situation des 1 Clem, wird daraus ein Argument, um den Aufstand in der korinthischen Gemeinde zu besänftigen: Wir haben doch alle den einen gemeinsamen Gott, den einen gemeinsamen Christus ... usw. – Der Rekurs auf den »Ruf« findet sich auch in Eph 4,4, er hat seine Entsprechung überall dort, wo von Erwählung die Rede ist.

Wer Gottes Namen trägt (Philipper 2,7-11)

(7) Er wurde wie wir Menschen, führte genauso ein Leben wie wir, (8) wurde elend wie wir und gehorchte Gottes Auftrag bis zum Tod am Kreuz. (9) Deswegen hat Gott ihn in den höchsten Rang erhöht und ihm erlaubt, sich Gott nennen zu lassen, denn er hat ihm seinen eigenen Namen verliehen, den Namen über alle Namen. (10) So soll alles im Himmel, auf Erden oder unter der Erde ihn anbeten (11) und alle Menschen sollen zur Ehre Gottes, des Vaters, bekennen: »Jesus Christus ist der Herr«.

Hier wird der Kyrios-Name dem erhöhten Herrn verliehen. Daraufhin beten ihn alle Geschöpfe an. Er ist damit wirklich Repräsentant Gottes, nicht nur sein Gesandter. Denn gesandt war Jesus auch zuvor schon, und zwar als Gottes Sohn. Und ein Gesandter lässt sich nicht anbeten (vgl. Apk 22,21). Denn er weiß, dass er damit seinen Herrn verraten würde, dem allein Anbetung gebührt.

Unabhängig davon ist die Verleihung des Namens Jahwes an Henoch im hebräischen Henochbuch berichtet. Als Träger des Namens

Jahwe neben Gott heißt Henoch daraufhin »der kleine Jahwe«. Wie in Phil 2 wird der Name im Rahmen einer Thronszene verliehen. Wie in Phil 2 ist der neue Träger des Namens kein Engel. Es ist bekannt, dass das hebräische Henochbuch zu einem – im Übrigen höchst unsicheren – erheblich späteren Zeitpunkt entstanden ist als die neutestamentlichen Schriften, für die wir diese Schrift hier heranziehen. Andererseits ist aber zu bedenken, dass die Figur des Henoch auch schon in vorchristlichen Schriften (besonders: Äthiopisches Henochbuch und Slavisches Henochbuch) bedeutsame Entwicklungen durchgemacht hat, die in jedem Fall für die Christologie und ihre Geschichte wichtig sind (vgl. dazu Art. Henoch, in: RAC 14, 473-545). Henoch ist zunächst der Gerechte, der zum Lohn »zu Gott entrückt wurde«. Diese Entrückung wird dann auch schon vor seinem Tod als Himmelsreise angenommen, nach deren Rückkehr Henoch die Kinder belehrt und dann endgültig entrückt wird. Aufgrund der Verquickung mit dem Mythos vom Engelfall in Gen 6 wird Henoch zum Fürbitter, zum Gerichtsschreiber und -assistenten. Schließlich wird er am Ende wiederkommen und mit Elias gegen den Antichrist kämpfen, den Märtyrertod sterben und mit Elias nach drei Tagen auferstehen. Viele Exegeten nehmen an, im äthiopisch erhaltenen Henochbuch werde Henoch zum Menschensohn (und damit zum Richter) eingesetzt.

Auch wenn das Johannesevangelium – der Gattung entsprechend – keine Inthronisation Jesu am Ende seines Weges schildert, wird doch die Kreuzigung Erhöhung genannt (vgl. Phil 2,10!) und sagt Jesus auf den Versuch, Maria Magdalenas hin, ihm (anbetend) zu Füßen zu fallen: »Noch nicht anbeten, bitte! Denn noch bin ich nicht zum Vater hinaufgestiegen« (20,17). Das »noch nicht!« weist auf den Zeitpunkt, den Jesus in 17,4f avisiert: »Ich habe dich auf Erden verherrlicht und das Werk vollbracht, zu dem du mich beauftragt hast. (5) Und nun, Vater, gib mir die Herrlichkeit, die ich einst hatte, als ich bei dir war vor der Entstehung der Welt«. – Mit Wiedererlangung der Herrlichkeit wird offenbar die Anbetung möglich. Immerhin findet sich das Wort »Herrlichkeit« auch in Phil 2,11, nur hier apologetisch auf den Vater bezogen. Man kann sich daher vorstellen, dass der Evangelist Johannes an eine ähnliche Szene wie Phil 2,9-11 jedenfalls gedacht haben könnte. Allerdings ist im Johannesevangelium an die Wiedereinsetzung in den früheren Stand gedacht, während Phil 2,9-11 über die frühere Würde Jesu hinauszugehen scheint. Oder wird in Phil 2,9-11 nur explizit als

Inthronisation vollzogen, was vorher de jure auch schon gegeben war, nämlich im Status der Präexistenz?

Von dieser Inthronisation und feierlichen Namensverleihung am Ende des Weges mit und zu Gott ist grundsätzlich zu unterscheiden die Ausstattung von Engeln mit dem Namen Gottes zu Beginn ihrer Sendung. Der Gottesname ist dann aber nicht Jahwe, sondern El. – Klassische Träger des Gottesnamens El sind die höheren Engel, die wie Michael, Gabriel usw. theophorische Namen haben und Gottes Gesandte sind. An der Stelle, die diese Beziehung zu Gott begründet, heißt es: »Siehe, ich sende einen Engel vor dir her, dass er dich auf dem Wege behüte und dich bringe an den Ort, den ich bestimmt habe. (21) Nimm dich vor ihm in acht und höre auf seine Einflüsterung; widerstrebe ihm nicht; denn er würde ein Vergehen von euch nicht ertragen, weil mein Name in ihm ist«. Auch in 4 Esra wird der Engel stets angeredet mit »Dominator domine«, was sicher auf ein griechisches Kyrie zurückgeht. Und bekannt ist, dass es eine eigene Engelklasse gibt, die »Herrschaften« (gr. kyriotetes) heißt.

Doch dieses Ruhen des Namens Gottes auf oder in dem Gesandten ist von der in Phil 2 und im Hebräischen Henochbuch 48 geschilderten ausdrücklichen Verleihung nebst Inthronisation und Anbetung zu unterscheiden. Denn der Gesandte, der »im Namen Gottes« kommt, darf, wie gesagt, sich gerade nicht anbeten lassen.

Wir halten fest: Die Sendung im Namen bedeutet eine Repräsentanz Gottes im Sinne des semitischen Botenrechtes. Die Verleihung des Namens dagegen ist der himmlische Lohn im Rahmen einer Apotheose. Man darf fragen, ob am Schluss der EpistApost (»Epistula Apostolorum«, Brief der Apostel, ein apokryphes Evangelium, das Lehren des Auferstandenen enthält, entstanden Anfang des 2. Jh. n. Chr., zitiert nach Berger/Nord, NT) eine derartige Szene wenigstens angedeutet ist. Das wäre dann neben Phil 2,9-11; Hebr Hen 48; Joh 17,4f; 20,17 der vierte Beleg:

EpistApost 51: (1) Als Jesus dies gesagt und das Gespräch zu Ende geführt hatte, wandte er sich nochmals an uns: (2) »Nach drei Tagen und drei Stunden wird der, der mich gesandt hat, kommen, damit ich mit ihm gehe.« (3) Als er noch redete, donnerte und blitzte es, die Erde bebte, der Himmel öffnete sich einen Spaltbreit, und eine Wolke aus Licht nahm Jesus auf. (4) Wir hörten die Stimmen vieler Engel, die freuten sich, lobten Gott und sangen: »Versammle uns bei dir, Priester, im Licht der Herrlichkeit.« (5) Als Jesus dem Firmament des Himmels nahe war, hörten wir ihn sagen: »Geht in Frieden.« (Äth. Handschriften: »Die Liebe ist das Band der Vollkommenheit. Der Name der heiligen Kirche ist die Gerechtigkeit.« Und er sagte ihnen: »Friede euch, Kinder des Friedens!«)

Doch gibt es immerhin auch die kollektive, mit Proskynese zu ehrende Anwesenheit des Herrn in einer Gemeinde, so etwa in Korinth. Paulus stellt für die Gemeinde in Korinth fest (1 Kor 14,24f):

(24) Wenn aber alle prophetisch predigen und ein Unbeteiligter oder Nichtchrist dazukommt, dann kann es geschehen, dass ihm alle auf den Kopf zu sagen, wie es um ihn steht, weil sie aussprechen können, was er bisher niemandem gesagt hat: (25) die Geheimnisse seines Herzens. Darüber wird er so erstaunt und erschrocken sein, dass er vor Gott auf die Knie fällt und ruft: »Gott ist wirklich in eurer Mitte!

Die von Paulus erwartete Proskynese zeigt, dass er in der Versammlung der Gemeinde mit einer durch Herrlichkeit (prophetische Gabe) ausweisbaren wirklichen Gegenwart Gottes rechnet.

Fazit: Texte des frühen Christentums und des mystischen Judentums zeigen, dass keine Scheu bestand, Gottesnamen und Proskynese auf Menschen übertragen sein zu lassen. Offensichtlich ist Gott in dieser Hinsicht nicht »geizig«. Es besteht nicht die geringste Furcht vor einem Ditheismus. Denn derjenige, der nun außer Gott seinen Namen trägt, hat ja alles, was er hat und ist, vom Gott des Himmels. Genau diese Relation aber, alles, schlechthin alles auf den schenkenden Gott zurückzuführen, kommt in der neutestamentlichen Relation »Vater – Sohn« zum Ausdruck.

Zurück zu Eph 4: Nach unseren Feststellungen besteht kein Zweifel daran, dass

- es sich in allen drei Wirksamkeiten um Gottes Tun und Wirken handelt.
- Das kommt nicht zuletzt dadurch zum Ausdruck, dass das Wirken Gottes des Vaters auch das Wirken des Herrn Jesus Christus und des Geistes in sich birgt. Daher ist das Wirken Gottes hier im Modell konzentrischer Kreise vorzustellen: Der Vater, der alles in allem wirkt, wirkt durch den Sohn in dem besonderen Territorium der Gemeinde. Und darin wirkt er durch den Heiligen Geist, den die Gemeinde »ergreifen« soll, die Einheit der Gemeinde. Der innerste dieser konzentrischen Kreise ist das Wirken des Geistes, der dieses

rahmende Kreis das Wirken des Herrn Jesus Christus, der das Ganze (und anderes) rahmende das Wirken des Vaters.

- Dass es sich um konzentrische Kreise handelt, wird dadurch nahegelegt, dass nichts hier dem Ansatz von Phil 2,11 widerspricht, das gesamte Wirken geschehe zur Ehre des Vaters und im Rahmen der Darstellung seiner Herrlichkeit.

Von Gottes Art (Johannes 1,1f)

(1) Zuerst war das Wort da, Gott nahe und von Gottes Art. (2) Es war am Anfang bei Gott.

Was wir (Berger/Nord, NT) hier mit »von Gottes Art« übersetzt haben, heißt im Griechischen einfach »theos« und ist von »ho theos« zu unterscheiden, das wir mit »Gott« übersetzt haben.

Folgendes ist daher die Logik der Übersetzung:

»ho theos« – Gott (im Sinne von Gott Vater). So heißt in der griechischen Bibel stets der eine und einzige Gott des Judentums;

»theos« – von Gottes Art (im Sinne von: der Sohn). Mit diesem Wort wird die göttliche Qualität beschrieben, ohne dass eine Konkurrenz zum einen Gott entstünde.

Ein Unterschied zwischen beiden Wendungen ist eindeutig vom Evangelisten beabsichtigt. Die Verwendung desselben Wortes bedeutet nicht die geringste Minderung an »Göttlichkeit«. Wenn jemand »nach des Vaters Art ausschlägt«, dann bedeutet das ja auch keine Minderung im Menschsein oder in der Begabung. Durch das Fehlen des Artikels wird vielmehr zum Ausdruck gebracht: Der Logos macht dem einen und einzigen Gott nicht Konkurrenz. Sondern alles, was er ist und hat, verdankt er dem Vater und verbleibt, wie die griechischen Kirchenväter sagen, »in unaufhörlicher Schau der väterlichen Tiefe«. Und der Sohn ist ein anderer als der Vater, aus ihm hervorgegangen und nicht geschaffen. Wenn N. Brox (»Gott«) meint, die Beziehung des Sohnes zum Vater sei »Teilhabe«, dann aber natürlich in einem sehr umfassenden Sinn. Der Kirchenlehrer und Märtyrer Justin wird (Dial 56, 3.4.11.16) sagen, neben Gott gebe es keinen weiteren (zweiten) Gott (allos theos) wohl aber sei der Sohn gleichfalls

Gott (heteros theos). So seien es zwei, die sich Gott nennen, aber doch nur einer.

Zur religionsgeschichtlichen Entstehung von Joh 1,1: Viele Züge der Weisheit (Schöpfungsmittlerin) und der Memra (Gottes »Wort«) sowie des stoischen Weltlogos (in alexandrinischer Vermittlung) sind hier auf den Logos übergegangen. Aber diese »Hypostasen« waren nie Personen im erstzunehmenden Sinn. Die Vorstellungen, die in der vorchristlichen Zeit auf diesem Gebiet für den Mittler zwischen Gott und Welt bzw. Menschheit ausgebildet wurden, sind zur Beschreibung und Deutung der Person Jesu geradezu umgeschmolzen worden. So wurde wohl deshalb nicht auf die »Weisheit« (Sophia) zurückgegriffen, weil sie Tochter Gottes ist, während Jesus doch »Sohn Gottes« ist; für ihn kam daher nur die Bezeichnung Logos in Frage. Vor allem aber ist nie zuvor eine dieser Mittlergestalten auf einen konkreten Menschen bezogen worden. Daher gibt es – religionsgeschichtlich gesehen – bei der Erscheinung des Logos im Menschen Jesus einen qualitativen Zuwachs an Personhaftigkeit.

Wir halten fest: Joh 1,1 beschreibt Jesus als »von Gottes Art«, und zwar im Sinne des »Gott von Gott« in einer nicht-umkehrbaren Beziehung. Wenn diese Herkunft vom Vater im Sinne des radikalen Sich-Verdankens feststeht, dann ist der Monotheismus nicht gefährdet und ein communio-Gedanke überflüssig. – Vielmehr ist zu fragen, warum man überhaupt Jesus nur so meinte gerecht werden zu können, dass man ihn so deutlich in die Nähe des Vaters rückte. Die Ursprünge liegen wohl in den Wundertaten Jesu, in denen man die Macht des Schöpfers selbst wahrnahm, in seinem Anspruch und in seiner makellosen Gerechtheit.

Zwischenbilanz I

Zwei Dinge sind uns wichtig geworden: Das Modell der konzentrischen Kreise zu Eph 4 und die Feststellung, dass Gott nicht geizt mit der Mitteilung seines Namens, seiner realen Gegenwart und seiner Anbetungswürdigkeit. – Beide Aspekte unterscheiden sich erheblich von traditioneller Schultheologie. – Was ist damit gewonnen für die Frage nach dem einen Gott in drei Personen? Auf jeden Fall dieses: Durch Anregungen aus dem Bedenken der Schrift verflüssigt sich die Frage nach der Dreieinigkeit und wird immer weniger ein Rechenexempel nach der Art, wie kann drei gleich eins sein? Nein, so hätte kein Christ des ersten Jahrhunderts gefragt! Durch die Orientierung am Rechenexempel wurde die Trinität zur Schwierigkeit Numero Eins im Christentum. Das haben diese neutestamentlichen Aussagen nicht verdient. Jenseits von Rationalismus einerseits und Geheimniskrämerei andererseits gilt es, eine historisch verstehbare und für den Glauben sinnvolle Aussage zu finden.

(2,13) ganz erfüllt von der Hoffnung auf ein seliges Ende und die herrliche Wiederkunft des großen Gottes und unseres Erlösers Jesus Christus, (14) der sein ganzes Leben für uns in die Waagschale geworfen hat, um uns von aller Schuld zu befreien und uns zu seinem heiligen, ihm allein gehörenden Volk zu machen. ... (3,4) Als aber Gott, unser Erlöser, so freundlich und voll Liebe zu uns Menschen zu uns kam, (5) da hat er nicht darauf gesehen, ob wir viel Anständiges getan hätten, sondern sein Erbarmen war der einzige Maßstab. So hat er uns durch die Taufe gerettet, durch das Bad, in dem wir noch einmal und ganz neu geboren wurden, und uns ganz neu seinen Heiligen Geist verliehen. (6) Den Heiligen Geist können wir empfangen, weil Gott ihn durch die Vermittlung Jesu Christi, unseres Retters und Befreiers, sehr reichlich über uns ausgegossen hat. (7) Dank diesem durch Jesus vermittelten Geschenk kann Gott uns als Gerechte behandeln, dadurch sind wir zugleich Anwärter auf ein Leben ohne Ende geworden.

Im Text stehen nebeneinander:
Gott, unser Erlöser, (= der große Gott); er hat uns aus Erbarmen gerechtfertigt;
Jesus Christus, unser Erlöser, er hat uns von Schuld befreit, uns als sein Volk erworben;
der Heilige Geist, er wurde bei der Taufe verliehen, so werden wir als Gerechte behandelt und dürfen auf ein Leben ohne Ende hoffen.

Hier ist der kirchliche Aspekt zugleich der im engeren Sinne politische und auch im traditionell jüdischen Sinne messianische: Jesus hat sich ein Eigentumsvolk erkauft. Auf die Gemeinde/Kirche treffen hier die alten Attribute, die von Israel galten. Der Messias bereitet das Volk Gottes für das endgültige Heil vor. Noch in Sir 48,10 heißt es über den kommenden Messias nach dem Bild des Elia, er werde Gottes Zorn besänftigen und die Stämme Jakobs wieder aufstellen (= Gottes Volk bereiten). Der Elia-Messias tut in Sir 48,10 ganz Ähnliches wie Jesus hier! – Auch der große Gott selbst trägt den Titel »Erlöser«, der zu dieser Zeit jeden Wohltäter meinte. Die »Liebe zu den Menschen« ist in dieser Zeit ein klassisches Herrscherattribut. In die gleiche Richtung weist sein Erbarmen. Im Unterschied zu Jesus Christus, der wirklich »arbeiten« (erwerben) und leiden muss, ist der große Gott einfach hin nur »generös«, »huldvoll«. In paganer Terminologie ausgedrückt: Jesus Christus leistet die Herakles-Arbeit. Der große Gott dagegen übt Erbarmen und sieht über den Mangel an Verdiensten hinweg. Jesus ist für das Volk zuständig, der menschenfreundliche große Gott doch auch für jeden Einzelnen. Der Heilige Geist ist die Gabe, aber kein Ding, sondern Anteilhabe an Gott, durch die wir ihm ähnlich werden. Und selbstverständlich hat die Anteilhabe an einem »jemand« personale Struktur.

So wirft hier die triadische Formel Licht auf sehr unterschiedliche Aspekte unserer Erlösung: Jesus leistet die Stellvertretung (etwas, das wenig persönlich ergreift), der große Gott ist freundlich und huldreich zu jedem. Der Heilige Geist macht uns Gott ähnlich, ohne ihn hinge das ganze Erlösungswerk in der Luft. Denn was nützen Eigentumsvolk und Freundlichkeit, wenn nichts daraus wird? Die Gabe des Heiligen Geistes ist auch die einzige Frucht, die radikal in die Zukunft weist. Das fällt besonders auf, weil der Text doch sehr anfangslastig ist (Besitzerwechsel, Annahme in Gnade, Bad der Wiedergeburt). Dabei ist die Gabe des Geistes vollständig auf das neue und dann ewige Leben bezogen.

Fazit: Sehr unterschiedliche Aspekte des Heils werden hier geradezu »personalisiert«. Man kann schlicht fragen, ob das so nötig war, und auf der Suche nach der Antwort kommt man den theologischen Tiefenstrukturen näher. Denn wenn man es bedenkt, ist es theologisch äußerst sinnvoll, diese so unterschiedlichen Aspekte des Heils auf drei personhafte Größen zu verteilen. Ist das christliche Heil so komplex, dass es nur trinitarisch vorstellbar ist? Nach diesem Text sieht es in der Tat so aus, und die Rede von der Trinität erscheint nicht als abgrundtiefes Geheimnis, sondern als die nächstliegende Antwort auf die Mehrdimensionalität des Heils. Sonst müsste man es im Nacheinander erzählen – und brächte es doch nicht alles richtig voreinander.

Wie wäre das sonst auf einen Nenner zu bringen: die stellvertretende Befreiung von Sündenschuld, die Rechtfertigung aus Gnade, die Verähnlichung mit Gott und das ewige Leben?

Kann man darüber hinaus etwas sagen zum Verhältnis der drei Größen zueinander? Alle drei Größen werden ganz auf den Menschen hin gedacht. Der große Gott und der Messias sind beide »Erlöser«, jeder auf seine Art. Auch hier ist, und das gilt durchgängig bei den triadischen Texten des Neuen Testaments, die Gemeinde/Kirche Jesus Christus zugeordnet. Durch ihn schenkt der Vater den Geist: Nicht an ihm vorbei, sondern auf dasselbe Ziel hin. – Wenn man den Verfasser dieses Briefes fragt: Warum ist das alles so, warum tut Gott das nicht allein, was nötig ist? Wie kommt es zu dieser Triade? – er würde wohl sagen: Heil haben wir erfahren und nochmals Heil. Und dieses ist keine Projektion, man kann es sehen, in drei Trassen bietet es sich uns dar. Und dieses alles kommt aus einer Quelle, eben von Gott. Und die drei Trassen bestätigen sich doch gegenseitig, so wie drei Zeugen im Judentum nach Dtn 19,15. Es ist, wie wenn drei Ströme des Erbarmens und der Verwandlung, der Befreiung und Erneuerung uns getroffen haben.

Segensgüter in Fülle (2 Korinther 13,13)

(a) Unser Herr Jesus Christus begleite euch in seiner Gnade.
(b) Gott der Herr schenke euch seine Liebe,
(c) der Heilige Geist verbinde euch alle untereinander.

Der Aufbau des Segensgrußes

Zu a): Das Stichwort »Gnade«, in der Regel verbunden mit dem Stichwort »mit euch«, bildet regelmäßig die Grundausstattung des brieflichen Schlusssegens. Auch hier endet der Segensgruß in c) mit der Wendung »mit euch allen«. Während man von Gott laut (b) Liebe erwartet, kann man vom strengeren Kyrios her auf Gnade hoffen. Er stellt die Autorität dar.

Zu b): Der Kyrios Jesus Christus steht üblicherweise neben »Gott unserem Vater«. Das Stichwort »Liebe« hier ersetzt wohl den sonst üblichen »Vater«. Jedenfalls gilt: Dem eher »strengen« Kyrios steht »Gott« als der Vater oder eben seine Liebe gegenüber. Das emotionale und familiare Element ist nicht mit Jesus, sondern mit Gott verbunden. Jesus ist der strenge und verbindliche Herr, »Gott« dagegen der gütige, liebende Vater.

Zu c): Der Heilige Geist schenkt die Gemeinschaft. Wir kennen das für triadische Formeln bereits aus Eph 4,3 (Bemüht euch, die vom Heiligen Geist gestiftete Einheit zu bewahren, bleibt in Frieden verbunden). Nur steht dieses Element dort voran, während es hier den Schluss bildet. In beiden Fällen aber ist dieses Glied – durch seine

Anfangs- oder Schlussposition – besonders hervorgehoben. Und auch in der späteren Trinitätslehre wirkt dieses Element erheblich weiter, dass nämlich der Heilige Geist Einheit und Gemeinschaft bewirkt. Doch wird es später vor allem innertrinitarisch verstanden.

Die Gesamtintention: Den traditionell biblischen Gruß »Der Herr (sc. Gott) sei mit euch« erweitert Paulus triadisch. Damit ist ganz klar, dass er mit den drei Instanzen hier niemanden anderes als Gott meint. Was von diesen dreien kommt, das kommt von Gott.

Entscheidend für die Dreiheit der Instanzen ist aber hier, das lässt die Voranstellung der Nomina erkennen, die Betonung der Fülle der Segensgüter (Gnade, Liebe, Gemeinschaft). So kennen 1 Petr und Hebr 13,25 überhaupt nur das Heilsgut (Friede, Gnade), ohne dass dieses von einer Einzelperson hergeleitet würde. Entscheidend ist also nicht das Verhältnis der Personen zueinander, sondern etwas anderes: die differenzierte Fülle der Wirkungen. Insofern ist 2 Kor 3,13 extrovertiert und gemeindebezogen. Es zählt nur die Fülle dessen, was der Gemeinde zukommt.

Das Gesetz der Fülle

Dieser »dreieinigen Fülle« liegt offenbar Ähnliches wie die Konzeption der »Fülle der Gottheit« zugrunde, die wir wörtlich aus Kol 1,19; 2,9; Eph 1,23 kennen, auch wenn sie an diesen drei Stellen sowie in Joh 1,14 nicht trinitarisch gedacht ist.

»Fülle Gottes« meint aber an den triadisch formulierten Stellen: Über Gottes Reichtum kann man gar nicht im Singular reden. Ähnlich wie man Gott nur mit den Engeln zusammen denken kann (auch hier heißt es ja: die Fülle des himmlischen Heeres Lk 2,13), ist Gott in einer sparsamen singularischen Aussage gar nicht zu fassen.

Dass Dreiheit mit Fülle zu tun hat, wird durch die Gattung der benedictiones pontificales des Mittelalters bestätigt. Diese besondere Gattung pontifikaler Segensgebete am Schluss des Pontifikal-Gottesdienstes zeigt regelmäßig triadischen und zumeist sogar triadischen Aufbau (vgl. die Ausgabe im Corpus Benedictionum Pontificum). – Damit wird der Blick auf ein wichtiges Formgesetz triadischer Aussagen gelenkt: Es sind nicht innertrinitarische Relationen, an die die Verfasser und Tradenten solcher Formen denken, sondern es ist die Fülle des Segens, die vermittelt werden soll. Wer segnen will, intendiert feierlichen Zuspruch aller nur möglichen Fülle. Das ist der Ursprung der häufigen triadischen Formen am Schluss der Briefe des Neuen Testaments.

In jedem Falle geht es nach 2 Kor 13,13 gerade nicht um die Differenzierung innerhalb des Subjekts bzw. Ursprung des Segens, sondern um die weitest mögliche und intensivst denkbare Massierung auf der Seite des Ursprungs. Es ist tatsächlich ähnlich, wie wenn man sagen würde »Gott und alle seine Engel« oder später »Gott und alle Heiligen des Himmels« – dieses letztere übrigens auch schon (in einem vom Mittelalter gewiss unterschiedenen Sinn) in 1 Thess 3. Diese Stelle lenkt den Blick auf weitere Theophanie-Aussagen wie »der Menschensohn und alle seine Engel«. Damit soll ganz gewiss nicht eine Engelhaftigkeit von Sohn und Geist neben dem Vater behauptet werden (eher dieses gerade nicht), sondern lediglich die Vergleichbarkeit der Häufung (Kumulation) angedeutet sein, nämlich so: Theophanie und Segen haben gemeinsam, dass der Mensch hier der überwältigenden, unaussagbaren Fülle Gottes begegnet. Diese Fülle ist aber für die Sprache des Neuen Testaments gerade nicht damit bezeichnet, dass man von Gott allein redet, sondern für 2 Kor 13,13 und andere Stellen gilt gerade das Umgekehrte: Nur die Rede von drei Personen ist der Fülle Gottes wirklich – wenigstens entfernt – angemessen. Die Betonung des Singulars bedeutete nur eine Aussage über Armut.

Von daher ist es auch interessant, die solus-Aussagen der Reformation (solus Christus. sola gratia, sola scriptura) im Lichte des Sprachgebrauchs zu bedenken. Diese Aussagen sind, im Lichte der Weisheit der kumulativen Aussagen, nur als Korrektiv sinnvoll. Aber sie sind nicht Aussagen, die der Wirklichkeit Gottes angemessen sind. Die Unfähigkeit zu trinitarischem Denken bei christlichen Theologen kommt aus logischem Rigorismus, der nur scheinbar radikal ist. Ich denke etwa an sozinianische Tendenzen in den reformatorischen Kirchen, besonders aber an den Übertritt einiger Heidelberger protestantischer Theologieprofessoren zum Islam Ende des 18. Jahrhunderts. Auch in der Gegenwart gibt es hier Theologieprofessoren, die sich nach eigenem Eingeständnis in Moscheen am wohlsten fühlen. – Demgegenüber scheint begrenzte Pluralität angemessen. Wichtig ist nur festzuhalten, dass die Trinität selbst immer wieder das Problem von Pluralismus und Eindeutigkeit aufwirft.

Fülle und liturgische Kumulation

Anders gesagt: Weil es um die Fülle der Zuwendung Gottes geht, gilt der Grundsatz »aus allen Kanälen alles, alles Gute von allen Mächten des Himmels«. Weil es sich um Segenszuspruch handelt, gilt das liturgische Gesetz der Kumulation. Das heißt: In allen alten Liturgien finden wir das Gesetz der Häufung von ähnlichen oder parallelen Anwegen. Man vergleiche etwa die Riten-Kumulation bei der Taufe (Untertauchen, Salbung, Handauflegung, Gabe des Salzes). Derartige liturgische Häufung ist alles andere als ein Missbrauch, sondern eine bodenständige Weise, die Unfassbarkeit Gottes durch das Nebeneinander von Zugangswegen oder Formen der Annäherung zu betonen. Im Falle triadischer Aussagen geht es um die Pluralität der Instanzen.

Die Dreiheit der Instanzen in 2 Kor 13,13 entspricht ganz sicher auch der Zeugenregel Dtn 19,15. Dass man bei derartigen triadischen Ausdrücken an die Zeugenregel dachte, bestätig 1 Joh 5. Und der Sinn einer solchen Nennung von drei Zeugen ist dann die Verstärkung der Gewissheit, wirklich gesegnet zu sein.

Die Segensschritte als Weg

Die Reihenfolge der Instanzen in 2 Kor 13,13 hat selbst eine eindeutige Logik und Folgerichtigkeit. Die Gesegneten »treffen« zuerst auf Jesus Christus. Er ist ja auch die sichtbare Instanz. Er ist der Herr der Gemeinde. Und in der Gemeinde trifft man auf ihn (wie Act 9,6). Sie ist sein Leib, folgt seinen Regeln, hier trifft man den Apostel, seinen Sklaven (2 Kor 1,1).

Es ist wie auf einem regelrechten Weg durch die Instanzen, feierlich und geordnet. Denn der Herr ist wie ein Wegweiser zur nächsten Instanz. Der Kyrios ist wie ein Bild der Gottheit. Doch im Allerheiligsten des Tempels, im adyton, treffen wir auf das unsichtbare heilige Geheimnis. Hier geht es um Gottesbegegnung in der Tiefe. Die strengen Lebensregeln des Kyrios zeigen ihr wahres Gesicht: Sie kommen aus Liebe. So wie der Kyrios das sichtbare Bild des unsichtbaren Gottes ist, so geht der Weg vom Sichtbaren zum Unsichtbaren, von den Geboten zum Ursprung in der Zuwendung des Vaters.

Auch mit dem gedanklichen Weg der Leser der Apk von der Christusvision in Kapitel 1 hin zur Thronvision in Kapitel 4 sind diese Segensschritte zu vergleichen. Denn in Kapitel 1 begegnet der Leser dem Herrn der sieben Gemeinden, in Kapitel 4 dem Gott der ganzen Welt.

Die dritte Instanz auf dem Weg ist der Heilige Geist. Bei ihm geht es um die konkrete Auswirkung in der Gemeinde, nämlich um die Gemeinschaft, die er schenkt. Die Kraft, die wir aus dem Allerheiligsten mitnehmen, Paulus nennt hier das, was er sonst als »Frucht des Heiligen Geistes« bezeichnet.

Auch zu den in Röm 8 benannten Instanzen bestehen Beziehungen. Der Sohn sitzt zur Rechten des Vaters als unser Anwalt. Er stellt uns dem Vater vor, führt uns zu ihm. Der zweite Anwalt ist der Heilige Geist. Er stellt die Gemeinschaft mit Gott her, denn er übersetzt unser Beten. Im Licht von Röm 8 ist die »Gemeinschaft des Heiligen Geistes« daher auch und vor die Gemeinschaft mit Gott. Denn durch Übersetzen unserer Sprache leistet er die primäre Voraussetzung für die Gemeinschaft zwischen Mensch und Gott.

Wie ist das Verhältnis dieser drei Instanzen zueinander? Ohne die Sendung und das Auftreten Jesu gäbe es die drei Instanzen für unsere Kenntnis gar nicht. Dabei ist der Heilige Geist deshalb wesentlich, weil Jesus Christus nicht für eine Addition von Einzelseelen gekommen ist, sondern für eine bleibende Gemeinschaft der Menschen mit Gott und untereinander. »Gemeinschaft« (gr. koinonia) steht daher für diese umfassende Dimension des neutestamentlichen Heils.

Wenn wir hier von Instanzen sprechen, meinen wir nicht etwas, das nur funktional und unabhängig von der Qualität der Träger der Funktionen geleistet worden wäre. Noch hat es im 1. Jh. n. Chr. keinen Donatistenstreit gegeben, in dem die Kirche Funktion und Qualität auseinander zu halten gelernt hat. Auch der Donatistenstreit hat übrigens auf seine Weise zur Entfaltung des christlichen Verständnisses von Person beigetragen. Denn es ging um die Frage, ob auch ein Sünder gültig Sakramente spenden kann. Die Kirche hat das nach dem Donatistenstreit mit Ja beantwortet und damit erheblich zur Unterscheidung von Person und Amt beigetragen. Heute wird die Person geradezu definiert als das Ergebnis von Mensch minus Amt. Dass das im Neuen Testament anders ist, ist auch eine der Ursachen dafür, dass wir im Johannes-Evangelium oder bei Paulus, in Hebr und in Apk so wenig über die Person Jesu erfahren.

So notwendig die Trennung von Person und Amt ist, im Neuen Testament hat es sie noch nicht gegeben. Das bedeutet in 2 Kor 13,13 für die Auffassung von Instanz und Person: Diese beiden Dinge sind noch eins. Von der Funktion her ist direkt auf die Person zu schließen. Natürlich geht es hier nicht um die Frage des Sünderseins. Aber so wie nach der Menschwerdung des Sohnes Gottes der Logos endgültig an die Menschennatur Jesu Christi gebunden ist, so ist auch seit Ostern/Pfingsten der Heilige Geist an die Herzen der in der Kirche vereinten Menschen gebunden. Gott als Heiliger Geist ist in seinem irdischen Tempel anzutreffen. Denn schon Paulus nennt die Gemeinde Tempel des Heiligen Geistes. Trinität bedeutet für den Sohn und den Heiligen Geist: Gott ist der in Jesus Mensch gewordene, Gott ist der in der Kirche in den Herzen der Menschen wohnende. Die Geschichte Gottes mit den Menschen hat diese Selbstverpflichtungen Gottes erbracht.

Zwischenbilanz II

Das Heil ist komplex – und es ist in Fülle zuteil geworden. In einer Zeit, in der man noch nicht gelernt hat, Amt und Funktion einerseits und Person andererseits säuberlich zu trennen, kann man die Mehrdimensionalität des Heils nur mehreren Instanzen zuschreiben. Die alte Weisheit, dass Dogmatik dem Lobpreis entspringt, ist hier mit Händen zu greifen: In der Art, in der das messianische Heil zugänglich geworden ist, kann es nur als Werk der drei Instanzen begriffen werden. Das ist keine Haarspalterei, sondern auch und vor allem Ausdruck der Art, in der Gott jetzt das Heil zuspricht: nämlich unter leibhaftiger Einbeziehung und Verwandlung des Menschen. »Sohn« und »Geist« stehen für die Art, in der sich Gott leibhaftig in die Menschenwelt vorgewagt hat.

Was das bedeutet, wird klarer, wenn man überlegt, wie Israel bislang von seinen Heilserfahrungen zu reden gewohnt war und wo diese sich abgespielt haben. Ich nenne nur die Auserwählung, die Befreiung aus Ägypten, die Gabe der Gebote, die Vergebung im Tempel, das Gebet. Dass jetzt in der Hinzunahme der Heiden, in der Fülle der Wunder und Charismen, in der Verwirklichung von Versöhnung und Auferstehung durch Jesus Christus das Heil eine andere, der konkreten Existenz der Menschen angemessenere Dimension erreicht, muss sich geradezu notwendig trinitarisch äußern. Denn mit Sohn und Geist ist das Gottesbild ja auf Zuwachs kalkuliert: Der Sohn ist nur der Erstgeborene unter vielen Kindern, der Heilige Geist macht Menschen dazu.

Das Prinzip der beiden Anwälte (Römer 8,26-34)

(26) Auch der Heilige Geist in uns stöhnt. Mit Ausrufen des Stöhnens in unübersetzbarer himmlischer Sprache tritt er bei Gott für uns ein, um uns schwachen Menschen zu helfen. Denn von uns aus wissen wir nicht, mit was für Worten wir uns Gott im Gebet nähern dürfen. (27) Der Heilige Geist tritt für alle Christen bei Gott als ihr Anwalt ein, und Gott, der unsere Herzen kennt und ihn als Liebe in sie hineingelegt hat, weiß, was der Heilige Geist will. ... (33) Wer kann es wagen, gegen die Auserwählten Gottes Klage zu erheben? Gott spricht uns frei. (34) Wer sollte uns da noch verurteilen? Jesus Christus ist gestorben, dann aber auferstanden; er ist erhöht zur Rechten Gottes und tritt für uns ein.

Der Anwalt auf Erden – der Anwalt im Himmel

Dieser Text spricht eindeutig von den zwei Anwälten, die die Christen beim Vater haben, und damit ist er das wichtigste Zeugnis für die selbständige Personhaftigkeit des Heiligen Geistes im Neuen Testament. Die beiden Anwälte, die Gott selbst für die Menschen bestellt hat, sind einander ähnlich und unähnlich zugleich:

Der Heilige Geist	**Der Sohn**
tritt für uns ein (bei Gott)	tritt für uns ein bei Gott (zu seiner Rechten)
weil wir Heilige sind	weil wir Auserwählte sind
übersetzt unsere Gebete	widerlegt unsere Ankläger
(= verbale Mittlerrolle)	(= verbale Mittlerrolle)
Folge: alles geht gut aus	Folge: keine Verurteilung oder Trennung von Gott

Mit dieser Rolle aber ist der Heilige Geist nicht mehr nur Gabe an die Menschen, sondern er ist – parallel zum Sohn – ein Gesandter, der im Verlaufe der Sendung bei seiner Heimatadresse ein Anwalt derer wird, zu denen er gesandt ist. Damit ist bei der Sendung des Heiligen Geistes nicht mehr nur das Bild der Einbahnstraße angebracht (Gott sendet den Menschen den Geist), sondern der Geist Gottes stellt sich gegenüber Gott gewissermaßen »auf die Hinterbeine«, um notfalls auch gegen den Vater etwas durchzusetzen zugunsten der Menschen. Nun ist dieses Bild gewiss überzeichnet, aber derartige einprägsame Bilder möglichen Konfliktes im Himmel haben auch bei den Rabbinen Tradition. Die Rabbinen denken an den Widerstreit der personifizierten Mächte Gerechtigkeit und Barmherzigkeit. Nicht als ob das nach rabbinischer Deutung wirklich Personen wären, aber doch so, dass hier ein streng theologischer Widerstreit aufleuchten kann. Man kann es auch so formulieren: Das, was Argumente für oder gegen den Menschen wären, das bringen diese personifizierten Größen, die nun als Streithähne rhetorisch aufgewertet wurden, ins Spiel. – Dabei wird in Röm 8,33 gut erkennbar, dass Paulus tatsächlich an so etwas wie ein Forum denkt. Weil es aber in diesem Forum offenbar keinen Widersacher (mehr) gibt, statt dessen sogar zwei Anwälte, muss jede Sache zugunsten des Menschen ausgehen.

Das Forum Gottes und seine Geschichte

Früher, in älterer Theologie, gab es dagegen sehr wohl einen Widersacher, nämlich den Teufel, der nach Sach 3,1-2 als Gegner des Menschen im himmlischen Prozess auftrat. Diesen Widersacher hat Gott nun – erstaunlicherweise – aus dem Himmel hinauswerfen lassen, so dass es nun keinen Ankläger der Menschen mehr gibt (Apk 12,10). Der Erzengel Michael selbst hat – sichtlich mit Billigung Gottes – den Staatsanwalt ein für allemal aus dem Himmel entfernt, sodass nun dem Menschen keine Gefahr mehr vor dem Forum Gottes droht (Apk 12,19ff). Dafür wird es jetzt noch eine kleine Weile auf Erden ungemütlich, da der beleidigte Staatsanwalt die Christen verfolgt (Apk 12,13ff und auch Röm 8,36).

Aufschlussreich ist, dass auch der Staatsanwalt, der Teufel, in der Debatte um Personalität zu diskutieren war (s.o.). – Vor allem aber ist an dieser Stelle wichtig, dass die Verwendung des Wortes persona im profanen Prozesswesen zur Zeit des Neuen Testaments »technisch« ist. Denn persona meint die Rolle einer Partei vor Gericht (Beklagter oder Kläger, Anwalt oder Zeuge usw.). Es ist daher kein Zufall, dass die entscheidenden frühen Belege für eine Personhaftigkeit sowohl des Teufels als auch des Heiligen Geistes jeweils in forensischen Szenen zu finden sind. Der Ausdruck Person fällt hier zwar nicht, aber die Sache ist gerade in diesen Szenen ausgeprägt vorhanden.

Die zwei Anwälte im Evangelium nach Johannes

Eine Analogie gibt es zweifellos im Corpus Iohanneum, denn auch dort gibt es die beiden Anwälte, Jesus Christus und den Geist. Auch diese beiden Anwälte sind, in der Gegenwart der Christen nach Ostern, so verteilt, dass der eine im Himmel für uns eintritt, der andere auf Erden. Jesus spricht deshalb in Joh 15 vom »anderen Beistand«, den Gott senden werde – demnach ist er der eine und die Jünger warten auf den anderen. Und nach 1 Joh 2,1 ist Jesus unser Anwalt bei Gottes Thron. Nur hat der Beistand auf Erden eine andere Funktion gegenüber Röm 5 und 8: Wie angedeutet, ist der Paraklet der Beistand nicht gegenüber Gott, sondern im Prozess gegenüber der Welt. Während nach Röm 8 alles darauf ankommt, dass Christen keinen Ankläger vor Gott haben, sondern nur zwei Anwälte, liegt im Corpus Iohanneum die Aufgabe des Anwalts im Forum der Mission der »Welt«. Hier kommt es nicht darauf an, dass die Christen vor Gott gerechtgesprochen werden, sondern dass die Welt überführt wird.

Dennoch ist die Parallele zwischen Paulus und Johannes unbestreitbar, und sie setzt eine parallele gemeinsame Verarbeitung eines gemeinsamen sehr alten urchristlichen Ansatzes »von den zwei Anwälten, Christus und dem Geist«, voraus.

Auch der johanneische Paraklet, der an alles erinnern wird, der in die Wahrheit einführen und die Welt überführen wird, spielt im Zusammenhang eines großen Prozesses gegen die Welt seine Rolle. Nicht zufällig ist es ja auch der Heilige Geist, der den Jüngern vor Gericht die rechten Worte eingibt – wie ein guter Anwalt (Mk 13,11: »nicht ihr redet, sondern der heilige Geist«).

Das 4. Evangelium begreift sich im ganzen als Prozessunterlage für den Prozess gegen die Welt. Denn so versteht es Mission: als Nachweis, dass diejenigen strikt im Unrecht sind, die nicht glauben. Der Glaube ist also kein »kann eventuell«, sondern ein »muss zwingend, aufgrund von Beweisen«. Der Paraklet ist daher nicht der »Tröster« (Fehlübersetzung des Mittelalters und Luthers), sondern der Beistand, und zwar vor Gericht. Wie ein Souffleur erinnert er deshalb an die Worte Jesu. Letzen Endes soll er die Welt überführen und erweisen, dass Jesus durch seine Auferstehung selbst gerechtfertigt, also ins Recht gesetzt wurde. In diesem Sinne ist Joh 16,8-11 zu verstehen:

(8) Wenn er (der Beistand) kommt, wird er der Welt beweisen, dass es Sünde, Gerechtigkeit und Gericht gibt. (9) Sünde gibt es dadurch, dass die Menschen nicht an mich glauben. (10) Gerechtigkeit gibt es dadurch, dass ich zum Vater gehe, so dass ihr mich nicht mehr seht. (11) Das Gericht ist dadurch vollzogen, dass der Herrscher dieser Welt abgesetzt worden ist.

Fazit: Frühe Christen sehen sich wiederholt einer forensischen Situation ausgesetzt, und zwar sowohl im realen Leben wie auch metaphorisch vor Gottes Richterstuhl. Bei dem einen geht es um das Bekennen des Glaubens und das Martyrium, bei dem anderen um das Bestehen-Können vor Gott und dem himmlischen Tribunal. Letzteres gilt übrigens nicht erst im Endgericht, sondern nach Röm schon jetzt und jeden Tag, so, wie es im Übrigen auch die Rabbinen sehen.

Erfahrungen mit Prozessen

Die Vertrautheit der frühen Christen mit diesem Szenario bringt es entscheidend mit sich, dass der Heilige Geist in seiner Personhaftigkeit erkannt wird. Denn genau diese »typische« Situation ist auch für die pagane Vorgeschichte des Wortes »Person« entscheidend. Denn Röm 8 lässt ja deutlich werden, dass die Rolle vor Gericht nicht auf das Endgericht beschränkt ist, sondern grundsätzlich besteht.

Der Heilige Geist als Anwalt der Christen nimmt seine Rolle vor dem Gericht Gottes zugunsten der Christen wahr, und die irdisch-forensische Funktion des inspirativen Geistes war sicherlich für frühe Christen bis zu einem gewissen Grade erfahrungsmäßig verifizierbar.

Anders formuliert: Der »existenzielle Ernst« der Gerichtssituation zeigt den Christen, dass der Heilige Geist nicht nur sanft und weich ist, sondern ein harter und verlässlicher Helfer im Prozess. Diese Erfahrung macht man vor römischen Gerichten auf Erden, und man erhofft ganz Entsprechendes für die Situation vor dem entscheidenden Gericht Gottes. Während der Geist vor irdischen Gerichten die Christen inspiriert, indem er ihnen die rechten Worte eingibt, läuft der Transport von Worten vor Gottes Forum dank des Heiligen Geistes in umgekehrte Richtung: Der Geist übersetzt die stammelnden Worte der Christen in gerichtsfähige Rede. Beides, rechte Stichworte geben und Umsetzen unvollkommener Worte in gerichtsfähige Rede, ist der Beruf des Anwalts.

Nach unserer These entspringt die Einsicht in die Personhaftigkeit des Heiligen Geistes daher einer im doppelten Sinne für die frühen Christen typischen Szenerie, in der es um Leben und Tod ging: der Verhandlung vor dem Gericht auf Erden und der entsprechenden Verhandlung vor Gottes Gericht.

Methodisch gesehen: Es gibt zunächst den Sitz im Leben, und zwar römisch und jüdisch-christlich, nämlich die Verhandlung vor Gericht. Nur in der römischen Szene gibt es vorerst das Wort (persona/prosopon). In der christlichen Szene wird die Vorstellung entwickelt, die soweit vorangetrieben wird, dass das römische Wort der christlich entwickelten Sache wie eine reife Frucht in den Schoß fällt oder wie das Sahnehäubchen für die fertige Speise erscheinen muss.

Bedauerlicherweise ist die Wirkungsgeschichte dieses ursprünglichen Ansatzes in der Folge schwach geblieben und spielt in der heutigen Pneumatologie überhaupt keine Rolle mehr. Daher ist es auch so schwierig, die Ursprünge exegetisch freizulegen. Das könnte sich jedoch im Medienzeitalter ändern, weil Christen mit ihrem Bekenntnis, konfrontiert mit einer oft sehr umfassenden Öffentlichkeit, um den Heiligen Geist gerade im angedeuteten Sinne wieder zu bitten lernen könnten.

Das Prinzip der zwei Mittler (Römer 5,5-10)

Zum Aufbau des Textes

Ähnlich wie für Röm 8 festgestellt, ergeben sich auch hier zwei weitgehend parallele Aussagereihen über den Sohn Jesus Christus und über den Heiligen Geist:

5,5 die Hoffnung aber beschämt nicht denn die Liebe Gottes ist ausgegossen in unseren Herzen durch den Heiligen Geist der uns gegeben wurde	5,8 Es hat erwiesen gegenüber uns Gott seine Liebe denn obgleich wir noch Sünder waren ist Christus für uns gestorben
	V. 9.10 wir werden gerettet

Gemeinsam sind diesen Versen:
- »die Liebe Gottes«
- Gott als Subjekt
- Hoffnung oder entsprechendes Futur (V.9.10)
- »unsere Herzen« parallel zu »uns« als Adressaten von Gottes Tun
- »gegeben« parallel zu »erwiesen«
- zwei Mittler: der Heilige Geist parallel zu Christus

In zwei auffallend parallelen Ansätzen erweist Gott seine Liebe – in beiden Fällen durch einen Mittler, entweder durch die Gabe des Heiligen Geistes oder dadurch, dass Christus für uns stirbt.

Extreme Zuwendung

In beiden Fällen ist die Zuwendung Gottes durch den Mittler ganz extrem. Denn Gott gibt uns seinen eigenen Lebensgeist in unsere Herzen. Er lässt uns teilhaben an seinem Leben. Nach Röm 8,13 wird Paulus sagen: Gott macht uns durch dieses Teilhabenlassen an seinem Lebensgeist zu Kindern. Denn so ist das auch sonst mit Eltern und Kindern: Die Eltern geben Anteil an ihrem Lebensgeist, teilen ihr eigenes Leben mit. Das, was theologisch Anhauchung genannt wird, nennt man biologisch Zeugung und Schwangerschaft. Gott dehnt auf die direktest mögliche Weise sein Leben aus. Denn eine engere Beziehung als Kindschaft kann es zwischen Lebewesen nicht geben. Deshalb ist die Kindschaft das Bild für das, was Gott mit der Gabe des Geistes tut.

Und indem Christus, Gottes Sohn (V.10) für uns stirbt, wendet Gott sich uns noch einmal intensiv zu. Es ist, wie wenn Gott ein Stück von sich selbst zur Stellvertretung für uns einsetzt.

Im ersten Fall, bei der Gabe des Geistes, wird die Kindschaft ausgedehnt, im zweiten Falle wird der Sohn geopfert. In beiden Fällen geht es um Kindschaft. Denn wenn man jemanden nicht direkt treffen kann – in seinen Kindern ist man angreifbar, wird man getroffen. Wenn Gott mit seinem Kind und mit Kindschaft zu unseren Gunsten etwas riskiert, alles riskiert, dann liebt er uns wirklich. Gott macht sich verletzlich, indem er seinen verletzbaren Sohn sendet, und er macht sich verletzlich, indem er uns Verbrecher zu Kindern annehmen will. Wir pflegen zu sagen: Sowohl der Geist als auch der Sohn, beides ist »ein Stück von ihm, von Gott, selbst«.

Paulus gebraucht das Wort »Liebe«, um hier, am ersten Höhepunkt des Röm zu sagen: Gott hat in beiden Fällen das Maximum an persönlicher Hingabe und Dreingabe riskiert. Denn der Geist ist nicht irgendetwas, sondern Gott als »Kindermacher«, und der Sohn ist der geliebte Sohn. Der Geist ist Gott selbst, indem er sich mitteilen kann, und der Sohn ist der, indem der Vater sich selbst sieht. Der Sohn steht und handelt für ihn.

Einen Schritt weiter führt es nun, wenn man entdeckt, dass die Entsprechungen zu dem Abschnitt Röm 8,26-34 sehr erheblich sind. Denn der Heilige Geist ist nach Röm 5 »im Herzen« der Menschen, und nach Röm 8 wird gesagt, was er nun im Herzen des Menschen tut: Er übersetzt das Stöhnen der unerlösten Herzen in Gottes Sprache. Ausdrücklich fällt der Ausdruck »Herz« auch in Röm 8. – Und der Sohn, Jesus Christus, ist in beiden Fällen der »außerhalb« als Mittler agierende, im großen Drama der Heilsgeschichte. In Röm 5 wird er als der Gekreuzigte genannt und in Röm 8 als der Erhöhte, der zur Rechten des Vaters sitzt.

Das bedeutet: Paulus bereitet durch Röm 5 die Rolle der beiden Anwälte von Röm 8 vor. Dem entspricht, dass in dem berühmten Schluss von Röm 8 es dann heißt, dass nichts uns »trennen kann von der Liebe Gottes«, eben jener Liebe, die nach Röm 5 im Heiligen Geist und im Sohn uns erzeigt wurde.

Diese Liebe Gottes ist nicht »Selbsthingabe«, denn dass jemand sich selbst gibt, kann die Bibel nur von Menschen gegenüber Menschen oder gegenüber Gott sagen, aber nicht von Gott. Aber das, was der menschlichen Gabe des Selbst auf der Seite Gottes nahe kommt, das heißt hier Liebe. Gott gibt den Menschen in der Liebe etwas, das direkt und sehr eng zu seinem Leben gehört. Wie wenn Eltern ein Kind zeugen, das Wunder des Lebens durch Teilen weitergeben und sich vornehmen, das Kind lieb zu haben. Intensiver konnte Gott nicht über sich selbst »verfügen«.

Der Geist ist durch Teilen vervielfältigtes Selbst, und auch der Sohn wird als Abdruck des Wesens verstanden (Hebr 1,2). Nicht ohne Grund sagt die Bibel in Gen 5,1, Adam habe Seth »nach seinem Bilde« gezeugt. Ähnlich hat Gott nach Gen 1,26 den Menschen »nach seinem Bilde« geschaffen. Lk 3,38 nennt deshalb Adam Gottes Sohn. Damit wird nur deutlich: Ebenbild ist der genannt, der Gott dem Schöpfer oder jedes Kind, das seinen Eltern jeweils unüberbietbar nahe steht. Im Falle der Schöpfung steht der Mensch Gott am nächsten, im Falle der Menschen die Kinder den Eltern. Deshalb redet Paulus von Kindern, um die neutestamentliche Botschaft von der absoluten Nähe Gottes in personalen Bildern zu formulieren. Denn Jesus Christus allein ist für ihn Ebenbild Gottes. Indem wir durch den Geist Gottes Kinder werden, sind die Christen dem Sohne gleichgestaltet.

Festzuhalten ist jedenfalls: Nach Röm 5 wie nach Röm 8 ist Paulus einer Trinitätstheologie äußerst nahe. Denn seine Ausführungen zum Stichwort Liebe und die Wahl der theologischen Metaphorik zeigen: Hier, bei diesen beiden »Mittlern«, geht es um das Maximum der persönlichen Zuwendung Gottes an die Menschen. Und es geht eben nicht um irgendwelche kurzfristig angestellten Mittler, sondern um Großes und Bleibendes. »Großes« deshalb, weil der Geist Gottes eigener Geist ist und der Sohn der Gott Gleiche. Bleibendes, weil es sich nicht um eine begrenzte Aufgabe handelt, sondern um den bleibenden Heilsstatus der Christen.

Jüdische Analogie: Zwei Angesichtsengel

Nun kann man auch für das in Röm 5 wie in Röm 8 entworfene Bild nach etwaigen Analogien fragen. Gibt es für diese Zweisträngigkeit (Geist und Sohn) irgendwelche Analogien und Vorformen?

Auf die verwandte Anschauung des Evangeliums nach Johannes haben wir bereits hingewiesen.

Man darf nun weiter fragen, ob nicht das frühe Christentum hier auf ein älteres jüdisches Muster zurückgreift. Wenn wir diesen Versuch unternehmen, dann bedeutet das alles andere als eine Reduzierung der frühchristlichen Aussagen auf jüdische. Nein, die frühchristlichen Aussagen haben in jedem Fall ihren Eigenwert, insbesondere eben für den Unterschied von jüdischem und christlichem Gottesverständnis. Aber nach einer vorbereitenden Brücke darf man, das Gesagte vorausgesetzt, fragen.

Diese Brücke ergibt sich aus der alttestamentlich-jüdischen Vorstellung von den beiden »Engeln des Angesichts«. Dieses sind besondere Engel. Auf den Gedanken, in der Auslegung dieser Auffassung möglicherweise vorsichtige Brücken zum frühen Christentum zu bauen, bin ich deshalb gestoßen, weil zum Beispiel das Jubiläenbuch, eine ganz nur äthiopisch erhaltene jüdische Schrift aus dem 4. bis 2. Jh. v. Chr., überhaupt nur deshalb zum Kanon der äthiopischen Kirche bis heute gehört, weil man die beiden Engel des Angesichts (und Gott in ihrer Mitte) trinitarisch deutet. Wenn man nun dieser jüdischen Vorstellung weiter nachgeht, kommt man jedenfalls zu einer Gottesvorstellung dieser Art, dass Gott stets »eingerahmt« ist durch die Angesichtsengel, die die unüberbietbar höchsten Wesen nächst Gott selber sind. Mit dieser Analogie soll nun, um es zu wiederholen, nicht gesagt sein, Sohn und Geist seien auch »nur so etwas wie Engel des Angesichts«, nein, sie haben ihre unverwechselbare Prägung jenseits jeder Engelvorstellung. Aber die äthiopischen Christen haben möglicherweise nicht ohne eine ältere judenchristliche Tradition diese Deutung der Angesichtsengel übernommen und weisen damit auf einen Vorstellungskreis, der es Paulus und dem Evangelisten Johannes erleichtert haben könnte, ihre Konzeption von den beiden Anwälten überhaupt zu wagen und zu formulieren.

Im Jubiläenbuch heißt Vers 2,2: »Denn am ersten Tag schuf er die Himmel, die über den Himmeln sind, und die Erde und die Wasser und jeden Geist, der dienen sollte vor ihm, nämlich:
die Engel des Angesichts
und die Engel der Heiligung ...

Dass es sich um zwei Engel des Angesichts handelt, konnte man aus Jub 1,27-29 lesen:

(27) »Und er [sc. der Herr] sagte zum Engel des Angesichts: Schreibe auf für Mose ... (29) Und es nahm der Engel des Angesichts, der einherzog vor den Heeren Israels, die Tafeln der Einteilung der Jahre ... (2,1) Und es redete der Engel des Angesichts zu Mose mit den Worten des Herrn: Schreibe auf die ganze Abfolge der Schöpfung, ...«

Der Sinn der Abfolge: Gott diktiert dem Engel des Angesichts und dieser diktiert Mose. Der Engel, »der vor den Heeren einherzieht«, wird als ein anderer eingeführt. In Jub 1 ist er eine Art Notar, der die Urkunde, die der Engel aufgeschrieben hat, entgegennimmt und verstaut. Immerhin deutet sein Attribut »der einherzog vor den Heeren Israels« an, dass er später (oder: eigentlich?) auf Erden tätig ist. Damit hätten wir einen Angesichtsengel im Himmel und einen auf Erden.

Von zwei Angesichtsengeln spricht auch Apk 11: Die beiden Leuchter »vor dem Angesicht des Herrn« sind die beiden Propheten (nach Deutung der Alten Kirche; Henoch und Elia zumeist).

Tg Jerush Gen 1,26 hat: »Und der Herr sagte den Engeln, die vor ihm dienten, die geschaffen waren am zweiten Tag: Lasst uns den Menschen machen.« – Diese Stelle wird bekanntlich später (schon in Barn 6,12) trinitarisch gedeutet!

CSCO 221/222 zitiert Jub 1,27 (äth. S. 83, deutsch S. 73). Über Christus wird gesagt: »Er glich dem Engel des Angesichts, als er dem Mose das Kapitel über die Jubelzeiten aufschrieb.«

Die meisten Texte kennen entweder einen Engel des Angesichts (TestJuda 25,2; Hen hebr 3,2) oder deren vier (und identifizieren dann mit den vier lebenden Wesen nach Ezechiel, so Hen äth 40,3: Michael, Gabriel, Raphael, Phanuel). Zum Prinzip der zwei Engel (rechts und links von Gott; bei Thronvision und Theophanie): Sach 4,14 (die beiden Gesalbten vor Gott); Apk 11,4 (zwei Ölbäume plus zwei Leuchter); 2 Makk 3,26.33; 3 Makk 6,18; Hen slav 1,4; Ant Bibl 27,10; 64,6; Hen hebr 18,23; Herm sim 9,12,8; Lk 24,4; Act 1,10; Mk 16,3k; PetrEv 36ff; Asc Jes 3,16. – Es fällt auf, dass das Prinzip der zwei Engel besonders in neutestamentlicher Zeit und Umgebung beliebt ist.

In Mt 18,10 wird vorausgesetzt, dass die Engel des Angesichts Anwaltsfunktion haben, nämlich für die »Kleinen«!

Außer Engeln können auch erhöhte Menschen vor Gottes Angesicht stehen: Henoch wird vor Gottes Angesicht stehen (Hen slav 21,3.5). – Vor Gott stehen: alle Geister, Michael, die beiden Ältesten (Berger, Auferstehung, 268 A. 102) oder Mose und Aaron (Memar Marqah, 2.-3. Jh. n. Chr.).

Selbstfestlegung Gottes (Römer 15,30)

Zum Aufbau des Textes

Liebe Brüder und Schwestern,
verbunden mit euch durch unseren Herrn Jesus Christus
und durch die Liebe, die der Heilige Geist schenkt,
bitte ich euch:
Steht mir mit euren Gebeten in meinem Ringen mit Gott zur Seite, ...

Stärker als in allen bisher besprochenen Texten ist Gott (Vater) das Gegenüber, und zwar so, dass Paulus und die römischen Christen sich vor diesem Gegenüber zusammentun wollen (auf Bitten des Paulus hin), um Gott im Gebet zu bestürmen. Paulus braucht wirklich die Unterstützung der römischen Christen, denn es geht um die Annahme der paulinischen Kollekte in Jerusalem. Diesen Vers kann man daher als Zielpunkt des ganzen Römerbriefes betrachten. Wenn die römischen Christen dem Apostel jetzt die Gefolgschaft versagen, dann war der ganze Brief umsonst. Daher können wir annehmen, dass Paulus diesen Vers mit besonderer Sorgfalt formuliert. Es ist, wie wenn jemand an den römischen Kaiser eine Petition richtet. Da muss er sich sicherer Gefolgschaft versichern. Im Blick auf Röm 8 und die beiden dort genannten Anwälte kann man sagen: Paulus weiß, dass er mit seiner Petition bei Gott nur Erfolg hat, wenn die römischen Christen samt den beiden Anwälten auf seiner Seite stehen. Wenn er auf dieser Basis, also

eins mit
den römischen Christen
Jesus Christus, dem Herrn
und dem Heiligen Geist

vor Gott tritt, dann muss sein Gebetskampf erfolgreich sein. Paulus verwendet ausdrücklich Kampfmetaphorik, ähnlich wie wir das von Jakob und dem Engel nach Gen 32 kennen, denn offenbar geht es um eine harte Sache. – Aus der frühchristlichen Gebetstradition weiß Paulus, dass Einheit und Einsinnigkeit beim Gebet entscheidend ist. Denn wenn Menschen untereinander eins sind, können sie im Gebet Unglaubliches durchsetzen und werden sicher erhört (Mt 6,14f; 18,19; ThomasEv 48). Und insbesondere gilt das, wenn auch die beiden Anwälte, die Gott selbst gestellt hat, mit beiden Parteien eins sind.

Wenn Paulus hier formuliert »Ich ermahne euch durch ...«, dann bedeutet das: »unter Nennung von ...«, »mit Bezug auf die Autorität von ...«, »indem ich diese beiden, Christus und Geist, zu meinen Gunsten anführen kann«. Denn Paulus ist ja der Apostel des Kyrios (Röm 1,1), und durch den Heiligen Geist ist Jesus legitimiert (Röm 1,4), vor allem aber auch Paulus selbst (z.B. 1 Kor 7,40). Er ist Gesandter Jesu Christi (2 Kor 5,20) und mahnt in dessen Auftrag z.B. zur Versöhnung mit Gott.

Aber in welchem Sinne kann Paulus die Trinität gewissermaßen aufspalten, indem er in Gemeinschaft mit Sohn und Geist »gegen«

den Vater kämpft? Ist das überhaupt der Sinn des Textes hier? – Indem sich Paulus auf den Herrn Jesus Christus und den Heiligen Geist beruft, unternimmt er nichts Spalterisches, sondern stellt Einheit her:

- Zunächst die Einheit zwischen den römischen Christen und sich selbst. Denn Jesus Christus ist der gemeinsame Herr (»unser Herr«), und der Heilige Geist wird ausdrücklich wegen der Liebe zitiert, die (nebst Synonyma) auch sonst in triadischen Wendungen oft sein besonderes Werk ist, erinnert sei an 2 Kor 13,13 (Gemeinschaft durch den Heiligen Geist) und Eph 4,4 (Einheit des Leibes).
- Sodann die Einheit mit Gott. Denn der Kyrios und das Pneuma agieren natürlich nicht gegen Gott, aber das, was durch sie geschehen ist, sind unüberholbare Eckpfosten in der Beziehung zwischen Gott (Vater) und den Menschen. Und weil es diese beiden Anwälte gibt, kann, wie schon Röm 8,34 ausgeführt hat, den Menschen nichts von Gottes Liebe und Solidarität trennen. Die Liebe des Heiligen Geistes, die Paulus hier nennt, ist nichts anderes als die Liebe Gottes selbst.
- Dennoch ist die Situation nicht zu beschönigen. Im Sinne biblischer Tradition ist die Nennung von Kyrios und Pneuma hier wohl ähnlich zu beurteilen wie sonst der Appell an Gottes frühere Taten. Wenn man solche Heilstaten erwähnt, nennt man ja auch vor Gott Argumente, um ihn zu beeindrucken (»Herr, du hast doch ...«), natürlich vor allem, um sich selbst Gewissheit beim Beten zu verschaffen, die man Glauben nennt. Der Kyrios und der Heilige Geist sind für Paulus gravierende und starke Argumente für ein erneutes Sich-Hinwenden zum Herrn voll Vertrauen. Denn mit dem Herrn und dem Geist verbindet Paulus zentrale Erfahrungen seines Christ- und Apostelseins.

Die trinitarische Konzeption in Röm 5, 8 und 15

Wir erkennen daher, dass Röm 5, 8 und 15 wirklich Bestandteile einer einheitlichen theologischen Konzeption des Apostels sind. Denn es geht gleichermaßen um die Anwaltsrolle Jesu Christi und des Geistes. Und in Röm 5 wird diese Erfahrung des Christ- und Apostelseins auch direkt beschrieben.

Insofern ist der Römerbrief insgesamt ein ganz wichtiger Beitrag zur Trinitätstheologie. Denn die Erfahrung mit Sohn und Geist ist jeweils so stark, dass Paulus in ihnen durchaus das sieht, was man später »je eigene Personen« nennt. Wenn er beim Gebetsringen um Zukünftiges sogar auf diese beiden Personen und eben nicht auf irgendwelche Ereignisse rekurriert, dann wird erkennbar, dass Paulus hier wirklich Anwälte nennt, die in seinem Gottesverhältnis wichtig geworden sind.

Oder anders gesagt: Gott(vater) hat sich mit der Sendung von Sohn und Geist so weit auf die Menschen eingelassen, er ist so weit aus sich herausgegangen, dass er diese Zuwendungen einfach nicht mehr rückgängig machen kann. Dass Gott nicht mehr hinter diese doppelte Sendung zurück kann, bedeutet eine so hochgradige Selbstfestlegung, dass man im Gebet daran appellieren kann (»Herr, du hast doch den Sohn und den Geist gesandt ...«).

Oder anders gesagt: Die Sendung von Sohn und Geist sind gewissermaßen geronnene Akte der Zuwendung Gottes, in denen beide, Sohn und Geist, wie auf einem Foto fixiert worden sind und fixiert werden konnten und je als eigenes Gesicht Gottes erkennbar wurden. Dabei ist hier theologisch die »Sendung« wichtig. Denn nach jüdischem Botenrecht ist der »Gesandte wie man selbst«, aber andererseits doch unterscheidbar. Und dieses ist theologisch wichtig: Die Sendung geschieht »nach außen«, in den Bereich der Kreatur außerhalb Gott (Vaters). Im Bereich von Kreatur und Geschichte, einer wirklichen Heilsgeschichte, ist das unterscheidbar, was in Gott unfasslich eins ist.

Das Prinzip der zwei Minister (1 Korinther 12,4-6)

(4) Die Gaben sind verschieden, doch gewirkt von demselben Geist.
(5) Es gibt verschiedene Aufgaben in der Gemeinde, doch derselbe Herr hat sie verteilt. (6) Es gibt auch verschiedenartige Begabungen, doch derselbe Gott hat bei jedem Einzelnen alles bewirkt.

Vergleich mit Eph 4,4-6

Zum Verständnis des Textes ist es hilfreich, auf Eph 4,4-6 zu verweisen. Es gibt nicht nur dieselbe Abfolge Geist – Herr – Gott, sondern wo in Eph 4,4-6 »der eine« steht, findet sich hier »derselbe«. Auch ist bei der Rede von Gott am Schluss der Triade eine pauschale und generalisierende Aussage über »alle« untergebracht.

Und ferner: Der Heilige Geist wirkt nach 1 Kor 12,4 die »Charismen«, auf die in 1 Kor 12 dann im Folgenden das Bild des Leibes angewandt wird; Eph 4 aber verknüpft das Wirken des Heiligen Geistes mit dem einen Leib.

1 Kor 12,4b nennt die »Dienste« (Aufgaben) und bringt so das streng organisatorische mit dem verbindlichen Kyrios zusammen. Auch in Eph 4,5 sind dem Kyrios die entscheidenden organisatorischen Elemente zugeordnet, freilich in ganz anderer Perspektive, nämlich als Glaubensbekenntnis und Taufe.

Der weiteste, umfassende Rahmen ist durch das Wirken Gottes bestimmt.

Vor allem sind beide Texte auf das strikt gemeinsame Wirken der drei Größen Geist, Herr und Gott in der einen Gemeinde bezogen. In 1 Kor wird die Verschiedenheit im Bild der Gemeinde viel deutlicher als in Eph 4: Viel offener ist von den unterschiedlichen Gaben, Diensten und Begabungen die Rede. Diese werden zwar von unterschiedlichen Größen gewirkt, aber diese sind doch für alle dieselben drei Größen. Unterschiede werden also nur in dem wahrnehmbar, was sichtbar ist, nicht aber in der Wurzel. Die Wurzel ist dreifältig, aber jeder hat an allen drei Wurzeln Anteil.

Die Aufgabenzuteilung

In 1 Kor 12 hat daher die Nennung der drei Instanzen folgende Aufgabe: Die drei Größen beschreiben drei Kategorien gemeindlicher Wirklichkeit, nämlich Charismen, Dienste und die vielen wirkmächtigen Begabungen allgemein. Dass man auch ganz anders einteilen konnte, zeigt 1 Petr 4,11 mit der Unterteilung in Wort- und Dienst-Charismen.

Man kann nun fragen: Wie zwingend ist die Zuordnung zu den drei Instanzen, warum wird nicht einfach nur der eine Gott genannt? Wäre das nicht hilfreicher gewesen, gerade wenn es um die Rettung der Einheit der Gemeinde geht? – Antwort: Der Geist ist der Überbringer der Gnadengaben; deshalb spricht Paulus in 1 Kor 12,1 auch von den »Geistesgaben«. Auch die Zuordnung von »Herr« und »Diensten« ist sachlich begründet (Zuordnung auch in 2 Kor 3,6-8/17; Eph 6,21), denn die »Dienste« sind öffentliche Aufgaben im Dienste der

Gemeinde. Das dreifache »aber derselbe« ist eindrückliche rhetorische Stärkung.

An der Stelle des Modells von den konzentrischen Kreisen in Eph 4 steht hier in 1 Kor 12 das Nebeneinander von Charismen und Diensten im weiteren Rahmen der generellen Zuteilung aller Wirksamkeiten durch Gott. Der Herr steht daher strikt gleichberechtigt neben dem Wirken des Geistes. So gilt: Im Rahmen der Kirche wirkt grundsätzlich alles der eine Gott, nur gibt es in diesem Rahmen Sonderzuweisungen durch Kyrios und Heiligen Geist. Schematisch dargestellt:

Menschen in der Welt außerhalb der Gemeinde	GOTT wirkt alles in der Gemeinde
KYRIOS wirkt Dienste	GEIST wirkt Charismen

Das bedeutet für das Verhältnis der drei Instanzen zueinander: Für besonders wichtige, herausragende Wirkungen hat Gott seine besonderen Beauftragten. Das ist, wie wenn unter dem römischen Kaiser noch zwei Konsuln (für je besondere Aufgaben) aktiv wären oder im Rahmen einer Regierung zwei Minister, deren Wirken nichts daran ändert, dass der Regierungschef die Politik bestimmt und verantwortet.

Auch hier kann man an das oben ausgeführte Bild von der Theophanie »inmitten zweier Engel« denken. Das Wirken des einen Gottes umfasst diese beiden besonderen Aufgipfelungen – es geht aber um eine einzige »Theophanie«. Kyrios und Geist sind zwei spezielle Gesichter im Rahmen des einen Wirkens Gottes. Die mittelalterlichen Darstellungen des Gnadenstuhls, nach denen der Vater die beiden anderen Personen »auf dem Schoß hält und den Menschen präsentiert«, sind dieser Schilderung hier ganz nahe.

Zwischenbilanz III

Röm und 1 Kor zeigen ein im Großen einheitliches, im Einzelnen aber doch auch äußerst differenziertes Bild von den drei Instanzen. Im Unterschied zu anderen Zeugnissen des Neuen Testaments ist der Vater (Gott) deutlich von den beiden Instanzen Sohn und Geist unterschieden. So kann man für Paulus wirklich sagen: Der Vater hat sich auf doppelte Weise gegenüber den Menschen festgelegt, ja nicht nur das, er ist zweifach aus sich selbst heraus und in die menschliche Wüste hinabgestiegen. Man kann das auch eine zweifache Kenosis (Selbsterniedrigung) nennen. Gott scheut sich nicht, in einem palästinischen Mädchen Mensch zu werden und er scheut sich nicht, im Herzen jeder Christin und jedes Christen zu wohnen, als Heiliger Geist. Bei dieser Kenose wird er jeweils neu als er selbst erkennbar. Er liefert sich zweifach aus. Warum er das tut? Paulus würde antworten: Weil er die Menschen liebt.

Stationen auf dem Weg (Judasbrief 20-21)

Zur Analyse des Textes

(20) Ihr dagegen sollt einer den anderen aufbauen in der Kraft unseres heiligen Glaubens.
Der Heilige Geist gebe euch eure Gebete ein.
(21) Seht zu, dass ihr nicht aus der Liebe Gottes herausfallt.
Haltet fest an der Hoffnung, dass ihr durch das Erbarmen Jesu Christi, unseres Herrn, ewig leben werdet.

Drei Partizipien gliedern den Text (aufbauend, betend, erwartend), ein finites Verb (bewahrt euch in der Liebe Gottes) steht im Zentrum. Wie in Röm 5,5.8 ist »Gott« hier mit der »Liebe« verbunden. Das »Erbarmen« des Herrn ist eben das herrscherliche Erbarmen, strikt von oben nach unten gerichtet. Wie in Röm 5,9-11 ist die Leistung Jesu Christi das Hoffnungsgut in der Zukunft.

Es empfiehlt sich, diesen Text wegen seiner Zukunftslastigkeit am Schluss (Hoffnung, ewiges Leben) im ganzen zeitlich zu lesen. Dann gibt es einen Spannungsbogen zwischen der erwählenden Liebe Gottes am Anfang des Christwerdens und dem Erbarmen des Herrn Jesus Christus dann. Denn die anfängliche Liebe Gottes gilt es zu bewahren und das Erbarmen des Herrn wird in der Hoffnung erwartet. In der Zwischenzeit steht das Gebet (und dass einer den anderen in der Kraft des Glaubens aufbaue).

Die Verbindung von Heiligem Geist und Gebet ist eine ganz kennzeichnend christliche, denn Jesus wie Paulus verstehen das Gebet der Christen selbst als Resultat einer Inspiration (Gebet um Geist und Gebet als Frucht des Heiligen Geistes: Gal 4,6; Röm 8,15; Lk 11,13; Mk 14,38).

Die Zugehörigkeit zu Gott, die den Rahmen gab, wird vor allem im Gebet bewahrt und darin sowie im gegenseitigen Aufbauen entfaltet.

Für die Rolle der drei Instanzen (Geist, Gott, Herr) ergibt sich die Unterschiedlichkeit aus der jeweiligen Situation innerhalb der Zeit des Lebens, aus der Station in der geistlichen Biographie des Christen. Daraus allein sind die drei Instanzen zu erklären, je nach Epoche im Leben ist die Perspektive auf Gott anders, stellt sich der eine und einzige Gott in den drei unterschiedlichen Gesichtern (Personen) dar.

Gott ist durch seine Nähe zu den Menschen gewissermaßen geschmeidiger geworden, kann selbst mit speziellen Diensten auf die eingehen, die ihren Situationen angemessen sind. Um es mit einem recht modernen Bild auszudrücken: Der eine und einzige Gott ist in dieser Hinsicht wie ein Dienstleistungsunternehmen, dass seine Dienste flexibel und sensibel genau den Notwendigkeiten und Situationen der Adressaten (Kunden) anpasst.

Der religiöse Wert der bunten Vielfalt

Auch nach Jud 20f geht es nicht um die Strenge des Monotheismus, der nur den »einen« kennt, sondern um den überwältigenden Reichtum des einen und einzigen Gottes. Dieser äußert sich darin, dass er vielfältig ist. Der vielfältige Reichtum des einen ist daher ein besonderes Thema. Man kann das gut beobachten anhand der religiösen Bedeutung des Wortes poikilos (bunt) bzw. polypoikilos (farbenprächtig). Nach 1 Petr 4,10 ist die Gnade Gottes bunt, d.h. sie erweist sich auf verschiedene Art. In Hebr 2,4 heißt es von Jesus, er habe durch vielfältige Krafttaten und Arten der Anteilgabe am Heiligen Geist gewirkt. Nach Eph 3,10 ist die Weisheit Gottes von bunter Vielfalt, und daher haben wir (Berger/Nord, NT) übersetzt: »Dann gehören sie zur himmlischen Gemeinde derer, die um Gottes Thron versammelt sind, und können auf diese Weise den Machthabern und Gebietern die Weisheit Gottes, die bei jedem Volk eine andere Gestalt hat, entgegenhalten«.

Denn generell gilt: ein Gott, der sich an unterschiedlichen Orten auf vielfältige Weise zeigt, als »bunt« im Sinne vielfältiger Beweise seiner Macht, die man dann in Litaneien katalogartig aufzählen konnte.

Wenn also der eine und einzige Gott wirklich groß und mächtig ist, dann hat er sich in neutestamentlicher Zeit eben »vielfältig« erwiesen. Auch den einen Gott macht nichts größer als viele Gesichter. Deshalb gilt es auch als Vorzug, wenn etwa ein Evangelium in viele Sprachen vieler Völker übersetzt ist (Pfingstereignis). Jede Beschränkung auf nur eines wäre ein Zeichen der Armut. Nicht die vielen Götter, von denen jeder nur ein Adjektiv hat, sind empfehlenswert, sondern der eine Gott mit vielen Attributen. Daher sind auch die Isis-Litaneien beliebt, um mit ihrer Vielnamigkeit auch ihre Allzuständigkeit zu betonen. Auch dass Jesus nach dem Neuen Testament rund 40 »Namen« hat, gereicht ihm zur Ehre.

Für unsere Leitfrage bedeutet das: Dass der eine und einzige Gott drei Gesichter hat, sich an den unterschiedlichen Stationen in unterschiedlicher Weise zeigt und doch der eine Gott ist, das ist für die Menschen des 1. Jahrhunderts kein Problem oder Paradoxon, sondern Zeichen stupender, wahrhaft göttlicher Fülle. Nach H. Schlier (Epheser, 156.162) geht es um die »mannigfaltige«, »vielfältige« Erscheinung des einen göttlichen Wesens. Es ist gut für den Kult eines Gottes, wenn klar ist, wie vielfältig und reich seine Wahrnehmung ist. So wird etwa von dem durch geplante Propaganda geförderten Heilgott Serapis gesagt: »In allem ist er der einzige, als einziger vermag er dasselbe, was alle anderen zusammen« (Aelius Aristides II 359 § 24).Von ihm, der sich »so oft wandelt zum rettenden Helfer«, weil es keine Machttat (gr. dynamis) der anderen Götter gibt, die nicht auch er wirken könnte und die er auch, sich wandelnd, in seinen Machttaten tatsächlich wirkt. Bei Isis ist – wie bei der jüdischen Weisheit – die Rede von der Vielfältigkeit in ihren Erscheinungen und Namen bei aller Einheit ihres Wesens. Die Aussage Weish 7,27 kann eine Gegenaussage gegen die vielgestaltige Isis sein (»Sie ist eins und vermag doch alles. Sie beharrt in sich selbst und erneuert doch alles«). Bei Philo von Alexandrien ist die himmlische Sophia »vielnamig«. Dieser Lobpreis der Fülle ist aus den triadischen Aussagen des Neuen Testaments nicht wegzudenken. – In den Homilien des Ps-Clemens ist es der eine, stets erneut wieder wirksame göttliche Prophet, der mit den Namen auch die Gestalten wechselt und in den verschiedenen Generationen als derselbe wirksam ist (3,20,2).

Es ist nicht zufällig, dass gerade bei Isis, Serapis und Sophia, von denen jede(r) auf seine Weise monolatreutische Tendenzen auf sich zog, diese Aussagen über die Vielheit in der Einheit zu finden sind. Da man die Vielfalt betont und sich der kulturübergreifenden Einheit freut, entstehen noch nicht Probleme des abstrakten Verhältnisses der Vielheit zur Einheit. Daher haben auch die Analogien zur Trinitätslehre nichts Platonisches oder gar Gnostisches an sich, sondern sind Ausdruck der allgemeineren hellenistischen Religionsgeschichte.

Diese Analogien offenbaren auch die Wurzeln späterer Missverständnisse und trinitarischer »Häresien«. So konnte beispielweise die hier genannte Theorie von der vielgestaltigen einen Gottheit leicht zu christlichem Modalismus führen, d.h. zu der irrigen Auffassung, Vater, Sohn und Geist seien nur »Erscheinungsformen« des einen Gottes und nicht wirklich selbständige Personen. Das Christliche hat daher hier wie auch sonst die Analogien und Vorgaben der Religionsgeschichte auf seine Weise verändert und gerade dabei Wesentliches zum Personbegriff geleistet. In dem hier diskutierten Fall besteht das Anti-Modalistische darin, dass

- jede der drei Personen ihren eigenen Namen behält und jeweils – wenn auch nicht ohne die anderen – ihr eigenes Werk wirkt;
- nicht Gottheiten verschiedener Orte (und womöglich Kulturen) künstlich in einem Vorgang imperialistischer Hermeneutik für einen Namen vereinigt werden, sondern verschiedene Situationen und »Sitze im Leben« eines einzigen Christenlebens angesprochen werden.

Eine Geschichte mit Ziel (2 Thessalonicher 2,13f)

Zur Analyse des Textes

(13) Ohne Unterlass müssen wir Gott dankbar sein für euch. Denn der Herr liebt euch und hat euch erwählt, so dass ihr als erstes Glied einer Kette weiterer Gemeinden gerettet werdet.
Er hat euch durch den Heiligen Geist geheiligt und den Glauben geschenkt.
(14) Weil er euch durch unsere Verkündigung des Evangeliums berufen hat, sollt ihr teilhaben an der Herrlichkeit unseres Herrn Jesus Christus.

Der Text folgt dem Schema von drei Zeiten und gliedert entsprechend nach drei Personen:

- Gott, der Herr hat am Anfang die Gemeinde geliebt und erwählt (und das war auch der Anfang für andere);
- der Heilige Geist hat die Gemeinde geheiligt. Sie glaubt an die Wahrheit, und das gründet in der Berufung der Gemeinde durch das Evangelium des Apostels. Glaube und Heiligung sind Merkmale der Gegenwart.
- Das Ziel ist: Teilzuhaben an der Herrlichkeit »unseres Herrn Jesus Christus«. Denn ähnlich wie in 1 Petr ist für Jesus Christus die Herrlichkeit der auf das Leiden in der Welt folgende Status. Auf diesen pilgert die Gemeinde zu. Andere Texte sprechen hier von der zu-

künftigen Rettung (Röm 5,8.10) oder vom zukünftigen Erbarmen Jesu Christi. Nach 1 Thess 1,10 wird Jesus vom kommenden Zorn retten. – Alle diese Texte zeichnen sich dadurch aus, dass Jesu Heilswerk in der Zukunft liegt. Nach 2 Thess 2 besteht dieses Heil in der Anteilhabe an seiner Herrlichkeit.

Das Bild des Weges wird entfaltet

Der Anfang liegt – im Unterschied zu den meisten Gemeinden heute – in der Mission. Liebe und Erwählung übt Gott sonst oft gegenüber Israel, aber auch für die Gemeinde in Thessaloniki ist es der Beginn des Christseins. Da das Ziel die Herrlichkeit Christi ist, entsteht vor uns das Bild eines Weges. Dieser Weg beginnt mit Gott und endet mit Christus. Gott ist nicht weltfern, sondern er begegnet uns in einer besonderen Geschichte auf der Basis der Erwählung. Die Geschichte wird triadisch gedacht. Man kann fragen: Warum reicht Gott (Vater) nicht allein? – Antwort:

- Der Verfasser sieht Gott in der Geschichte aktiver denn je.
- Die Geschichte des Heils ist die Geschichte einer ständigen engen Begegnung von Gott und Mensch, und deren Ziel ist die Vergottung des Menschen.
- Die Formulierung erinnert an die Grundsituation des Gottesdienstes: Die Gemeinde sieht sich dem verherrlichten Christus gegenüber. So ist es oft im Altarraum der romanischen Kirchen dargestellt. Die Gemeinde sieht gottesdienstlich versammelt und zum Altar hin gerichtet dem entgegen, was sie selbst sein wird.
- Grundsätzlich ist das Ziel der intensiven Gottesbegegnung wohl die Verähnlichung. Denn der Auserwählende macht die Auserwählten ebenso exklusiv, wie er selbst ist, der Heilige Geist gibt seine Heiligkeit an die Gemeinde weiter, der Glaube bedeutet Anteil an der Stabilität göttlichen Lebens, und die Herrlichkeit Christi verwandelt durch Teilhabe. So werden in der Heilsgeschichte die Christen dem nahen Gott ähnlich.
- Insofern vermittelt die Gestalt der Danksagung hier wie auch anderswo der Gemeinde die Erinnerung an ihren Heilsstand.

Nur die Erwählten im Blick

Die großen Höhepunkte dieser Geschichte des Heils sind Anfang und Ende. Gerade weil es in der Zwischenzeit nur Glaube und Heiligung gibt, ruft der Verfasser Anfang und Ende in Erinnerung.

Alles außerhalb der Geschichte der Gemeinde und ihrer Vollendung Gelegene kommt gar nicht in den Blick, weder die Schöpfung noch die konkrete Weltgeschichte außerhalb der Gemeinde. Das heißt: Der Erwählungsgedanke ist hier sehr stark ausgeprägt. Ein Blick auf die Analogie in Mk 13 lohnt: Auch dort ist zwar von kosmischen Ereignissen die Rede, aber am Ende steht nicht ein allgemeines Weltgericht, sondern der Menschensohn wird mit seinen Auserwählten verbunden sein. Jeder Blick auf das Ergehen des Rests der Menschheit fehlt – so auch hier.

Die Zuteilung der Phasen der Geschichte geschieht nicht exklusiv, aber ähnlich wie wir es schon für Judasbrief 20f beobachteten so, dass jeweils eine Person im Vordergrund steht.

Fazit: Weil die Grundlage Liebe und Erwählung ist, leben die Christen dann auch in Gegenwart und Zukunft in der ganz intensiven Nähe Gottes. Die triadische Formel führt diese Nähe in ihrer Differenzierung vor Augen.

Wachsende Konkretion des Heils (1 Petrus 1,2)

Zum Vergleich mit 2 Thess 2,13

Ihr seid von Gott, dem Vater, auserwählt und vom Heiligen Geist geheiligt worden. Jesus Christus habt ihr als eurem Herrn gehorcht, seid mit seinem Blut besprengt und dadurch rein geworden. Gottes Gnade und Gottes Friede mögen euch reichlich geschenkt werden.

Auffällig ist hier: Mit dem oben besprochenen Text 2 Thess 2,13 ist die Wendung »in der Heiligung des Geistes« wörtlich identisch. Auch das griechische Wort prognosis = »Vorhererkenntnis« entspricht der »Liebe und Erwählung« von 2 Thess 2,13. Identisch ist auch die Abfolge Gott – Heiliger Geist – Jesus Christus. Und schließlich wird in beiden Texten das letzte Glied, die Zielrichtung mit »Jesus Christus« mit griechisch eis (auf, hin, nach) eingeführt. Beide Texte sind daher außerordentlich nahe verwandt. Das entspricht der Feststellung, dass 1 Petr in den näheren Umkreis der paulinischen Theologie gehört.

Zur Theologie: Im Unterschied zu 2 Thess 2,13 dient die Stufung nicht der zeitlichen Differenzierung, denn das Schlussglied gibt hier nicht das Heil am Ende an. Vielmehr stellt die dreistufige Differenzierung den sachlichen Vorgang der Erlösung dar, auf den die Gemeinde bereits zurückblicken kann. Denn

- der Vater hat die Gemeinde erwählt. Das Wort prognosis hat hier nichts mit absoluter Prädestination zu tun, auch nichts mit Erwählung seit Ewigkeit, sondern es markiert das auszeichnende Wollen Gottes. Das »pro-« ist daher auf die Rangstufe gegenüber den anderen Menschen bezogen. Daher ist es den Erwählungsaussagen in 2 Thess 2,13 parallel.
- Der Heilige Geist heiligt die Gemeinde wie nach 1 Thess 4,3 (Heiligung) mit der Begründung durch den Heiligen Geist in 1 Thess 4,8. – Hier in 1 Petr entspricht dem die Berufung der Gemeinde zum Königlichen Priestertum und heiligen Volk (2,9).
- Die Gemeinde ist zum Gehorsam berufen, siehe Röm 6,17, der Glaube ist Gehorsam nach Röm 10,16. – Da alle Elemente nach 1 Petr 1,2 sich auf den Anfang des Christseins beziehen, auf die grundlegende Erlösung, steht wohl Gehorsam an der Stelle des Glaubens (wie Röm 10,16).
- Die Besprengung durch das Blut Jesu Christi ist wohl zu verstehen wie der Schutz durch das Blut des Lammes (zum Lamm vgl. 1 Petr 1,19) in der Passahnacht. Die Türrahmen waren da mit Blut besprengt, um den Todesengel abzuwehren. In dieser ganzen kurz gedrängten Zusammenfassung des Heils ist Jesus Christus nur wegen des Charakters seines Blutes wichtig. Dabei bleibt offen, ob es sich um Sündenvergebung handelt oder nur um einen apotropäischen (das Böse abwehrenden) Schutz. Das Böse heißt hier dann: Sünde, Tod und Teufel. – Ist der Akt der Besprengung mit dem Blut die (Wasser-)Taufe?
- Die triadische Formulierung zeigt eine wachsende Konkretheit: Die Erwählung betrifft das Grundsätzliche, die Heiligung die Abgrenzung zu den übrigen Menschen, Gehorsam meint die Annahme des Bekenntnisses und Besprengung bezieht sich auch auf den konkreten Kreuzestod Jesu. – Die vier Aussagen sind weitgehend synonym; das Glied Gehorsam hat noch am ehesten einen besonderen Akzent. Gerade die auffällige Synonymität lässt die Frage nach Sinn und Funktion der triadischen Formulierung erkennen.

- Dabei ist zunächst zum Glied »Gehorsam« etwas anzumerken: Nach unserer Deutung steht es in der Nähe von Glauben. (Der 1 Petr versteht das Wort pistis, das gewöhnlich mit Glauben übersetzt wird, eher im Sinne von Geduld). Das lenkt den Blick darauf, dass auch in den anderen triadischen Formulierungen nicht selten das Stichwort »Glaube« (pistis) vorkommt, so in 2 Thess 2,14 (durch heiligen Geist und Glauben an die Wahrheit); Eph 4,5 (ein Herr, ein Glaube); Judasbrief 20 (einander aufbauend im heiligen Glauben, betend im Heiligen Geist ...), vgl. auch Röm 5,2 (Zugang im Glauben zu Gott). Das weist darauf hin, dass wir bei dem Wortfeld der drei Instanzen offensichtlich nahe an frühen Formulierungen des Glaubensinhaltes der Christen stehen.
- Das aber bedeutet: der Glaube der Christen richtet sich »auf Gott«, aber eben schon sehr früh auf die drei Personen in dem einzigen Gott. Wie auch noch unsere heutigen Glaubensbekenntnisse zählen diese nicht in erster Linie Ereignisse der Vergangenheit auf, sondern sind personal adressiert, eben an die drei Instanzen (Personen) in Gott. Diese Beobachtungen treffen auch für den nächsten zu behandelnden Text zu.

Die Formel bei der Taufe (Matthäus 28,19)

Übereignung an den Namen

Geht hin und macht alle Völker zu Jüngern. Tauft sie auf den Namen des Vaters und des Sohnes und des Heiligen Geistes. Und lehrt sie alles bewahren, was ich euch aufgetragen habe.

Kein anderer verglichener Text hatte bisher von Taufe gesprochen (nur in 1 Petr 1,2 war vielleicht indirekt davon die Rede). Der Ausdruck »taufen auf den Namen« bedeutet eine rituelle Zueignung. Die Wendung »auf den Namen« findet sich sonst im Girowesen und meint den Adressaten einer Überweisung, also den durch das Bankgeschäft Begünstigten. Taufen »auf den Namen« meint Zueignung, und zwar verstanden in diesem Sinn: Wer zu Gott gehört, den wird er in Zukunft beschützen. Einerseits muss sich der Zugeeignete nach den Lebensregeln dessen richten, dem er jetzt gehört (daher ist auch in V.20 von den Geboten Jesu die Rede), andererseits wird Gott ihn als sein Eigentum verteidigen. Diese Relation von Bewahren der Hausordnung und familiärem Schutz findet sich sonst im Sklavenwesen, und nicht ohne Grund führt Röm 6 im Zusammenhang der Taufe das Bild vom Sklavenmarkt ein; die Christen sind Sklaven, die vom alten Herrn losgekaufte und dem neuen Herrn jetzt zugeeignete sind.

Kein Kommentar pflegt Auskunft darüber zu geben, was die Nennung der drei Instanzen hier bedeutet. Nun gibt es eine frühchristliche Vorgeschichte, nämlich das »Taufen auf Jesus« oder »auf den Namen Jesu« hin, etwa in Röm 6. Die Erweiterung um den Vater erfolgt sicherlich in Mt 28,19f deshalb, weil es hier ausdrücklich um die Menschen aus »allen (Heiden-)Völkern« geht. Die Heiden aber gehören vor der Taufe noch nicht zu Gott. Es genügt daher nicht, wenn sie nur an Jesus übereignet werden. Ein Anliegen, das der Erstnennung des Vaters in Mt 28 entspricht, hatten wir oben in 1 Petr 1,1 gefunden, wo ausdrücklich die Erwählung durch den Vater in die erste Zeile gerät.

Andererseits kennt das frühe Christentum die Taufe auf den Heiligen Geist, und zwar zunächst unabhängig von der Wassertaufe, dann aber bald in Verbindung damit, da ein sichtbares Zeichen Sicherheit gab. Während die reine Wassertaufe ursprünglich von Johannes dem Täufer praktiziert wurde, war die Geisttaufe in der paulinischen Mission üblich. Act 18,25; 19,1-6 zeigt anschaulich, wie die Taufe nach der Art des Johannes auch von frühen Christen geübt, dann aber durch die Taufe auf den Namen Jesu ersetzt und schließlich um die Geisttaufe ergänzt wurde, die z.T. dann auch per Handauflegung gespendet wurde.

Daher kann man sagen: Die Verbindung Vater – Sohn – Geist bei der Taufe meint eine sachlich in sich konsequente Stufung der Schritte zum Heil. Der Vater erwählt die Heiden, die Zueignung an den Sohn ist das ursprünglich unterscheidend christliche Merkmal bei der Wassertaufe (im Unterschied zur Johannestaufe), und die Taufe auf den Geist war ursprünglich der Große Unterschied gegenüber der Taufe des Johannes.

Die Taufformel nach Mt 28 fasst daher alle christlichen Besonderheiten zusammen: die Heidenmission, die Zueignung zu Jesus bei der Wassertaufe und die Taufe auf den Heiligen Geist.

Liturgiegeschichte als Ursprung?

Damit ist hier in Mt 28 die triadische Abfolge der Personen auch liturgiegeschichtlich erklärbar. Die Frage ist, ob das etwas für die anderen verwandten Formulierungen bedeuten könnte. Man könnte vermuten, dass dort, wo der Vater mit einer Erwählungsaussage voransteht, dieses ähnlich motiviert sein könnte wie in Mt 28. Das beträfe dann 2 Thess 2,13 und 1 Petr 1,2 – im ganzen eher wenige Texte. Daher reicht die Liturgiegeschichte hier zur Erklärung des Gesamtbefundes nicht aus. Im Gegenteil kann man wohl die These vertreten, dass die liturgische Formulierung z.B. die Wahl des Ausdrucks »Vater« nicht erklären kann, sondern dass dieser Ausdruck tiefer in der Christologie verankert ist.

Fazit: Das allgemeine Phänomen der triadischen Reihen in kürzeren Texten erklärt auch die sprachliche Gestalt der Taufformel von Mt 28, aber nicht umgekehrt.

Repräsentanz

Man kann Mt 28,19 auch im Sinne von Sendung und abgestufter Repräsentanz verstehen. Dann liegt auf dem ersten und dem letzten Glied besondere Betonung. Der Vater ist der Ursprung. Er sendet zunächst den Sohn, der ihn repräsentiert. Dieser sendet den Heiligen Geist, der ihn und den Vater repräsentiert. Der Täufling begegnet auf der »untersten«, letzten Ebene dem Heiligen Geist und durch ihn auch dem Sohn und dem Vater. Die Repräsentanz durch den Heiligen Geist wäre dann eine Art Subdelegation. Dann wäre Mt 28,19 besonders in die Nähe von Texten zu rücken, die die Geisttaufe stark betonen (wie 1 Kor 12,13), Das schließt natürlich eine Wassertaufe nicht aus.

Zwei Zeugen

Auf jeden Fall zu erwähnen ist die Möglichkeit, dass zumindest in der späteren Auslegung Sohn und Geist auch als Zeugen des Taufversprechens angesehen wurden. Das Taufversprechen hat seinen Ursprung im Eid, mit dem in Mysteriengenossenschaften die Neuaufgenommenen sich verpflichten, die ethischen Verpflichtungen einzuhalten (vgl. die Inschrift des Mysterienvereins von Philadelphia in Kleinasien, 2. Jh. v. Chr. bei Berger/Colpe, Textbuch, Nr. 513, 274-

276). Im Pliniusbrief wird dieses auch für die frühchristlichen Gemeinden berichtet: Sie schwören schauerliche Eide – nämlich Eide, die Sanktionen für den Fall der Übertretung enthalten. – Bei dem römischen Theosophen und »Christen« Elkesai finden wir die Nachricht, dass bei diesem Treueid der Christen bei der Taufe Zeugen anwesend waren. Elkesai nennt deren sieben. Nach dem Alten Testament (Dtn 19,19) sind aber nur zwei bis drei Zeugen notwendig. Diese zwei oder drei Zeugen, zumindest zwei, konnte man in der Taufformel nach Mt 28,19 genannt finden.

Zwischenbilanz IV

Die triadische Struktur frühchristlicher Texte erklärt sich nicht zuletzt daraus, dass die theologische Erfahrung der Geschichte eine revolutionäre Wendung erlebt. Es gibt eben nicht mehr nur den erwählenden Gott am Anfang, sondern auch in der Gegenwart, vor allem aber: In das, was kommt, ist Gott einbezogen, und zwar in je anderer, überraschender Weise, jeweils als er selbst. Gottunmittelbarkeit kann man das nennen. Diese direkte und nicht durch den Abstand von Jahrhunderten und heiliger Schriften vermittelte Beziehung hat für das Menschenbild und auch für die politische Geschichte ungeheure Konsequenzen gehabt. Für das Menschenbild, weil der Mensch, in die Nähe zu Gott erhoben, sich ganz neu und direkt sich Gott ähnlich machen lässt, für die Geschichte, weil hier jede Form von Gottunmittelbarkeit grundgelegt ist.

Inspiration und Auferweckung (Römer 8,11)

Totenauferweckung bei Jesus und den Christen

Durch die Kraft des Heiligen Geistes hat Gott Jesus von den Toten auferweckt. Dadurch dass er diesen Geist in euren Herzen wohnen lässt, wird er eure sterblichen Leiber auferwecken und in unsterbliche verwandeln.

Ziel des Textes ist die Aussage: Genauso wie Jesus von den Toten auferweckt wurde, werden auch die Christen auferweckt werden. Da ist kein Unterschied. Beides geschieht durch Gottes Geist. Durch diesen Geist ist Gott in diesen Menschen ewiges, unsterbliches Leben. Die Grundauffassung ist ähnlich wie bei der Lehre von der Kirche/Gemeinde (1 Kor 3,17): Gott wohnt durch seinen Geist, als sein Heiliger Geist in den Menschen.

Diese Beobachtung führt zu der These, dass eine wesentliche Voraussetzung für die christliche Auffassung von der Dreifaltigkeit die Veränderungen in der jüdischen Auffassung von Inspiration sind (vgl. dazu unten).

In Röm 8,11 ist der Heilige Geist die dominierende Kraft der Heilsgeschichte. Er steht am Anfang des Erhöhtseins Jesu (Röm 1,3f), des Christwerdens (1 Kor 2,3-5) und, weil er die Auferstehung wirkt, ist er auch der Initiator des neuen, ewigen Lebens »im Himmel«. Der Heilige Geist ist es vor allem, der Christus mit den Christen verbindet – durch die Vermittlung der apostolischen Predigt übrigens. Nach Röm 8,11 wirkt daher der Heilige Geist das entscheidende letzte Heil, das zählt.

Kirche und Trinität (Acta 20,28)

Achtet auf euch und die ganze Herde, über die euch der Heilige Geist als Hirten eingesetzt hat. Weidet die Kirche Gottes, die er durch das Blut seines Sohnes erworben hat.

Für die Formulierung hat auch Ps 74,2 Pate gestanden: »Gedenke deiner Gemeinde, die du von alters erworben, die du erkauft als Stamm dir zueigen ...« Daher ist es wahrscheinlich, dass Gott im zweiten Teil

Subjekt ist. Dafür muss man textkritisch eine Haplographie von idiou hyiou annehmen, was gut möglich ist. – Die Wirksamkeit Gottes und insbesondere die Rolle des Sohnes Gottes liegt strikt in der Vergangenheit. Der einzige, der in der Gegenwart wirkt, ist der Heilige Geist, der, um die Kirche zu weiden, Episkopen (Bischöfe) eingesetzt hat. Der Heilige Geist leitet die Kirche, wohl durch Bestellung der Episkopen.

Diese hervorragende Bedeutung des Heiligen Geistes für die »Kirche« lässt noch einmal nach der Bedeutung der Kirche für die behandelten Textabschnitte fragen. Die Bedeutung der Kirche für die triadisch formulierten Abschnitte ist generell so groß, dass man sagen muss: Zumindest ein klassischer Sitz im Leben dieser Texte ist das Thema Kirche, deren Einheit und Gemeinschaft, deren Beten und Dienste, deren Auserwähltheit und Berufung und schließlich die Verkündigung der Märtyrer.

Hier ist nochmals auf Apk 3,12 zu verweisen, das eine interessante triadische Formulierung enthält: Den Sieger werde ich zur Säule in Gottes Tempel machen, die immer dort bleiben wird. Auf seine Stirn werde ich den Namen Gottes schreiben und den Namen der Stadt Gottes, des neuen Jerusalem, das vom Himmel her kommt, und auch meinen eigenen neuen Namen. In der Dreiheit von Gott, Messias und Stadt entspricht der Hinweis auf die neue Stadt der Bedeutung der Kirche in Act 20,28 und an den anderen Stellen. Das Neue Jerusalem steht für seine Bewohner, von denen sonst eigenartigerweise in Apk 21f gar nicht die Rede wäre. In Apk 3,12 liegt vielmehr ein Zeugnis für eine archaische, vortrinitarische Trias vor, deren drittes Glied parallel oder später durch den Heiligen Geist ausgefüllt wird.

Nochmals der Geist auf Erden und der Anwalt im Himmel (Acta 7,55f)

(55) Stephanus aber, selig erfüllt vom Heiligen Geist, blickte zum Himmel auf, sah Gottes Herrlichkeit und Jesus zur Rechten Gottes. (56) Er rief: »Ich sehe den Himmel offen, der Menschensohn steht zur Rechten Gottes.«

Die Szene ist der in Röm 8 beschriebenen ganz ähnlich: Jesus ist zur Rechten Gottes, Gott selbst wird nicht geschaut, sondern nur seine Herrlichkeit, auf Erden aber wirkt der Heilige Geist, der zur himmlischen Szene den Zugang schafft. Was in Röm 8 das Übersetzen der Gebete war, ist hier die Eröffnung der Vision. Insofern kann man sagen, dass Act 7,55 jedenfalls nicht weit weg steht vom Prinzip des doppelten Anwalts (Sohn und Geist).

Zweifache Sendung (Galater 4,6-7)

(6) Dass ihr schon Kinder seid, könnt ihr daran sehen, dass Gott [nicht nur seinen Sohn gesandt hat, = V.4] sondern auch den Geist seines Sohnes in unsere Herzen gesandt hat. Der Geist ruft, wenn wir beten, in unseren Herzen: »Abba, Vater!« (7) Wer so ruft, ist nicht mehr Sklave, sondern Kind. Wer aber Kind ist, der ist auch Erbe.

»Von der doppelten Sendung des Sohnes und des Geistes« müsste man Gal 4,4-6 umschreiben. Der Sohn ist gesandt, um uns vom Status »unter dem Gesetz« loszukaufen, damit wir nicht Sklaven blieben, sondern Kinder würden. Den Heiligen Geist hat Gott gesandt, damit der Geist in unseren Herzen »Abba!« ruft und uns damit als Kinder qualifiziert. Sowohl der Sohn als auch der Geist sind ganz aktiv, und beide erwirken durch diese Aktivität die Kindschaft der Christen. Der Sohn bringt die Christen bis zum Loskauf aus der Sklaverei, der Geist erfüllt dann die Herzen der Christen in positiver Hinsicht, indem sie dann nun wirklich das Kindsein durch Rufen realisieren. – So ist dieser Text dadurch ausgezeichnet, dass von einer doppelten in sich gleichartigen Aktivität des Vaters aus (Aussenden) jeweils dasselbe Ziel (Kindschaft) erreicht wird, indem die beiden Ausgesandten aktiv werden, in dieser Aktivität liegen die Unterschiede. Der Heilige Geist wirkt per Inspiration, der Sohn durch Loskauf.

So gilt auch im Blick auf andere paulinische Texte: Je mehr Sohn und Geist parallel sind, umso selbständiger, personhafter ist auch der Heilige Geist.

Zwischenbilanz V

Die lebendige Ausrichtung auf die Dreieinigkeit ermöglicht für die frühen Christen Perspektiven, von denen wir uns in der Praxis des Glaubens schon lange entfernt haben. Christentum ist für viele nur eine Sache der Vergangenheit und des Rückblicks auf »früher«. Eine konsequent trinitarische Betrachtung dagegen lenkt den Blick auf die Verbindung mit Jesus Christus und auf die Auferweckung durch den Heiligen Geist. Die Vergangenheitslastigkeit war eine »Schwäche« des jüdischen Glaubens, weil stets der Durchzug durch das Rote Meer und die Befreiung aus Ägypten gepredigt wurde. Eine trinitarische Orientierung kann dagegen wieder auf die Geschichte blicken.

Einige Hintergründe

Die öffentlich-liturgische Szene

Das Material

Der zeitgenössische Hintergrund für die frühchristlichen Vorstellungen von der göttlichen Dreieinigkeit ist in jedem Fall eine »basileomorphe Mystik«, d.h. die Texte »spielen« im unsichtbaren Bereich Gottes, aber sie machen durch die Wahl der Bilder eine einheitliche Szene plausibel, nämlich die königliche Morgenaudienz. In dieser Audienz wird Gericht gehalten, werden Gesandtschaften abgeschickt und Boten delegiert. Es werden verdiente Bürger oder Beamte in den Adelsstand erhoben bzw. in die kaiserlich/königliche Familie aufgenommen, es werden Petitionen zu Gehör gebracht und es ist viel von der (Selbst-)Darstellung königlichen Glanzes die Rede, ja der Glanz ist offenbar der wesentliche Zweck der Veranstaltung. Rechtshändel werden ausgetragen, und vor allem verläuft alles nach rechtlichen Regeln und festgesetzten Abläufen, die man Zeremoniell oder Liturgie nennt.

Bereits in der Vergangenheit hatte man die Liturgie als Ort für Dreifaltigkeitsaussagen ausgemacht (Ackva, Gott, 62f), das aber nur für einen Teil der Aussagen begründen können. Hier sind die Argumente:

- Die Bedeutung von persona und prosopon im paganen Bereich
  Der lateinische und der griechische Begriff spielen eine wichtige Rolle auf der Bühne und im Prozess, d.h. dort, wo jemand in einer größeren Öffentlichkeit eine Rolle spielt, die nicht seine alltägliche ist.
- Vision der Thronszene
  Wenn Stephanus die himmlische Thronszene schaut, dann hat er auf Erden den Heiligen Geist als den Anteil an der himmlischen Welt bei sich.
- Szene der Gnade
  Nach Röm 5,2-5 wird der Zugang zu Gottes Gnade dadurch fruchtbar, dass Gott seine Liebe in die Herzen gibt – als Heiligen Geist.

- Die Verleihung des Namens zur Repräsentation und größeren Ehre des Kyrios
  Phil 2,9-11 ist eine Thronszene mit dem Bericht über die feierliche Akklamation »Jesus ist der Herr«. Diese Szenerie hat universale Bedeutung.
- Das Prinzip der beiden Anwälte
  Der Grundsatz der Tora Dtn 19,15, es bedürfe zur Sicherheit vor Gericht stets zweier Anwälte, wird bei Paulus und im Johannesevangelium so umgesetzt, dass Jesus der eine, der Heilige Geist der zweite Anwalt im Himmel ist; nach Jesu Erhöhung ist der Heilige Geist als Anwalt auf Erden.
- Inspiration vor fremdem Forum
  Dem Forum Gottes entgegengesetzt ist das Forum der Mission, in der es darum geht, die Welt zu überführen. Der Paraklet gibt die Inspiration. Und ebenso wird der Heilige Geist die Christen inspirieren, wenn sie vor irdischen Gerichten stehen.
- Die Übermittlung von Gebeten und Hymnen durch Mittler
  Wenn es heißt, dass die Christen beten »durch Jesus Christus, unsern Herrn«, dann wird Jesus gedacht als der Überbringer und Patron der Bitten und Lobpreisungen der Gemeinde. Insofern Gottes Thron Altar ist, bezeichnet das »durch Christus« auch Jesus als himmlischen (Hohen)priester.
- Petitionen nicht allein vorbringen
  Nicht nur Jesus und der Heilige Geist vertreten die Sache der Christen vor Gott. Wenn Paulus auch die Römer dazu ermuntert, dann weiß er, dass Gott dem Ansturm kaum widerstehen wird.
- Verteilung von Diensten und Gnadengeschenken
  Der König verteilt bei einer Audienz öffentliche Aufgaben (Diakonia) und auch Ehrengeschenke an diejenigen, denen es zukommt. So verteilt Gott oder – als sein Repräsentant – auch Jesus der Kyrios derartige in der Öffentlichkeit der Gemeinde wichtige Dinge.
- Ziel: Erbarmen und Herrlichkeit
  Menschen erstreben und ersehnen vom Thron der Gnade letztlich Erbarmen und Anteilhabe an der Herrlichkeit.
- Der universale Herrscher
  Das Ziel ist die Universalität der Herrschaft Gottes oder zumindest die Einsicht, dass Gott alles Gute wirkt.
- Ein Modell: Der Regent und seine beiden Minister

Wo Sohn und Heiliger Geist im Rahmen des Regiments Gottes besondere Aufgaben haben, erscheinen sie wie die Minister neben einem Kanzler.

- Aufnahme in die königliche Familie
  Durch Gottes Ratschluss oder Zuwendung, Erwählung oder Liebe wird die Familie Gottes immer mehr erweitert, wächst um weitere Königskinder.
- Loskauf von Sklaven, Versöhnung von Feinden
  Natürlich kann ein König Sklaven dazukaufen, die er gegebenenfalls in den Adelsstand versetzt und zu seiner Familie zählt. Die Versöhnung mit Feinden zur Schaffung des Friedens ist das vornehmste Geschäft eines Herrschers.

Grundsätzlich ist in Erinnerung zu rufen, dass auch die alttestamentliche Szene der Rede von Gottes Personalität die öffentliche war: der Kult oder das Auftreten der Propheten (mit Reden und Zeichenhandlungen).

Wenn so die neutestamentlich-trinitarischen Texte im engeren oder weiteren Umkreis der Szenerie vom Thron Gottes zu denken sind, dann hat das bestimmte Folgen für die Gestalt der Frömmigkeit:

- Die dem trinitarischen Glauben zugeordnete Frömmigkeit ist per se die öffentlich-liturgische. Dem entspricht die Bedeutung der Trinität gerade in den am stärksten formelhaften Elementen des öffentlichen Gottesdienstes, nämlich bei Gebet (besonders: Gebetsschlüsse) und Segen. Da auch alle Glaubensbekenntnisse trinitarisch aufgebaut sind, ist so erklärbar, dass sie stets ihren Sitz in der offiziellen, fast nie in der privaten Frömmigkeit hatten und haben.
- In der mehr persönlichen Frömmigkeit hat die Dreifaltigkeit eine wesentlich geringere Bedeutung als im Gemeindegottesdienst. Weil die persönliche Frömmigkeit an Jesus oder am Vater orientiert ist, fehlen hier weithin eindrücklich fromme trinitarische Texte.
- Wo die liturgische Frömmigkeit verfällt (wie zeitweilig im nachkonziliaren Gottesdienst der Katholischen Kirche!), ist auch für Trinität kein Ort mehr. Und umgekehrt möchte ich durchaus dafür plädieren, die Liturgie als Öffentlichkeit vor dem Thron Gottes wiederzuentdecken. Nur so kann die Kirche eine Gegenöffentlichkeit zur Vereinnahmung durch den Staat bilden. Da der Sinn für Form und Ritual weithin neu erwacht, kann man auch entdecken, dass öffentliche Frömmigkeit mehr Halt gibt als oft allzu diffuse private.

- Die trinitarische Spiritualität ist schon im Neuen Testament eine betont kirchliche. In Äußerungen über die Kirche, ihr Zustandekommen und ihre Einheit hat sie ihren Ursprung.
- Bilder über eheliche Liebe und Freundesliebe haben hier keinen Ort. Daher kommen zum Teil auch die Probleme, die etwa Meister Eckhart – jedenfalls wenn wir ihn lesen – mit der Trinität hat.

Die Zukunft trinitarischer Spiritualität

Die Zukunft des trinitarischen Glaubens und entsprechender Frömmigkeit ist der öffentliche, feierliche Gottesdienst einer Gemeinde.

Nun gilt freilich der Grundsatz von der lex credendi est lex orandi auch hier. Wer die Trinität als communio verteidigt, wird auch den Gottesdienst in erster Linie als feiernde Gemeinschaft darstellen wollen. Als Neutestamentler kann ich das Modell der communio nur für fragwürdig halten. Trinität ist im Neuen Testament stets tendenziell monarchisch gedacht, doch gerade in den entscheidenden Texten nicht auf Kosten von Sohn und Heiligem Geist und ihrer Aktivität.

Inspirationslehre und Dreifaltigkeit

Inspiration im Zeitalter des Neuen Testaments

Im hellenistischen Judentum ist eine bedeutende Zunahme an Belegen für das festzustellen, das wir mit dem mittelalterlichen Fachausdruck »Inspiration« bezeichnen. Gemeint ist damit das Wohnen Gottes im Menschen, eine bestimmte enge Verbindung von Gott und Mensch.

Im Judentum zeigt sich das daran, dass die Belege für das Einwohnen des Geistes der Prophetie in Menschen erheblich zunehmen. Gerade an den aramäischen Targumim lässt sich diese Entwicklung im Kontrast zum jeweiligen hebräischen Urtext gut verfolgen. Gleichzeitig nehmen Engel- und Teufel- sowie Dämonenvorstellungen sehr stark zu. Eine der Konsequenzen dieser Entwicklung ist die Bedeutung dämonischer Besessenheit und ihrer Heilung in den Evangelien. Im Evangelium nach Mk ist gut zu erkennen, wie Jesu Erfülltsein vom Heiligen Geist, vom reinen Pneuma die Voraussetzung dafür ist, dass er die Dämonen, die unreinen Pneumata, aus den Menschen austreibt.

Im Neuen Testament ist auch die breite Streuung von Inspirationsaussagen eine dieser Folgen. So ist zu unterscheiden:
- der Heilige Geist als der, der Worte der Propheten und Worte Jesu eingibt (Lk; Act; für Jesus: Lk 4,18);
- der Heilige Geist als Garant für Auferstehung und ewiges Leben (Röm 8,11);
- Gott teilt mit dem Propheten die Fähigkeit zur Herzenserkenntnis (Joh 4,18f);
- Gott teilt mit prophetisch Bevollmächtigten seine richterliche Vollmacht (Mt 19,28; Joh 5,21f).
- Die Art und Weise der Verbindung des Logos mit Jesus ist als »Super-Inspiration« zu beschreiben. Der Satz »Das Wort ist Mensch geworden« in Joh 1,14 ist nach sprachlichen Analogien zu übersetzen als »Der Logos ist in einem Menschen erschienen«, und zwar so, dass Gott beim Logos schon immer und für immer daran gedacht hat und denkt, diesen unlösbar mit Jesus Christus zu verbinden, diesen Logos in Jesus endgültig zur Erscheinung zu bringen.
- Die Wunder Jesu nach dem JohEv sind Werke des Schöpfungs-Logos.
- Weil Jesu Wort inspiriert ist, bleibt es, während alle Welt vergeht.
- Weil Paulus den Heiligen Geist »hat«, gewinnt sein Wort Gültigkeit in der Gemeinde.

Das heißt: Wo immer vom Heiligen Geist oder dem Geist der Prophetie oder von Propheten und ihrer besonderen Fähigkeit die Rede ist, liegen besondere Inspirationsauffassungen vor. Von diesen ist die Christologie genauso betroffen wie die Pneumatologie. Was geschieht bei der Inspiration? – Gott vervielfältigt seinen Ort, er wohnt nicht nur »im Himmel«, sondern der Logos in Jesus und durch den Heiligen Geist in jedem Christen. Dass tatsächlich die Frage nach dem Ort Gottes die theologischen Gedanken der Menschen beherrscht, zeigt Joh 1,38f (»Wo wohnst du? – Kommt und seht« als Anfangsfrage der Jünger) und auch der später bezeugte rabbinische Name maqom für Gott. – Die bei der Rede von Inspiration vorgestellte Szene ist wohl die Übermittlung durch die Hand (Handauflegung) oder durch den Zeigefinger (Lk 11,20 Finger Gottes, vgl. dann Michelangelos Darstellung der Erschaffung Adams).

Man kann dieses ebenso gut als Inspirationstheologie bezeichnen wie als Ausbreitung und Ausdehnung des Tempel-Konzeptes.

Bei der Inspiration teilt Gott sich nicht, sondern wohnt als derselbe in verschiedenen Herzen. Paulus benennt das mit der Tempel-Metaphorik (1 Kor 3,17; 6,19). Die Worte, die dann hervorgebracht werden, sind Gottes Worte, seine Taten Gottes ureigenste Werke. Der inspirierte Mensch handelt auch nicht in eigener Initiative. Er ist gesandt, Paulus spricht von einem Zwang (1 Kor 9,16), ebenso die Sibyllen.

Radikale Inspiration

Eine besonders dramatische Folge der Inspirationsauffassung liegt in drei der vier Evangelien vor. Nach dem Johannesevangelium ist der Logos exklusiv und seit Ewigkeit und für immer ganz an Jesus gebunden. Nach Mt und Lk ist die Schwangerschaft Mariens auf den heiligen Geist zurückzuführen. – Beides ist durchaus vergleichbar. Das 4. Evangelium denkt vom Logos her, Mt und Lk von der Entstehung Jesu her. In jedem Fall aber ist Gott auf einzigartige Weise in Jesus präsent.

Diese Super-Inspiration, die man später Inkarnation nennen wird, trägt sehr maßgeblich zur Entwicklung der Auffassung von der Personhaftigkeit bei. Denn das Resultat ist ja ein ganzer Mensch mit seiner Biographie, also jemand, den wir ohne Probleme Person nennen können.

Das Problem von Einheit und Vielheit

Religionsgeschichtlich gesehen ergibt sich folgender Zusammenhang: Zur Zeit der Propheten und in einem Milieu der Vielgötterei wird die Einheit und Einzigkeit des biblischen Gottes betont gegenüber der Vielheit anderer Götter. Der Monotheismus muss hier auf diese Weise gegen den Polytheismus abgegrenzt werden. So argumentiert noch immer der Islam für Allah – auch gegenüber dem Christentum. Auch die Reformatoren hatten einen Teil dieser Argumentation, und zwar gegenüber der katholischen Heiligen- und insbesondere Marienverehrung. – Im Umkreis des Neuen Testaments (hellenistisches Judentum, vulgär-philosophisch geprägte halbwegs Gebildete) dagegen sieht das Problem ganz anders aus. Das ist auch der Grund, weshalb wir nur an wenigen Stellen Polemik gegen Götzen hören. In diesem Milieu jedenfalls geht es um eine Differenzierung des Monotheismus: Wie kann man an diesem einen Gott teilhaben? Gibt es Mittler oder Vermittler zwischen Einheit und Vielheit? – Durch diese Fragen und Antworten wird die Vielheit nicht ausgesteuert, sondern sinnvoll integriert. Die prophetische Ausgrenzung des Polytheismus nenne ich den apologetischen Kampf um die Einheit Gottes, die Diskussion um Mittler und Vermittlung nenne ich die integrative Rede von Einheit.

Folgende Wege der Diskussion um Mittler und Vermittler kennt das Judentum:

- die Auffassung, dass es zahlreiche Engel gibt, auch mächtige, die man anrufen kann, weil man sie mit Namen kennt;
- das Konzept der »Weisheit«, die eine ist und in vielen wohnt (Sap Sal 7,23), verwandt damit Logos, Memra und Schekinah;
- die Erzväter (inklusive Henoch) und Engel als Anwälte (parakletoi) Israels bei Gott;
- die weiterentwickelte Lehre vom Heiligen Geist;
- Jesus Christus und der Heilige Geist nach dem Neuen Testament.

Die Besonderheit der neutestamentlichen Konzeption besteht darin, dass Jesus als Mensch (wie sonst nur die Erzväter in weniger wichtiger Rolle) exklusiv zu diesen Mittlern gehört.

Bei der integrativen Rede von Einheit stehen nicht andere Größen neben dem einen Gott, die Vielheit ist keine Nebenordnung (Parataxis), sondern die Vielheit geht aus der Einheit hervor. Nur in Ausnahmefällen geht es dabei um Geschaffensein (Weisheit, Engel nach Jub 2; Erzväter), häufig geht es weder um Nebenordnung noch um Geschaffensein, sondern um etwas Mittleres zwischen beiden, nämlich Sendung (Engel; Sohn), Geborenwerden bzw. Gezeugtwerden (Sohn, Tochter: Weisheit, Logos; Jesus) oder Hervorgehen (der Heilige Geist aus Vater und Sohn; Kommen von Gott, Sein aus Gott). Alle diese letztgenannten Relationen sind »vornehmer« als Geschaffenwerden.

Davon werden Weisheit und Geist inspirativ vermittelt.

Die Kraft Gottes als Person

Eine Person ist Kraft der anderen

Das hellenistische Judentum wie auch das frühe Christentum kennen eine spezielle Bedeutung und Verwendung des Wortes dynamis (Kraft, Macht), die eine Brücke zu trinitarischen Vorstellungen bilden könnte. Generell geht »Kraft« von jemandem aus, der sich in dieser Kraft beweist. Das gilt auch von Gott, etwa wenn es heißt, dass er an seiner Kraft erkennbar ist (Josephus, c. Ap 2,167).

Aber es kann geschehen, dass eine »Person« als die Kraft einer anderen »Person« erscheint. Es handelt sich also um eine Beziehung zwischen »Personen«, deren eine von der anderen »ausgeht«, gerade so, wie das später im Credo formuliert ist. Die Personhaftigkeit der beiden je für sich ist nicht das Thema, wohl aber ihre enge und unumkehrbare Beziehung zueinander.

So lässt sich nach Act 8,10 Simon Magus »die Kraft Gottes« nennen. Damit ist laut Kontext gemeint: Simon kann Wunder tun, er ist singulärer Repräsentant Gottes.

Die Stadtgöttin Athene heißt »Kraft Gottes (des Zeus)«, weil sie von seinem Haupt ausgegangen ist und mit ihrer Weisheit die wichtigste Macht auf Erden darstellt.

Nach 1 Kor 1,24 ist Jesus »Gottes Kraft und Weisheit«. Das bedeutet: Alle Kraft und Weisheit, die von Gott ausgeht, ist in ihm zu finden. Nach dem Zusammenhang gilt das gerade vom Gekreuzigten, der Gott Raum gibt für seine Kraft. Nicht in Werk und Wort, sondern in seiner Person wird Gott als der Mächtige und Weise sichtbar.

Justinus der Philosoph und Märtyrer sagt: »Christus ist die Kraft (dynamis) und das Wort (logos) Gottes«, ähnlich ist die Formulierung in Apol 1,14,5: Gottes Wort (logos) ist seine Kraft«. An anderer Stelle sagt Justin von Jesus: Er ist Wort (logos), Weisheit (sofia), Kraft (dynamis) und Herrlichkeit (doxa) dessen, der ihn gezeugt bzw. geboren. Hier wird gut erkennbar, dass die Mittlergrößen unterschiedlicher Herkunft zu dieser Zeit als synonym betrachtet wurden. Das gilt teilweise bereits für die Vorgeschichte des JohEv.

Clemens von Alexandrien kann sagen: Der Herr ist die Kraft Gottes.

Und gerade hier, in der Rede von den Kräften, gibt es auch triadische Vorbilder im hellenistischen Judentum. So etwa bei Philo von Alexandrien, Über Abraham §121 (ca. 20 v.-60 n. Chr.): »Es ist aber ... der Vater des Weltalls der mittlere, der in den heiligen Schriften mit seinem eigentlichen Namen »der Seiende« genannt wird, auf beiden Seiten aber sind die höchsten und nächsten Kräfte (gr. dynameis) des Seienden, die schöpferische und die regierende; die schöpferische heißt »Gott« (gr. theos), denn mit dieser hat er das All ins Dasein gesetzt und eingerichtet, die regierende Herr (gr. kyrios), denn es ist billig, dass der Schöpfer über das Geschöpf herrscht und regiert«. Die »schöpferische« nennt Philo sonst die »wohltuende«. Und weiter heißt es dann in § 122: »Begleitet also von diesen beiden Kräften, zeigt der Mittlere dem schauenden Geiste bald die Erscheinung eines einzigen bald die von dreien ...« – Philo verarbeitet hier die unterschiedlichen Gottesbezeichnungen der griechischen Bibel. Zur Dreieinigkeit bestehen nur generelle, keine speziellen Beziehungen. Diese Kräfte Gottes sind schließlich keine »Personen«, das Ganze spielt »im Himmel«. Dennoch ist das Bild des Mittleren, der rechts und links begleitet wird, in Theophaniedarstellungen des frühen Christentums ebenso bekannt wie auch die Möglichkeit, die beiden weiteren Instanzen als Kräfte zu verstehen. Zur Herkunft dieses Schemas bei Philo: Die Vision der drei Engel nach Gen 18 hat nicht nur bei Philo (vgl. den direkten Kontext von De Abrahamo!), sondern bis in die Ikonenmalerei nachgewirkt. Der Bildtypus ist, wo immer sein Ursprung sein mag, jedenfalls durch Gen 18 verstärkt worden.

Nach dem Schema Philos dürfte auch Theophilus ad Autolycum II 15 zu verstehen sein: Er unterscheidet Gott, Wort und Weisheit.

Das heißt: Neben der personhaft gefüllten triadischen Formel des frühen Christentums leben auch im Christentum jüdisch-hellenistische Analogien fort. Sie erklären, auch wenn sie später noch belegt sind, etwas über die Diskussion, in die der jüdische Monotheismus in der Kaiserzeit hineingeraten ist. Dass es sich nicht um einen Verrat am Monotheismus handelt, wird nicht zuletzt daran deutlich, dass Heiliger Geist und Weisheit im Judentum bekannte Größen waren. Hans Windisch (2 Kor, 431) bemerkt dazu: »Hier ist jedenfalls die schriftgelehrte philosophische Ausgestaltung der Trinitätslehre der späteren Kirchenväter vorgebildet«.

Weitere aufschlussreiche Texte

Nach 1 Kor 15,56 ist das »Gesetz der Agent (dynamis) der Sünde«. Das heißt: Die Sünde hat das Gesetz vor ihren Wagen gespannt, um zu ihrem Ziel zu kommen. Ohne das Gesetz wäre die Sünde wirkungslos, könnte sie keinen Brückenkopf in der Welt unter den Menschen finden, um zu herrschen.

Über die Präexistenz Christi heißt es bei Justin: Am Anfang, vor allen Geschöpfen hat Gott aus sich geboren eine vernünftige Kraft (dynamis logike), sie wird auch Herrlichkeit des Herrn oder Sohn oder Sofia genannt. – Wichtig ist das Attribut »geboren« als Alternative zu geschaffen.

Bei dem Apologeten Athenagoras heißt es: Jesus ist das Wort Gottes und die Weisheit, das Abbild, die Hand und die Kraft.

Bei der besonderen Engelklasse der Kräfte (dynameis) zeigt sich, wie dieses Element aus dem Gottesbild ausgegliedert und sozusagen verselbständigt wurde. Zur Bedeutung dieses Begriffs muss man wohl jedenfalls ergänzen: Kräfte [Gottes]. Für Engel gibt es diese Bezeichnung nur im Plural, für Menschen wie Simon Magus und Jesus nur im Singular. Das hat offensichtlich etwas mit Personhaftigkeit zu tun.

Auch kann der Heilige Geist als »Kraft« Christi bezeichnet werden, wenn er aus Christus hervorgeht.

Auffällig ist, dass die Apologeten des 2. Jahrhunderts sich besondere Verdienste um die Systematisierung dieser Begrifflichkeiten erworben haben. Sie entschlüsseln dabei auch Traditionen, die hinter Joh 1 liegen.

Kraft Gottes und Synonyma

Die bisher genannten Texte sind wie folgt auszuwerten: Der Ausdruck »Kraft von x«, wobei x eine personhafte oder personifizierte Größe ist, hat folgende Bedeutungsaspekte:

- »Kraft« ist synonym zu Weisheit, Logos, Herrlichkeit, Hand, Abbild, Sohn.
- Wenn x Gott ist, bezeichnen diese Synonyma insgesamt Potenzen oder Wirkungsfaktoren in Gott oder ganz nahe bei Gott. Die Wirkung richtet sich immer auf Welt und Mensch. Es sind besondere Orientierungspunkte in dem nach außen gerichteten Wirken Gottes. Kraft ist eine Weise Gottes, sich zu äußern.

- Es kann geschehen, dass diese Kraft mit Menschen identisch wird (Simon Magus, Jesus). Der Ausdruck »Kraft von x« bezeichnet demnach eine Beziehung, die entweder zu beiden Teilen nur sachhaft gedacht ist (wie bei Gesetz und Sünde) oder die in einem Teil personhaft und nur in dem anderen sachhaft ist (»Das Evangelium ist die dynamis Gottes« Röm 1,16) oder die in beiden Teilen personhaft ist (Athena als Kraft des Zeus, Christus als Kraft Gottes, der Heilige Geist als Kraft Christi).
- Die Kraft Gottes hat offenbar ähnliche Funktion wie das Werk des Menschen. Denn das Werk des Menschen offenbart sein verborgenes Wesen. – Im Laufe der Kulturgeschichte kam es zwischen Mensch und Werk zu einer Entfremdung, und zwar durch die industrielle Revolution: Das Werk ist nicht mehr persönliches Werk des Menschen, sondern nur noch Maschinenprodukt; alle personalen Elemente gehen verloren: Keine moderne Kirche trägt mehr die Steinmetzzeichen stolzer Handwerker. Es bleibt nicht sein persönlicher Ausdruck. Ähnliches geschieht auch mit der »Kraft Gottes«. Sie wird nur noch sachhaft gedacht. Dass die Kraft zu dem ganz eng dazugehört, dessen Kraft sie ist, kann man sich auch vom Ausdruck her kaum vorstellen. Denn »Kraft« bedeutet in unserer Sprache etwas Messbares, rein physikalisches.
- Gerade die Tatsache, dass eine Person »die Kraft« einer anderen Person genannt werden kann, weist auf eine erhebliche anthropologische Differenz gegenüber unserem Denken. Der Ausdruck »Kraft von x« beschreibt daher eine Beziehung, die unabhängig von der Frage ist, ob es sich um Personen oder Sachen handelt, die hier einbezogen sind.
- »Kraft« und Synonyma bezeichnen immer etwas, das von Gott her an Welt oder Mensch übermittelt wird. Das ist wohl so – unter Zuhilfenahme der Teilhabe-Vorstellung – zu denken: Die Kraft Gottes hat Anteil an Gott, aber indem sie von Gott ausgeht, verspricht sie der Welt oder dem Menschen Anteil an Gott in eben diesem Punkt. – Dass man auch Gott selbst – um die Nennung des Gottesnamens zu vermeiden – als »Kraft« bezeichnen konnte (Mk 14,62 etc.), belegt nur, wie nahe der Ausdruck »Kraft« der damaligen Gottesvorstellung selbst kam.

Kraft Gottes und Dreieinigkeit

Für unsere Frage nach den Denkvoraussetzungen für die Rede von der Dreieinigkeit bedeuten diese Beobachtungen:

- »Kraft« ist und bleibt die Kraft dessen, von dem sie ausgeht. Sie gehört zu ihm. Dabei hat sie allerdings ziemlich genau die Funktion, die ein Außen- oder Außenhandelsminister für eine Regierung hat. – Damit sind Relationen beschrieben, die für die christliche Lehre von der Dreieinigkeit unmittelbar wichtig sind.
- Die Kraft Gottes ist nicht geschaffen, sie ist aber auch nicht einfach »der Urgrund«, sondern geht aus diesem hervor.
- Die Kraft Gottes gehört nicht nur zu Gott, sie bewirkt Entscheidendes in der Welt. Damit aber ist die Doppelrelation »engste, untrennbare Zugehörigkeit zu Gott« und »Weltzugewandtheit« gemeint. Denn in der Zugewandtheit zur Welt wirkt die Kraft Gottes in bestimmter Hinsicht außerhalb Gottes. Dieser Außendienst aber ist eng verknüpft mit personhaftem Selbststand.
- Um die Verbindung mit einer menschlichen Person näher zu erfassen, sei mit Nachdruck auf die schon genannte Bedeutung der Inspiration verwiesen. Wenn in einem Menschen Gottes Logos oder Kraft unteilbar, absolut und für immer erscheint, dann wird diese Kraft, wird dieser Logos in der Weise der Inspiration mit diesem Menschen verankert.
- Die menschliche Personhaftigkeit wird durch diese Inspiration nicht beschädigt.

Nun wird der Ausdruck »Kraft von x« auch in einem Zusammenhang verwendet, der weitere Auskunft gibt über die biblischen Vorstellungen über das, was wir Person nennen. Es zeigt sich, dass – wie schon der »Name« so auch die Kraft – personhafte Identität geradezu mitteilbar ist. Sie entpuppt sich hier als ein Paket von Vollmachten. Es geht um die Frage: »Ist x Elias?«

Personen übergreifende Identität der Propheten

Elia in verschiedenen Personen

Zunächst scheint ein Analogiefall des eben Diskutierten vorzuliegen, nämlich die Kraft jemandes sein/haben und identisch sein mit ihm.

Nach Lk 1,17 tritt Johannes der Täufer auf »in Geist und Kraft des Elia«. Das bedeutet: Er hat diesen Geist und diese Kraft; an anderen Stellen heißt es deshalb: Er ist Elia. – Unsere Frage: Wie kann ein Mensch (Johannes der Täufer) mit einem anderen, früheren Menschen (Elias) so identisch sein, dass man sagt: »Er ist Elias«? – Anders gefragt: Was heißt in solchen Fällen eigentlich Identität? Wie tief geht sie? Ist nicht Johannes der Täufer – außer dass er Elias ist, nicht doch irgendwie und irgendwo »er selbst«?

Verhandelt wird also in diesem Abschnitt eine zum Thema analoge Fragestellung. Geben die Beobachtungen zum Thema Personalidentität des Elia etwa Aufschluss über die Identität »Gott«? Ist vielleicht in der Trinität die Identität Gott so »weiterzureichen« wie die Identität »Er ist Elias«?

Von vornherein sei betont, dass es sich hier nicht um Reinkarnations-, Karma- oder Seelenwanderungslehren handelt. Bleibt ein Rest von Eigensein oder ist er ganz und nur der »Funktionär« Elias? Vielmehr ist die erneute Sendung des Elia ein Thema innerhalb spezifisch prophetischer Tradition (Mal 3,22-24), nicht aber in allgemein anthropologischen Diskussionen. Es werden dabei aber Anschauungen zur Frage der personalen Identität sichtbar, die von allgemeiner Bedeutung sein könnten.

Es ist zunächst zu untersuchen, was Sätze wie »Bist du Elia?« oder »Er ist Elia« oder »Er ist Jeremia«, »Er ist einer der alten Propheten« überhaupt bedeuten. Schließlich sagt ja auch Herodes über Jesus(!): »Er ist Johannes der Täufer« (sc. der von den Toten auferweckt wurde und nun als Wiedergänger erneut da ist).

Über transpersonale Identität

An drei Stellen wird andeutungsweise gesagt, wie derartige Sätze zu verstehen sind:

– In Mk 6,14 konstatiert Herodes, Jesus sei der auferweckte Johannes der Täufer. Offenbar ist also Auferweckung eine populäre Vorstellung, die hier auf einen ermordeten Propheten (Johannes) angewandt wird.

- In Mk 9,12 wird gesagt, Elia müsse (wieder) kommen »gemäß der Schrift«. Das bezieht sich offenbar darauf, dass Elia nicht gestorben, sondern in den Himmel entrückt worden ist und von Zeit zu Zeit, jedenfalls aber am Ende der Zeit wiederkommen wird, wie es in Mal 3,23-24 heißt: »Seht, ich sende euch den Propheten Elias, ehe der Tag des Herrn kommt, der große und furchtbare. Er wird das Herz der Väter den Söhnen und das Herz der Söhne den Vätern wieder zuwenden ...«
- In Lk 1,15 wird vom Täufer gesagt, er sei »in Geist und Kraft des Elia« aufgetreten. Hier wird offenbar am deutlichsten gesagt, worin die Identität begründet ist. Wer denselben prophetischen (kritischen und zugleich heiligen) Geist hat, wer dieselbe Kraft zeigt (zum Widerstand, zum Leiden, zum wirkmächtigen Wort), der ist nicht nur wie Elia, sondern hat Anteil an derselben Substanz wie er. Auch wenn Jesus als »einer der alten Propheten« eingeschätzt wird, liegt eine bestimmte Vorstellung zugrunde über die Grundausstattung der alten Propheten.

Das Identisch-Sein, das ausgesagt wird, bezieht sich demnach auf alle prophetischen Berufsmerkmale: kritische Predigt, Gerichtspredigt wie besonders Jeremia, Kraft, das Volk zu gewinnen und den Mächtigen zu widerstehen. Man vergesse nicht, dass nach der Auffassung des Judentums in neutestamentlicher Zeit alle Propheten ihre Botschaft mit dem Martyrium besiegelt haben.

Für die auch im Neuen Testament oft gestellte Frage, ob Jesus vielleicht selbst Elia sei, sind seine Wundertaten wichtig. Denn sie sind den Wundern von Elia/Elisa häufig sehr ähnlich, so dass man schon meinte, sie seien aus dem Alten Testament abgeschrieben (der Vorgang ist freilich etwas komplizierter). Letztlich muss hier die angemessene Antwort heißen: Er ist mehr als Elia.

Die Grundkonzeption ist offenbar: Es gibt so etwas wie ein Paket mit prophetischen Grundvollmachten, und dieses ist identisch über die Zeiten hin. Daran kann man nämlich jeden Propheten erkennen. Man muss sich das ähnlich vorstellen wie die genormten Päckchen mit Marschverpflegung bei einer modernen Armee. Jedes Päckchen enthält dasselbe für jeden. Und wann immer Gott einen Propheten sendet, dann gibt er ihm diese Grundausstattung mit. Vielleicht gibt es auch ein paar Grundtypen von erweiterter Marschverpflegung, also einen Prophetentyp »Elia«, der noch Wunder dabei hat, und einen Prophetentyp Jeremia, der sich besonders auf die Gerichtspredigt spezialisiert.

In jedem Falle aber bedeutet die Identität der Ausstattung mit Vollmacht für die Wahrnehmung der Menschen eine Identität der Person. Hier wird nicht gesagt: Das ist ja wie bei Elia, sondern: Er ist Elia.

Vergleichsfälle

Aus ähnlichem Ansatz ist die Auffassung zu begreifen, dass alle Propheten nur einen Geist hatten, einen gemeinsamen Fundus, nämlich den Geist Jesu Christi.

Und ähnlich war schon in der Weisheit Salomos die Meinung, es gebe nur eine einzige Weisheit, und diese lasse sich immer wieder neu auf verschiedene Propheten ein, aber es sei im Grunde dieselbe Weisheit.

Bei Justin wird diese Sicht zu der Auffassung führen, es gebe nur einen Logos, und dieser sei zu unterschiedlichen Zeiten immer wieder erschienen, zuletzt in Jesus.

Alle diese Versuche, sei es, dass sie von einem prophetischen Set ausgehen oder von der Identität der Weisheit, des Geistes Christi oder des Logos, möchten auf diese Weise die Einheit der Offenbarung Gottes darstellen oder wenigstens behaupten.

Die Besonderheit der prophetischen Linie ist allerdings, dass nur (und in der Logos-Theorie Justins) derselbe Träger im Sinne der Person-Identität behauptet wird.

Zum Verständnis dieser Theorie ist die Kategorie der Sendung wichtig: es ist Gott, der mit seiner Sendung letztlich diese Identität garantiert. Es steht ja nichts geringeres als die Einheit und Einheitlichkeit des Wortes Gottes zur Diskussion. Wie kann einer derselbe Gott sein, der sich in so verschiedenen Worten und Weisen, Personen und Propheten offenbart? Die Antwort ist hier: Das ist gar nicht verschieden, die Botschaft ist aus demselben Geist, und in der radikalsten Formulierung: Der Gesandte Gottes ist »eigentlich« immer derselbe. Dieses »eigentlich« sieht dann von allem ab, was wir als persönliche, individuelle Unterschiede bezeichnen würden.

Ist es dann nicht ein ganz ähnlicher Vorgang, wenn man sagt: Statt des einen Propheten, der einen Weisheit, des einen Geistes Jesu Christi geht es nun bei der abschließenden Offenbarung um den einen Gott in verschiedenen Personen? Kann man nicht – analog zu Lk 1,17 zum Verhältnis Johannes/Elias – über Jesus sagen, er habe »im Geist und in der Kraft Gottes« gelehrt und gewirkt? Meint das nicht die Verbindung Jesu mit dem Heiligen Geist, die dann ja gerade Lukas betont, sind nicht die Wunder, die er wirkt, aus der Kraft Gottes entsprungen?

Wie man im Judentum sagen kann: Über die Zeiten hin ist das ein Prophet, eine Weisheit, ein Logos – so sagt man im Christentum: die Wirkungen, die wir vom Vater, vom Sohn und vom Geist wahrnehmen, sind solche des einen Gottes? Der eine Gott ist nicht unabhängig von diesen dreien zu haben, sondern nur über diese drei. Das, was bei den jüdischen Texten die Einheit der Botschaft, des Propheten oder des Logos ausmachte, ist hier die Einheit und Identität Gottes.

Dabei beruht die Besonderheit des Vaters und Urgrunds darin, dass nur er sendet und nicht gesandt wird und dass nur er der »namenlose Ursprung« überhaupt ist.

Aber gemeinsam ist die unterschiedliche Personen außer acht lassende Identität, im Neuen Testament die Identität Gottes. So wie Propheten »identisch« sind oder alle Angelophanien nur den einen Logos meinen, sind Vater, Sohn und Geist der eine Gott. – Allerdings gibt es eine Differenz: In den anderen Modellen geht es stärker um eine Identität über die Geschichte hin, Propheten oder Angelophanien der ganzen Heilsgeschichte werden einheitlich begriffen. Bei der Trinität geht es um ein engeres näheres Zusammenwirken.

Analogien und Konsequenzen für die Trinitätslehre

Was bedeutet diese Analogie – mehr ist es nicht! – für die Frage der Personalität? Immerhin ist wichtig – gegen Meister Eckharts Rede von der Gottheit –, dass ein Abstraktum im Judentum nicht gebildet wird. Kein Jude würde sagen: Es erschien immer wieder »das Prophetische«, sondern der eine Prophet, der Geist Jesu Christi, der eine Logos erscheint. Die platonisierende Abstraktion ist daher vermieden. Nicht anders als über die drei Personen ist der eine Gott greifbar.

Nun geht es auch bei Jesus und dem Geist um ein gewisses Nacheinander, wie das besonders im Werk des Lukas und nicht zuletzt im Evangelium nach Johannes zum Ausdruck kommt. Der Vater ist der Schöpfergott und die Schöpfung ist schon etwas länger her. Nach Paulus gibt es einen Heiligen Geist bei den Menschen erst seit Jesus

Christus und nie zuvor. Insofern ist dem NT die geschichtliche Dimension und die Frage nach der Einheit darin nicht fremd. Doch andererseits hat die Auseinandersetzung mit der Trinitätslehre Joachim von Fiores seit dem 4. Laterankonzil (1215) deutlich gemacht, dass eine strikte Periodisierung der Wirksamkeit von Vater, Sohn und Geist abwegig ist.

Man kann es so sagen: Das Problem des Neuen Testaments ist nicht die Einheit der Offenbarung, sondern ihre Vielfalt am Endpunkt. Dass am Ende, also dann, wenn Gott sich vollständig offenbart, nicht die Eindimensionalität eines Individuums sichtbar wird, sondern die Vielfalt von drei Personen. Und vergessen wir nicht: Diese Vielfalt deutet nur an, dass mit dem Sohn durch den Heiligen Geist alle Menschen berufen sind, wie der Sohn Kinder Gottes zu werden. Das Ziel der Rede von der Trinität ist, dass gerade so nichts Geringeres als die Vergottung der Menschheit eingeleitet werden soll.

Immerhin hat die Diskussion des Elia-Modells erbracht, dass man in der historischen Vertikalen durch die Behauptung der Identität der Propheten und des prophetischen Geistes ähnlich verfahren ist wie in der Horizontalen, in der man den endzeitlichen Reichtum als die Entfaltung des einen Gottes begriffen hat.

Sendung

Der orientalische Botenbegriff ist auch ein Modell, nach dem Trinität zu denken ist. Denn es heißt von Sohn und Geist, dass sie vom Vater gesendet werden. Daher ist die Sendung ein Modell, von einem vorgegebenen Modell her das Verhältnis zwischen Vater und Sohn und Vater und Geist zu denken. Besonders deutlich ist das bei Paulus, der von der zweifachen Sendung ohne Mühe reden kann (Gal 4,4.6).

Augustinus deutet konsequent die missiones von Sohn und Geist als deren apparitiones (Offenbarungen).

Am biblischen Botenbegriff und seiner weitläufigen Verwendung im Neuen Testament wird ein weiteres Mal ganz generell entfaltet, welcher Art die biblischen Vorstellungen von persönlicher Identität sind. Der biblische Botenbegriff verfolgt den juristischen Grundsatz: »Der Ausgesandte ist wie der, der ihn sendet«.

Wenn Jesus also sagt: »Wer mich sieht, der sieht den Vater«, dann bezieht er sich auf den Vater, der ihn gesandt hat. Beschrieben wird so eine funktionale Identität. Denn natürlich sind Vater und Sohn im Übrigen zu unterscheiden. Doch was dem Gesandten entgegengebracht wird, gilt letztlich und eigentlich dem Sendenden. In diesem Sinne ist übrigens auch der häufig falsch gedeutete Satz zu verstehen »Ich und der Vater sind eins«. Der Satz bedeutet nicht, dass der Sohn gleich der Vater wäre, dass beide eng verschmolzen und gar nicht mehr unterscheidbar wären, sondern nur, dass der Sohn und der Vater eines Willens sind, dass der Sohn alles tut, wie er es gesehen und gehört hat, er baut es gewissermaßen nach. Deshalb darf der Sohn auch am Sabbat arbeiten (Heilen), weil der Vater gleichfalls am Sabbat arbeitet, indem er Nahrung schafft für alles Lebendige. Der Sohn darf daher nur im Rahmen seiner Sendung auf Erden (!) handeln und sich z.B. nach dem Johannesevangelium nicht anbeten lassen.

In der Sendung verzichtet daher der Aussendende auf das Geltendmachen der Unterschiede zwischen ihm und dem Ausgesandten. Er gibt die Unterschiede juristisch auf, soweit es für die Sendung nötig ist.

Im Rahmen der Sendung kann daher eine bestimmte Einheit zwischen Vater und Sohn und Gott und Mensch hergestellt werden. Wenn Jesus sagt: »Wer euch aufnimmt, der nimmt mich auf, und wer mich aufnimmt, der nimmt den auf, der mich gesandt hat«, dann ist eine Erleidensgemeinschaft zwischen den Beteiligten hergestellt. Sie führt dazu, dass ich im Bettler, den ich aufnehme, de facto Gott aufnehme. So sagt es gerade Mt 25, dass man in dem Geringsten Gott aufnimmt.

Diese Kette des Erleidens beseitigt daher die Rangunterschiede zwischen Gott und Mensch zugunsten des niedrigsten Gliedes der Kette.

Der christliche Gott ist einer, dem das geringste Glied so viel wert ist, dass er darüber die Rangunterschiede zwischen Gott und Mensch vergisst und außer acht lässt. Das lässt sich sowohl als Erhöhung des Bettlers wie auch als Selbstentäußerung Gottes verstehen. Trinitätstheologisch bedeutet die so verstandene Sendung einen Weg, auf dem Gott dem Menschen um des Menschen willen (Gott hat derartige Manöver nicht nötig) radikal entgegenkommt, bis hin zur funktionalen Aufhebung des Gottseins. Es wird hieran deutlich, wie Dreieinigkeit nicht nur zwischen Sohn und Vater die trennende Grenze aufhebt, sondern letztlich zwischen Mensch und Gott. Trinität ist also nicht »zuerst« eine innergöttliche Veranstaltung, die dann irgendwann auch Konsequenzen für die Menschen hätte, sondern die Dreieinigkeit ist von Anfang an für die Einbeziehung des Menschen in Gottes Leben da.

Dazu dienen die relativ schwach entwickelten Schranken der persönlichen Identität. Das heißt: sehr leicht kann der Mensch von Gott in dessen Aktionen und Absichten eingespannt werden, weil der Mensch nicht unerreichbar in seinem Turm sitzt, sondern ganz leicht sein egozentrisches Beharrungsvermögen aufgeben kann, wo er in eine sinnvolle Aktion eingespannt ist. Wohlgemerkt: Gott erklärt dieses, es handelt sich nicht um einen naturrechtlichen Zusammenhang.

Die oben beschriebene »Nachahmung« bedeutet in diesem Zusammenhang eine zusätzliche Stärkung der Einheit Gottes. So, wie im Alten Testament der unsichtbare eine Gott durch Propheten und Priester inszeniert wird, ähnlich wird der eine unsichtbare, unfassbare Gott erfahrbar und tritt »in Szene« als Schöpfer, Erlöser und Vollender. Diese drei unterschiedlichen Rollen sind tatsächlich drei *personae* im bühnen- und prozesstechnischen Sinn. Die Irrlehre des Modalismus (die Drei sind nur Spielarten des Einen) wird vermieden, weil die Rollen und Personen nicht austauschbar, in der Relation zueinander unverwechselbar, zahlenmäßig begrenzt und je für sich bestimmbar sind. Der eine und einzige Gott ist absolut unfassbar, in den drei Personen wird er wenigstens erahnbar.

Teilhabe

Für Joh 1,1 zitiert N. Brox (»Gott«, 36) Origenes: »Alles, was nicht Gott aus sich selbst ist und bloß durch Teilnahme an dessen Gottheit Gott geworden ist, sollte nicht Gott (ho theos) genannt werden, sondern besser »von Gottes Art«. Jesus habe als erster durch sein Bei-Gott-Sein die Gottheit in sich hineingezogen ... (Johannes-Kommentar II 2,17): Durch Teilhabe an der Gottheit ist demnach der Logos Gott geworden. Auch andere Lehrer der Kirche deuten den Zusammenhang innerhalb der Dreieinigkeit als Teilhabe.

Das Modell der Teilhabe ist insbesondere griechisch Gebildeten gut verständlich gewesen. Es ist dem der Ausstrahlung verwandt, in der Richtung aber entgegengesetzt.

Theologischer Ausblick

Der Ertrag für den christlichen Personbegriff

Es erwies sich als schwierig, den Personbegriff von der Subjektivität und vom Innenleben her zu bestimmen. Beispiel könnte die Diskussion um den »freien Willen« sein. Freiheit kennt die Bibel nur als »Freiheit von«, aber nicht im Sinne von Selbstbestimmung oder Emanzipation. Wegen dieses begrenzten Verständnisses von Freiheit kann man in dieser Hinsicht für unseren Personbegriff nicht fündig werden.

Überraschend leicht ist es dagegen, Person vom »Gegenbegriff« her zu bestimmen, nämlich von der »Öffentlichkeit«: Es erwies sich als geeigneter Testfall, mit Hilfe der biblischen Zeugnisse nach der Personalität des Teufels zu fragen. Hier wird deutlich: Je stärker die öffentliche Wirkung des Teuflischen ist, umso eher wird er als Person erfasst. – Entsprechendes gilt auch für die Person des Menschen: Je mehr es auf öffentliches Bekennen ankommt, umso stärker profiliert sich der Einzelne in seiner Unersetzlichkeit. Von hier aus lässt sich der Zusammenhang von Martyrium und Auferstehung begreifen.

Und dieses Prinzip der Öffentlichkeit gilt auch für die Entwicklung der Auffassung von der Dreieinigkeit. Ihr Sitz im Leben ist die liturgische und abgeleitet dann die staatliche Öffentlichkeit. Dazu passt dann auch die Bemerkung E. Petersons, dass gerade auf diesem Gebiet der Staat die Kirche nicht imitieren konnte.

Wenn das Bekennen der Sitz im Leben ist, dann wird auch der Zusammenhang zwischen dem Ersten Gebot und dem christlichen Personbegriff verständlich, der in der gemeinsamen Je-Einmaligkeit und Einzigkeit besteht. So wie Gott sagt: »Ich bin der Gott Abrahams ...«, ist auch der einzelne Mensch der »Ich bin«-Sager.

Ein zweiter Aspekt des Personbegriffs: Für die Bibel gibt es für das, was wir Person nennen, nur ein Mehr oder Weniger. Aber dieses ist nach den Aussagen der Bibel selbst deutlich an eine Entwicklung geknüpft, die freilich nicht mit Evolution zu verwechseln ist. Die Schöpfungsgeschichte kennt eine fortschreitende Entwicklung bis hin zum

Dialogpaar Gott-Mensch, das am Ende steht. Und ebenso beschreiben apokalyptische Texte den Fortgang vom Alten zum Neuen Testament und den Fortgang innerhalb der endzeitlichen Offenbarung als eine Differenz von sachlich und persönlich. Damit ist deutlich, dass das, was wir persönlich nennen, jeweils der Endpunkt ist.

Darüber hinaus sind es drei Elemente, die den Weg in die spätere Subjektivität der Person weisen: Kreativität, Vergebung und Freude. In diesen drei Bereichen ist die Bibel Wegbereiterin eines neuzeitlichen Person- und Menschenbildes geworden. Das bedeutet nicht, dass hier ungeschichtlich geurteilt werden dürfte. – Was die Kreativität betrifft: Es bedeutet sehr viel für das Gottesbild, wenn der eine und einzige Gott der Schöpfer ist. Wenn der Mensch qua Person an dieser Einzigkeit Anteil hat, dann hat er Anteil an der Schöpferrolle Gottes. – Die Vergebung setzt auf ähnliche Weise eine große persönliche Hoheit und Vollmacht voraus, Schuld aufheben zu können. Das Matthäusevangelium setzt hier immer wieder Gott und die einzelnen Christen in Parallele (wie auch bei der Feindesliebe). Schließlich weist die Freude als biblische Kategorie in den Bereich der Mystik voraus.

Fazit: Am Gottesbild werden wesentliche Züge des Person-Begriffs unserer Kultur entwickelt.

Der Ertrag für das christliche Gottesbild

Zwei Argumente, die sich auf einander widerstreitende Erfahrungen beziehen, sehe ich als die wichtigsten Einwände gegen eine Projektionstheorie: Die Sehnsucht des Menschen nach Liebe und Ewigkeit wäre sinnlos, wenn sie nicht ein Korrelat in der Wirklichkeit hätte. Denn die Existenz von Durst weist auf die Existenz von Wasser. Und: Propheten wehren sich gegen ihren Auftrag, genauso wie die Visionsberichte des Alten und Neuen Testaments regelmäßig den menschlichen »Einwand« berichten. Wenn Widerstand, Sich-Wehren, Zweifel und Einwand genannt, aber überwunden werden, weist das darauf hin, dass die jeweilige Gotteserfahrung überwältigend war.

Da im Neuen Testament Gott den Menschen näher gekommen ist, lernte man näher hinschauen und entdeckt nun, dass Gott sich in drei

Personen geoffenbart hat. Wir haben beabsichtigt, vom angeblichen Mysterium des Rechenexempels (3=1) wegzukommen und zu zeigen versucht, dass man oft in der christlichen Theologie die trinitarische Revolution, die das christliche Gottesbild bedeutet, noch nicht recht begriffen hat und immer weniger darum bemüht ist. Es gilt aber, dass

- mit der Selbstfestlegung Gottes in der Geschichte an diesen neuen Stationen neue Gesichter Gottes hervortreten. Von daher erklärt sich auch die im Wesentlichen narrative Struktur des Credos;
- die Hauptsorge des frühen Christentums nicht der Monotheismus in der Engführung auf den einen Gott ist – den einen Gott der Philosophen gab es zur Zeit des NT auch – sondern die Fülle und der Reichtum, die Vielfalt und die Macht der messianischen Gottesoffenbarung in Christus. Der Glaube an die Dreieinigkeit ist auch die Antwort auf die Frage, wie man die neutestamentliche messianische Fülle konzeptionell bändigen konnte.
- Nicht zuletzt geht es um die Öffnung des Gottesbildes für die Vergöttlichung der Menschen.

Die Beobachtung, dass auch der Glaube an den dreieinen personalen Gott sein wesentliches Profil dem öffentlichen Bekenntnis und der öffentlichen Liturgie verdankt, findet ihre Bestätigung darin, dass heutzutage der Glaube an ein unpersönliches Es in den privatistischen Geheimkulten der Esoterik blüht. Bereits Teile der frühkirchlichen Gnosis kannten genau diese Verbindung von elitärer Sektenbildung und apersonalem Gottesbild. – Die Bedeutung der liturgischen Öffentlichkeit in der Kirche und der prozessualen vor den Gerichten entspricht genau dem Verwendungsrahmen der Begriffe persona und prosopon in der Kaiserzeit und in den folgenden Jahrhunderten.

So ist hier besonders hinzuweisen auf die besondere Bedeutung des christlichen Märtyrers für die Entwicklung von Personbetriff und Gottesbild. In der Rolle des Märtyrers treffen sich beide Themenbereiche. Denn der Märtyrer gewinnt sich als Person, indem er sein Leben und damit sich selbst riskiert. Er bekennt seinen Gott vor dem Forum der Öffentlichkeit (und gewinnt dadurch neue Christen). Und er wird nach dem Glauben der Kirche auferweckt werden. Insofern ist der Märtyrer der Musterheilige. Und weil an der Eindeutigkeit seines Bekenntnisses, seiner Entschiedenheit und seines Geschicks kein Zweifel besteht, ist für ihn auch besondere Gewissheit hinsichtlich seiner

Auferstehung gegeben. Von Anfang an wird die völlige Gleichheit von Frau und Mann im Martyrium betont.

Verstößt das Neue Testament gegen das 1. Gebot?

Das frühe Christentum versteht sich immer als Verstärkung des 1. Gebotes. Nichts läge ferner, als Jesus und den Heiligen Geist als Gottheiten eigenen Ursprungs und Rechtes anzusehen.

Nun versucht neuerdings B. Klappert, die Position des Neuen Testaments systematisch zu ermäßigen, und zwar auf Kosten der Gottheit Jesu Christi. Seine Thesen im Einzelnen:

Die Sündenvergebung in Mk 2,10 benenne Jesus nur als Mittler, nicht als Ursprung der Vergebung. – Proskynesen vor Jesus seien Huldigung, nicht Anbetung. – Joh 1,1 sei nicht Vergottung Jesu, sondern beziehe sich auf die präexistente Weisheit. – In Phil 2,9-11 gehe es bei »Name über alle Namen« nicht um den Gottesnamen, »Kyrios Jesus« sei nicht auf Anbetung Jesu bezogen. – Zutreffend scheint mir nur zu sein: Die Ich-bin-Logien meinen keine Vergottung Jesu.

Bis auf die letzte These, die man allerdings formgeschichtlich begründen muss, was B. Klappert aber unterlässt, halte ich alle Thesen für exegetisch nicht begründbar. Dennoch sind wir im Ziel eins: Das Neue Testament verstößt in der Tat nicht gegen das Erste Gebot. Wie das aufzufassen ist, habe ich auf den vorangehenden Seiten dieses Buches zu zeigen versucht, auch unter Nennung zahlreicher Brücken zum Judentum. Aus meiner Sicht meinen fast alle angeführten Texte genau das, was B. Klappert bestreitet. Dieser scheint mir Opfer einer die einzelnen Personen voneinander isolierenden Interpretation geworden zu sein. Denn wenn der Sohn angebetet wird (selbstverständlich als Träger des Gottesnamens nach Phil 2,9-11), dann wird der Sohn nicht isoliert vergottet, sondern der eine Gott in ihm wird angebetet.

Das Korrektiv ist daher anders anzusetzen, als es B. Klappert vorschlägt. Es besteht darin, dass man die triadischen Aussagen nicht im Sinne steiler Dogmatik liest, sondern sie im Rahmen des judenchristlichen (!) Anliegens des Neuen Testaments versteht, den einen Gott für die Vergottung des Menschen zu öffnen. Dass B. Klappert hier vermutlich aus rechtfertigungstheologischen Gründen Bedenken haben wird, ist nicht das Problem des Neuen Testaments.

Üblicherweise gilt das Johannesevangelium deshalb als besonders jung (und als vom Judentum weit entfernt), weil es eine »hohe« Christologie vertrete, in der Jesus eben sagen könne »Ehe Abraham ward, bin ich«. Ich kann die Meinung von einer hohen Christologie nicht teilen, sondern sehe die johanneische Christologie als eine Gesandtenchristologie mit radikalem Inspirationsmodell an. In Jesu Wort, z.B. in dem Satz »Ehe Abraham ward, bin ich« spricht Jesus wirklich Gottes Wort. In ihm treffen die Menschen auf den real gegenwärtigen Gott Israels. Dieses geschieht freilich nicht undifferenziert, denn Jesus ist vom Vater zu unterscheiden. So spricht er vom Geborensein aus dem Vater (Joh 1,18), und die kirchliche Formulierung, Jesus sei Gott von Gott (in unumkehrbarer Folge!) trifft den johanneischen Befund tatsächlich.

Das ist deshalb nicht »spät«, weil doch im Judentum alle Kategorien längst bereit lagen, um das zu erfassen. »Spät« ist das nur, wenn man von einer angeblich naiven Christologie der Synoptiker ausgeht und dem vorösterlichen Jesus jede Christologie abspricht. Im Übrigen ist Phil 2,9-11 noch immer ein guter Weg, das Johannesevangelium von einem nahe verwandten frühen Entwurf her zu verstehen (vgl. Berger, Johannes).

Geschichte und Kirche als hermeneutische Faktoren

»Wer die Dreieinigkeit nicht kennt, hat nichts vom Christentum verstanden« (G.F.W. Hegel). Die Wahrheit dieses Satzes bestätigt sich auf jeder Seite. Freilich bedürfte es, um diesen Satz heute im Sinne des Neuen Testamentes zu verstehen, zweier Kategorien, die derselbe G.F.W. Hegel nachhaltig zerstört hat: der Kategorie der Geschichte und der der Kirche.

Nun hatte die eigenartige Aufhebung der Geschichte in der Theologie des 20. Jahrhunderts inklusive der Botschaft, schon das Neue Testament verkünde »das Ende der Geschichte«, gewiss nicht ihren Ursprung im Neuen Testament selbst. Sie verdankt sich exklusiv demselben philosophischen System, aus dem auch die marxistische Beseitigung der Geschichte (jedenfalls jeder weiteren) zugunsten des Drachens der Revolution stammt – nämlich dem System Hegels. War es nicht G.F.W. Hegel gewesen, der alle Bewegung der Zeiten aufgehoben sah im wissenden Bewusstsein des Gebildeten, in dem der Weltgeist zu sich selbst erwachte? Wurde nicht angesichts des Erwachens des Geistes alle leibhaftige, konkrete Geschichte wirklich bedeutungslos? – Und in der angeblichen Wiederentdeckung der neutestamentlichen Zukunftshoffnung um 1900 geschah doch nichts anderes, als dass nun die »eschatologische Existenz« genau das vollzog, was nach K. Marx die Revolution tun würde: Aufhebung aller innerweltlichen Ordnung, aller Tradition, aller Setzung, aller bisherigen »toten Werke«. In diesem Sinne wollte auch die 68er-Revolution nichts anderes als einen säkularisierten Marx in Geltung setzen. Inzwischen weiß man freilich, dass der Endzeit- und insbesondere der Naherwartung im frühen Christentum ein Stellenwert eingeräumt wurde, den sie nie gehabt haben. Vielmehr hat man bis ins 16. Jh. hinein etwa stets gleichbleibend mit einem baldigen Ende der Welt gerechnet. Das gilt auch für Luther, der annehmen wollte, der Antichrist sei in Rom schon am Regieren.

An anderen Versuchen, die Geschichte auszumerzen, fehlte es schon seit jeher nicht. Diese Versuche sind oft unter dem Stichwort Platonismus einzuordnen. Nicolaus Cusanus gehört mit seiner Schrift »Über den Frieden zwischen den Religionen« genauso dazu wie Hans Küngs »Weltethos«. Dabei gebührt dem Cusaner, dessen Schrift rund 550 Jahre älter ist, das größere Interesse und die größere Achtung, denn er geht immerhin von der »katholischen Wahrheit« aus. Aber gemeinsam ist beiden Ansätzen, dass die konkreten historischen Umstände und Formen der einzelnen Religionen für die Wahrheitsfrage angeblich nicht wichtig sind. Sie müssen nur interpretiert werden, dann ist die Vernunftwahrheit, die am Ende herauskommt, bei allen gleich. Weil die platonische Geschichtsbetrachtung mit geschichtlicher Konkretion nichts im Sinn hat, ist sie für eine biblische Betrachtung letztlich immer ein rotes Tuch. Und so sind denn auch die exegetischen Auskünfte des Cusaners regelmäßig die schwächsten Bausteine seiner Argumentation.

Nach diesen steilen Versuchen, ein »Ende der Geschichte« oder deren Aufhebung zu postulieren, ist es an der Zeit, eine christliche Auffassung von Geschichte neu ins Spiel zu bringen. Der elementarste Baustein dieser Auffassung ist die schlichte, aber eindrückliche Bezeichnung »im Jahre des Heils« (anno salutis). Unsere Zeitrechnung ist in diesem Sinne die Basis für eine christliche Geschichtstheologie. »Vom Jahr der Inkarnation an« nannte man im Mittelalter diese Zeitrechnung. Die meisten Völker der Erde teilen sie.

Doch es war nie die »allgemeine Menschheit«, denen das Heil zugesprochen wurde, sondern immer nur Einzelne. Der Gott Abrahams, Isaaks und Jakobs bewahrt seinen Eigenwillen, er geht seinen Weg zum Heil und Erbarmen aller Menschen immer auf schmalen Wegen.

Denn ohne die Dimension der Geschichte bleibt nur eine dünne »Gottesidee« übrig, bestenfalls ein Monotheismus im Sinne des Deismus. Aus den frühesten triadischen Formulierungen des Christentums haben wir gerade dieses festgestellt: Dass Jesus Christus für uns gestorben und dass er erhöht ist, dass er als der erhöhte Herr die Kirche bestimmt, macht im Wesentlichen die Rolle des Sohnes aus. Dass die Einheit der Kirche zu wahren ist und dass sie ständig des lebendigen Geistes bedarf, auch und gerade zum missionarischen Zeugnis »vor der Welt«, dieses beides braucht den Raum der Geschichte. –

Die Dimension der Kirche entspricht notwendig der Personhaftigkeit der drei. Denn die Alternative ist ein gesichtsloser, nur vernünftiger jenseitiger Gott (Deismus). Die Personhaftigkeit Gottes hat ihre Entsprechung in der persönlichen Verantwortung des Einzelnen. Zur Kirche gehört insbesondere die Wahrnehmung des konkreten Leidens des anderen.

Ein Ausblick auf die Kunst- und Liturgiegeschichte

Die Frage nach der Personhaftigkeit Gottes ist immer wieder die Frage: Ist Gott wie ein Mensch – oder ist er es nicht? Zwischen Anthropomorphismen und der Art, in der man das Bilderverbot des 2. Dekaloggebotes verstand, besteht in der Kunst- und Liturgiegeschichte im Bereich des Christentums eine unaufhebbare Spannung.

Die eine durchgehende Linie ist dabei das immer wieder hervorgeholte Bilderverbot. Die Propheten betonen es (auch um ihrem eigenen Wort damit mehr Gültigkeit zu geben) im Kontrast zu den heidnischen Kulten.

In der Geschichte der Kunst gibt es sodann auf dieser Linie ikonoklastische (Bilder zerstörende) Positionen im Islam, in Byzanz (Bilderstreit), bei den frühen Zisterziensern und in der Reformation, besonders in ihrer calvinistischen Ausprägung. – Dennoch kam man offensichtlich nicht um die Möglichkeit und Notwendigkeit herum, Gott zu »bezeichnen« und so wählte man abstrakte Zeichen: das Kreuz (zunächst eben ohne Korpus), das Alpha und Omega, die symbolischen Zahlen bis hin zur Kabbala. Surrealistische Symbole sind das Herz Jesu wie das Auge Gottes (im geometrischen Dreieck als trinitarisches Symbol). Dazu gehört auch die Rolle der Musik, die gerade bis heute in den bilderfeindlichen Richtungen umso kräftiger lebt. – Wo man daran festhält, zumindest keine Menschen abzubilden, stellt man etwa den leeren Thron Gottes dar oder das himmlische Jerusalem als geometrisches Spiel. In dieser abstrakten Richtung kann sich die Personalität Gottes nur verbal entfalten.

Die andere Linie ist die darstellungsfreundliche, in der Anthropomorphismen gewagt werden. Dazu gehört die Rede der Propheten von Gottes Zorn und Reue, dazu gehört die Auffassung, Tempel und Kult seien Abbild des himmlischen Urbildes, denn die Psalmen singt die Gemeinde »im Angesicht der Engel«. In diese Linie gehört es, wenn der Mensch als Bild Gottes (Gen 1,26-28) und Jesus als Bild des Vaters (Kol; Hebr; 1 Kor 11) angesehen werden. Dabei bleibt es die Grundkonzeption, die religiösen Bilder seien Abbilder des Himmels. In der Kunstgeschichte gilt das bis ins späte Mittelalter, in einer leichten Reprise ist es bei den Nazarenern erhalten, und diese Grundkonzeption gilt auch für den byzantinischen wie den klassischen katholischen Gottesdienst.

Da man die Menschwerdung Jesu Christi ernst nahm, konnte man das Bilderverbot im Sinne des Neuen Testaments vernachlässigen. Seit dem 12. Jahrhundert (zisterziensische Wende der 2. Generation) kann man daher verstärkt und »ganz menschlich« auch Jesus als Kleinkind und den leidenden Christus darstellen. Ihren Höhepunkt erreicht diese Art von Freiheit in den hochmittelalterlichen Darstellungen des Gnadenstuhls (der Vater thront, er hält das Kreuz auf den Knien, der Heilige Geist als Taube steht auf dem Kreuzesbalken) und der Krönung Mariens (Vater, gegenüber der Sohn, in der Mitte der Geist, in der unteren Bildhälfte Maria). Nicht nur die Auffassung von der Menschwerdung Gottes hat diese bildlichen Darstellungen angeregt. Eine eigene Quelle sind die überaus bildreichen Visionen der Apokalypsen (besonders die des Johannes). – Im hochmittelalterlichen Humanismus gewinnt die Gestalt des »schönen Gottes« viele Anhänger. Denn das Göttliche muss schön sein, und daher wird Jesus als schöner Jüngling dargestellt, Maria als bezaubernde junge Frau. Auch dabei ist das Schema himmlisches Urbild/irdisches Abbild wirksam.

Im Rahmen dieser Linie werden nun die Darstellungen ab dem 13. Jahrhundert zunehmend realistischer, der Goldgrund bleibt noch eine Weile, entfällt dann aber, regional unterschiedlich im 15./16. Jahrhundert. Damit ist eigentlich das Ende der besonderen christlichen Kunstauffassung erreicht. Denn von jetzt ab gilt nicht mehr das Schema vom himmlischen Urbild und irdischen Abbild, sondern der »Realismus« bricht sich Bahn. So wird dann Rembrandt Jesus als jungen Juden darstellen, wie Rembrandt sie täglich im Judenviertel Amsterdams sehen konnte. Eine Andeutung von Licht um das Haupt ist der letzte Rest typisch christlicher Kunst. Man kann sagen: Bis dahin hat sich das orientalische Grundschema von Ex 25,40; Num 24,6 LXX; Hebr 8,2 gehalten.

Parallel zu dieser neuzeitlichen Profanisierung steht das calvinistische Verständnis vom Abendmahl: Nur noch Symbol, nicht Teilhabe an der himmlischen Wirklichkeit sind die Gaben von Brot und Wein. – Seit dieser Zeit gibt es eigentlich keine besonders spezifische christliche Kunst mehr. Wo sie noch ausgeübt wird, ist das Christliche vom Thema her bestimmt, nicht durch die Bildauffassung. Denn der hier präsentierte Realismus versteht sich nicht mehr als Abbild. Das bedeutet auch: Gott-Vater wird tendenziell überhaupt nicht mehr dargestellt.

Da nur noch das Diesseits als real gilt, fällt es auch schwer, mit der Personhaftigkeit Gott-Vaters zu rechnen. Jesus wird aus der Trinität herausgelöst. Man kann sagen: Der Jesus der liberalen Exegese ist in der entsprechenden Kunst der Jesusdarstellungen vorab gemalt worden.

Freilich gibt es neben den beiden Richtungen, also neben der bilderfreundlichen und der ikonoklastischen, von Anfang an eine dritte, die ich im Folgenden hervorheben möchte. Es handelt sich dabei nicht um bildliche oder abstrakte Fixierungen, sondern um nicht-fixierbare Aktionen. Ich orientiere mich dabei an den kultischen Handlungen in der Liturgie des Tempels und der Kirchen und an den prophetischen Zeichenhandlungen. Gerade auch die letzteren spielen bei Jesus eine bedeutende Rolle. Diese Tradition der Aktionen vermeidet die Fixierung und ist abbildend in der Konstellation der Teilnehmer des Dramas zueinander sowie in der Geschichte dieser Beziehung. Über Eucharistiefeier und Stundengebet hinaus wird dieses im Mittelalter ausgeweitet in Andachten und Segenshandlungen (Prozessionen), nicht zuletzt aber auch in die Tradition der geistlichen Spiele (Passionsspiele, Weltgerichts- und Zehn-Jungfrauen-Spiel). Im 20. Jahrhundert hat man im Bibliodrama mehr oder weniger geschmackvoll diese Richtung fortgesetzt. Der Vorteil dieser Aktionen ist, dass man etwas »sieht« und gefesselt zuschaut, dass aber trotzdem das Problem des Anthropomorphismus geschickt umgangen werden kann. Dieser liturgisch-inszenierenden Richtung kommt nach dem Ende der christlichen Kunst und nachdem die abstrakten Symbole, selbst das Kreuz, nicht mehr verstanden werden, die unersetzliche Funktion zu, das Christentum nicht zeichenlos zu lassen und auch die Personhaftigkeit Gottes zu »retten«. Das gilt besonders im Blick auf die steigende Bedeutung von Liturgie und ihre Wiederentdeckung gerade in den protestantischen Richtungen des Christentums. Von Gottes Personalität wird man daher in Zukunft viel mehr im Blick auf den Gottesdienst reden.

Literatur

Achelis, Hans/Flemming, Johannes, Die syrische Didaskalia, Leipzig 1904 [Didaskalia].

Ackva, Joachim, An den dreieinen Gott glauben, Frankfurt 1994 [Gott].

Andresen, Carl, Zur Entstehung und Geschichte des trinitarischen Personbegriffs, in: ZNW 52 (1961) 1-39.

Ders.: Rezension von: Georg Kretschmar, Studien zur frühchristlichen Trinitätstheologie, in: ThLZ 84 (1959) 82-88.

Berger, Klaus, Die Auferstehung des Propheten und die Erhöhung des Menschensohnes. Traditionsgeschichtliche Untersuchungen zur Deutung des Geschickes Jesu in frühchristlichen Texten, Göttingen 1976.

Ders., Die griechische Daniel-Diegese. Eine altkirchliche Apokalypse, Text, Übers. u. Kommentar von Klaus Berger, Leiden 1976 [Daniel-Diegese].

Ders./Colpe, Carsten, Religionsgeschichtliches Textbuch zum Neuen Testament, Göttingen 1987 [Textbuch].

Ders./Nord, Christiane, Das Neue Testament und frühchristliche Schriften, übers. und komm. von Klaus Berger und Christiane Nord, Frankfurt 1999 [NT].

Ders., Wer bestimmt unser Leben?, Gütersloh 2002 [Leben].

Ders., Im Anfang war Johannes. Datierung und Theologie des vierten Evangeliums, Gütersloh ^{2}2003 [Johannes].

Borst, Arno, Findung und Spaltung der öffentlichen Persönlichkeit, in: Odo Marquard/Karlheinz Stierle (Hg.), Identität, München 1979, 620-641.

Brox, Norbert, »Gott« – mit und ohne Artikel. Origenes über Joh 1,1, in: BN 66 (1993) 32-39 [»Gott«].

Frank, Manfred, Die Unhintergehbarkeit von Individualität. Reflexionen über Subjekt, Person und Individuum aus Anlaß ihrer »postmodernen« Toterklärung, Frankfurt 1986.

Frank, Semën L. (Hg.), Das Unergründliche. Ontologische Einführung in die Philosophie der Religion, Freiburg/München 1995.

Fuhrmann, Manfred, Person, in: Odo Marquard/Karlheinz Stierle (Hg.) Identität, München 1979, 83-106.

Ders., Person, in: HWP 7 (1989) 269-283.

Gloege, Gerhard, Personalismus, in: KuD 1955,23-41.

Gogarten, Friedrich, Ich glaube an den dreifaltigen Gott, Jena 1926.

Greshake, Gisbert, Die theologische Herkunft des Personbegriffs, in: Günther Pöltner (Hg.), Persönliche Freiheit und pluralistische Gesellschaft, Wien 1981, 75-86.

Ders., Der dreieine Gott. Eine trinitarische Theologie, Freiburg 1997.

Hasenhüttl, Gotthold, Kritische Dogmatik, Graz 1979 [Dogmatik].

Heufelder, Emmanuel Maria, Das Geheimnis der Dreifaltigkeit, Regensburg 1979.

Joest Wilfried, Die Personalität des Glaubens, in: KuD 7 (1961) 36-53.152-171.

Kant, Immanuel, Kritik der praktischen Vernunft, hg. v. Karl Vorländer, unveränderter Nachdruck der 9. Aufl. von 1929, Hamburg 1963 [Kritik].

Kasper, Walter, Der Gott Jesu Christi, Mainz 1982.

Kippenberg, Hans Gerhard/Kuiper, Yme B./Sanders, Andy F. (Hg.), Concepts of Person in Religion and Thought, Berlin/New York 1990.

Klappert, Bertold, Hat das Neue Testament das 1. Gebot übertreten und Christus vergottet? Vorläufige Überlegungen zur Christologie als Auslegung des 1. Gebotes, in: Magdalene L. Frettlöh/Hans P. Lichtenberger (Hg.), Gott wahr nehmen. Festschrift für Christian Link zum 65. Geburtstag, Neukirchen 2002, 97-126.

Kretschmar, Georg, Studien zur frühchristlichen Trinitätstheologie, Tübingen 1956.

Küng, Hans, Christ sein, München 1974 [Christ sein].

Kuss, Otto, Dankbarer Abschied, München 1982 [Abschied].

Lattke, Michael, Oden Salomos, Übersetzung und Kommentar (NTOA 41/2), Freiburg/Schweiz [Oden].

Moltmann, Jürgen, Trinität und Reich Gottes, 2. Aufl., München 1986.

Mühlen, Heribert, Der heilige Geist als Person. Beitrag zur Frage nach der dem Heiligen Geist eigentümlichen Funktion in der Trinität bei der Inkarnation und im Gnadenbund, Münster 1963 [Geist].

Ders., Una mystica persona. Die Kirche als das Mysterium der Identität des Heiligen Geistes in Christus und den Christen. Eine Person in vielen Personen, Paderborn 1964 [Una mystica].

Erwin Mühlhaupt (Hg.), D. Martin Luthers Evangelien-Auslegung, Göttingen 1957 [Evangelien-Auslegung].

Radlbeck, R., Der Personbegriff in der Trinitätstheologie der Gegenwart, untersucht am Beispiel der Entwürfe Jürgen Moltmanns und Walter Kaspers, Regensburg 1989.

Ratzinger, Joseph/Seewald, Peter, Gott und die Welt. Glauben und Leben in unserer Zeit. Ein Gespräch mit Peter Seewald, Stuttgart/München 2000.

Ratzinger, Joseph Cardinal, »Wer mich gesehen hat, hat den Vater gesehen« (Joh 19,4). Das Antlitz Christi in der Heiligen Schrift, in: Ders., Unterwegs zu Jesus Christus, Augsburg 2003, 11-30.

Ders., Unterwegs zu Jesus Christus, Augsburg 2003 [Unterwegs].

Rhonheimer, Martin, Abtreibung und Lebensschutz. Tötungsverbot und Recht auf Leben in der politischen und medizinischen Ethik, Paderborn 2004.

Schlier, Heinrich, Der Brief an die Epheser, Düsseldorf ^{7}1971 [Epheser].

Schneider, Theodor/Ullrich, Lothar (Hg.), Vorsehung und Handeln Gottes, Freiburg 1988.

Schockenhoff, Eberhard, Personsein und Menschenwürde bei Thomas von Aquin und Martin Luther, in: ThPh 65 (1990) 481-512.

Symeon der Theologe, Licht vom Licht. Hymnen, dt. von Kilian Kirchhoff, in 2. Aufl. hg. v. Chrysologus Schollmeyer, München 1951 [Licht].

Volk, Hermann, Gnade und Person in: J. Auer/H. Volk (Hg.), Theologie in Geschichte und Gegenwart, FS M. Schmaus, München 1957.

Weimer, Ludwig, Wodurch kam das Sprechen von Vorsehung und Handeln Gottes in die Krise? in: Theodor Schneider/Lothar Ullrich (Hg.), Vorsehung und Handeln Gottes, Freiburg 1988, 17-21.

Wilhelm von Saint-Thierry, Meditationen und Gebete. Lateinisch-deutsch, hg., übers. und komm. von Klaus Berger und Christiane Nord, Frankfurt 2001 [Meditationen].

Windisch, Hans: Der Zweite Korintherbrief (KEK 6), Göttingen 1970 (= Neudruck der 9. Aufl. 1924).